养老改革与人口理论经典译丛

GLOBAL PENSION CRISIS
Unfunded Liabilities and How We Can Fill the Gap

Richard A. Marin

全球养老金危机
空账及其填补方式

[美] 理查德·马林 著

万谊娜 陈少平 译

东北财经大学出版社
Dongbei University of Finance & Economics Press | 大连

WILEY

辽宁省版权局著作权合同登记号：图字 06-2014-35 号

Global Pension Crisis: Unfunded Liabilities and How We Can Fill the Gap, original ISBN: 978-1-118-58236-7.

图书在版编目（CIP）数据

全球养老金危机:空账及其填补方式／（美）马林（Marin, R. A.）著；万谊娜，陈少平译. —大连：东北财经大学出版社，2014. 12
（养老改革与人口理论经典译丛）
ISBN 978-7-5654-1739-9

Ⅰ. 全… Ⅱ. ①马… ②万… ③陈… Ⅲ. 退休金-劳动制度-研究-世界 Ⅳ. F249. 1

中国版本图书馆 CIP 数据核字（2014）第 272359 号

东北财经大学出版社出版发行
　大连市黑石礁尖山街 217 号　邮政编码　116025
　教学支持：（0411）84710309
　营 销 部：（0411）84710711
　总 编 室：（0411）84710523
　网　　址：http：//www. dufep. cn
　读者信箱：dufep @ dufe. edu. cn
大连图腾彩色印刷有限公司印刷

幅面尺寸：170mm×240mm　字数：212 千字　印张：11　插页：1
2014 年 12 月第 1 版　2014 年 12 月第 1 次印刷
责任编辑：刘东威　杨紫旋　　　　　　责任校对：刘　洋
封面设计：冀贵收　　　　　　　　　　版式设计：钟福建
定价：30. 00 元

目前全世界 60 岁以上老年人口总数已达 6 亿，有 60 多个国家的老年人口达到或超过人口总数的 10%，而且这些国家未来人口老龄化程度还会进一步加重。据预测，到 2030 年，日本 65 岁以上的人口比重将达 32% 以上；美国 65 岁及以上人口的比例将从目前的 14% 提升到 19%；而中国 65 岁以上人口占总人口比例将从目前的 9.1% 提高至 18.2% 左右。通常，65 岁以上人口比重每增加一个百分点，直接造成的社会支出增加总量相当于 GDP 的 0.65%。人口老龄化对各国养老金造成的支付压力可见一斑。

正所谓"福无双至，祸不单行"，一方面全球养老金的支付需求在不断激增；另一方面，许多国家的养老金投资收益在金融危机冲击下大幅萎缩甚至亏损。在次贷危机爆发的 2007 年，日本养老金亏损 5.84 万亿日元；欧洲私人养老基金在 2008 年缩水 20%；美国最大的养老基金加州公务员退休基金在 2009 财年损失比高达 23.4%，为 79 年来亏损幅度最高的一年。2010 年财年，欧洲养老金缺口高达 1.9 万亿欧元，其中英国养老金缺口为 3 790 亿欧元，为欧盟最高。各国养老金制度均出现支付缺口，空账危机显现。

弥补养老金缺口的沉重负担最终转移到了公共财政身上，受此驱动，各国政府的负债率和财政赤字双双飙升。目前美国各州级政府每年需要增加养老金支出 7 000 多亿美元，占 2014 年支出额的 40% 多；而随着 7 800 万"婴儿潮"一代人的退休，未来 15 到 20 年美国财政每年光是给这部分人口的支出就达 3 万亿美元。在德国，2010 年的退休金已占了 GDP 的 10.3%，而到 2040 年，将有 15.4% 的 GDP 要用来支付养老金。在法国，2010 年财政弥补养老金的缺口开支为 323 亿欧元，2018 年将达 423 亿欧元。在意大利、西班牙、日本等国，养老金更是消耗了 GDP 的 1/4 乃至 1/3。

而中国作为一个社会经济正处于转型中的人口大国，养老金情况更是不容乐观。2014 年中国养老金保险费收入 17 554 亿元，支出 19 117 亿元，养老保险金入不敷出，缺口高达 1 563 亿元。这并不是偶然现象，人力资源和社会保障部在 2013 年 11 月公布的《2003—2012 年全国企业职工基本养老保险情况》显示，虽然养老保险基金收入在 10 年间年均增长 21.4%，但财政补助也是连年增长，年均增长达到了 18.1%。养老保险依赖这种高额的财政支持才能正常运转，已形成一种制度惯性。前瞻产业研究院发布的《2013—2017年中国养老保险行业市场需求预测与投资战略规划分析报告》认为，中国养老保险出现收支缺口与养老基金的投资方式有很大的关系，为了弥补缺口，应适当配置权益类资产。与世界许多国家的情况不同的是，中国的养老金除了存在收支缺口外，还背负着沉重的历史债务。这些历史债务来自于养老金制度改革后留下的转轨成本。因此，中国的养老基金需要比其他国家更迅速地找到填补空账、实现收支平衡的办法。

渐露端倪的全球养老金危机让理查德·马林迫切地希望，通过撰写本书向世界各国的政府与养老金领取者敲响警钟。作为一位曾经在美国华尔街叱咤风云的投资界精英，马林在本书中详细阐述了提高养老基金投资收益的方法与途径；同时，在养老金与保险领域长达20余年的研究经历，又赋予了马林分析养老金计划发展趋势的独特视角。本书为美国，也为世界各国应对正在逼近的养老金危机提供了良策。如果中国的养老金管理者能从本书中有所获益，那将是译者最感欣慰之事。

本书可作为养老保险制度决策者、养老基金管理者与投资者、企业年金计划设计者的重要专业参考书。本书提倡的养老基金管理与投资理念对致力于社会保障基金管理领域研究的学者也具有一定的启发意义。此外，本书还可作为社会保障专业的教学参考用书。

本书由江西财经大学万谊娜与陈少平共同翻译完成，赵志远、张培勇、李苗等参与了初稿的翻译工作，万谊娜负责全书的统稿与校对。尽管我们本着尊重原文的原则，努力实现文字翻译的信、达、雅，但一定还存在某些疏漏之处，恳请读者批评指正。

译　者

于江西财经大学蛟桥园

2014 年 11 月

理查德·马林的《全球养老金危机》是一本生动、有趣又让人惴惴不安的书。如果你仔细地阅读这本书，你会意识到即将到来的退休潮是一个定时炸弹，即使是那些已经省吃俭用存了大半辈子钱的人，也会感到惶恐。这是因为一方面很多人到了退休年龄时，几乎没有个人储蓄。第二个方面的威胁更为严峻。出于政治上的原因，政府不能对养老需求坐视不管。为了满足这些需求，我们需要大量额外的税收收入，而这些税收来源并没有其他渠道。就像威利·撒顿一样，当被问及为什么抢劫银行时，他说："钱在银行。"

因此，不论你是否认真地制订了一份退休计划，等到用时总会出现捉襟见肘的情况。对于大多数退休的人而言，他们的月收入来自私人养老金计划、社会养老保险金和其他财产，而这些加起来也不能保持和在职时一样的消费水平。在许多其他国家，人们退休后的社会养老保险水平大大低于美国退休人员养老金的平均水平，可他们仍然可以生活得很舒适。似乎即使保障水平很低，只要退休人员勒紧裤带就可以生活得很好。但如果你认为降低保障水平是件简单的事儿，或是对退休人员影响很小，那就大错特错了。

我们对生活水准的感知取决于我们所处的社会环境，所以仅仅让退休人员勒紧裤腰带是不够的。作为一个刚刚跨出校园的年轻人，我在尼泊尔做了两年的和平志愿者。我的房子有两个房间。房子没有电和水管。当下大雨的时候，草屋顶常常出现漏雨的情况。对此，我没有感到不满。因为和学校的其他老师相比，这个房子已经算是比较好的了。你和大家一样都住在小屋子里面是一回事，但你住在小屋子里而周围大多数人却住在豪宅里面就是另外一回事了。在美国的任何社区里，如果你住的房子像我住在尼泊尔时的一样，你的孩子会羞于邀请他们的朋友来家里做客。在评估退休人员的生活水平时，环境同样也是一个重要因素。那些被迫勒紧裤腰带的退休人员，要去痛苦地适应这些改变。

人们通常通过两个不同参照系来分析自身状况的好坏。一是以别人为参照："和周围的人相比，我的状况如何？"二是以自己为参照："和以前相比，目前我的状况如何？"当分析美国数以百万计退休人员养老金危机的时候，我们也采用了这两个参照系。

不断奋斗的退休者也许会因为和自己在一条船上的人很多而感到些许安慰，而且退休的人口规模还在成百万地增加。第二次世界大战后的30年中，家庭收入几乎每年都随着收入规模的波动呈现3%的增长，而与此不同的是，在随后的40年里，大部分的收入增长都集中于那些收入最多的人群之中。那些在那几十年间成功的人有能力负担退休后的养老与医疗开销，而那些退休前没有足够储蓄的人却无力承担这些费用。对于后者来说，这样的差异是十分痛苦的。

退休前和退休后生活水平的反差，会让他们的这种不适感更加强烈。那些退休后只有微薄收入而且只能依靠社会保障养活的人，其消费水平基本就只有退休前的一半不到。再者，全球有很多人即使消费水平比退休前低，看起来生活得也很惬意。但即使是这些人，在放弃已习惯了的生活水准的时候也会觉得不安。

冰冻三尺非一日之寒，目前养老基金的赤字问题是长期积累而成的，因此也需要花很长时间去解决。重要的是，这些问题都是可以解决的。美国依然是一个十分富裕的国家。虽然经济增长率在近几年放缓，但是科技和新兴市场的繁荣为新一轮的持续增长提供了保障。如果我们行动迅速的话，有效的财政计划可以帮助我们面对现实的挑战。

只有让更多的人认识到这一点，我们才能有力地应对挑战。这就是祝贺《全球养老金危机》出版的主要原因。

罗伯特·H. 弗兰克

　　这本书是我在康奈尔大学约翰逊管理学研究生院六年资产管理实务教学成果的结晶。2007 年，贝尔斯登资产管理公司的两只对冲基金在资本市场遭受了致命的打击，这一事件在 6 月份连续 11 天成为《华尔街日报》位居前三的热门新闻。即使那个月不在国内，我作为公司的董事长兼首席执行官的任职，也只能到此为止了。在随后的几天，我接到老教授乔·托马斯打来的电话，他当时任约翰逊学院的院长。他认为如果我想离开华尔街无限期地休息一下，学校可以给我一个教学实践课的岗位。

　　我接受了这份兼职工作后，托马斯院长让我花一个学期的时间协助资产管理课程的教学和辅导工作，并找到自己既感兴趣又符合教学需要的授课主题。我非常希望能开设对冲基金方面的课程，因为最近我在这方面的经历实在是太丰富了。我发现在证券金融和证券借贷方面的教学十分欠缺（实际上我发现很少有商学院开设了这方面的课程），而我最近又重新对这个神秘领域产生了兴趣。最后，我还发现学校急需为学生开展更多关于养老基金及其对世界影响的教学。在过去的 20 年里，我花了很多时间在养老金和保险领域进行了大量的研究。

　　社会养老保险与商业保险，是金融学中两个比较相近也比较特殊的领域，除非学校配有专门的师资，否则学生很难接触到这一领域的知识。我发现约翰逊学院的情况就是如此。

　　所以，我精心制作了一系列的这种课程，称为阿尔法系列，从评述对冲基金的课程开始，随后转到证券金融和证券借贷课程，最后以养老保险课程结束。这样在逻辑上就强化了养老保险与对冲基金之间的内在联系。在约翰逊学院，这个系列的课程非常受欢迎。我想，它之所以受欢迎，是因为课程之间是有关联的，而且我将自己在华尔街 36 年的经历和轶事都融入其中了。

　　这一路走来，每年我都教育出了一些优秀的学生。他们许多人都一直与我保持着联系，并且给我提供一些他们工作领域的一线数据和实务动态，这些都是我非常需要的。特别是阿里·韦伯，他成了我的助教、我的同事（在我们一起创立的对冲基金工作）。如今，在这个项目上，他也是研究者之一，并且有些部分的初稿还是他撰写的。为了能反映现实，出生于婴儿潮时代（译者注：第二次世界大战之后 1946—1964 年间）的人，与 X 代人（译者注：20 世纪 60 年代到 70 年代初出生的美国人）共同研究特权缺口与即将来临的代际冲突问题，是件很有意义的事情。值得期待的是，像阿里这样的年轻人与他的 X 代同伴们很可能会解决我们这一代人所遗留下来的问题。

在此澄清一下，我既不是学者，也不是研究员，也不是养老金的专家。我非常尊重养老金的基础研究，以及基于基础研究的一切探索工作，但这些工作我都没有做。这本书并没有建立在那些有着耐心和严谨思维的基础研究之上。我只是作为对冲基金和证券金融的专业见证者（最大限度地接触了养老金）来进行验证，并围绕着养老金的各个方面进行了论述，不过这是一个十分复杂的问题，所以我不敢自称专家。幸运的是我认识几位在这一领域具有专家水平的人。而我只是一个数据的整合者、知识的综合者、复杂事物的翻译者，最重要的是，我是一个故事的讲述者。

对冲基金的知识讲解起来不难，有哪个学生不想学习如何每年赚 10 亿美元呢？证券金融往往由于其充满乐趣以及可取得的高额回报，而被那些金融怪才解读得非常神秘和难以理解。其实，即将到来的养老危机才是我们更应当关注的事情。它涉及每个人，无论是学者、学生、医生，还是普通老百姓。养老危机是一个很有趣的故事，它涵盖经济学、经济人类学、地缘政治战略以及普通的常识。这个故事非常重要，它结构紧凑且逻辑性强，我们大家对它应该有所了解，这也是本书的写作主旨。

致　谢

在此，我要感谢所有鼓励我撰写本书的亲人和朋友。感谢金姆，我亲爱的妻子，每完成一部分书稿，我都会第一时间在床上读给你听（真浪漫），谢谢你做我耐心的听众。感谢我的三个孩子，罗杰、卡罗林和托马斯，你们是我青春的源泉，是我努力工作的动力。感谢大卫·塔哥特，我的朋友与代理人，感谢你督促我去寻找图书出版商，并以超乎我想象的速度帮我联系成功。感谢哈尔·比尔曼教我学习财务知识，即使我对会计一无所知，你也不曾介意。感谢鲍比·弗兰克让我明白原来思考经济学问题也是这么鼓舞人心。感谢我的赞助商，彼特·弗洛德（Syn 基金）、史蒂夫·凯亭（PRT），以及斯考特·莫那（耶鲁大学捐赠基金），谢谢你们给予我中肯的建议与帮助。最后，感谢我的"小伙子"迈克尔·威尔士，谢谢你时常提醒我"人生苦短，把握当下"。

目 录

你很惊讶自己在 2050 年还活着。实际上，你感觉生活得还不错，在新型钛髋骨和为日常保健而定制的包括利尿剂、β-受体阻滞剂与他汀类降脂药物在内的混合药，以及一些新型纳米机器人的共同保护下，日子似乎过得很稳当。虽然你比很多人工作的时间都长，工作敬业而且会定期存钱，但在 96 岁高龄时，你正式退休后的时间已经占据了你生命中四分之一的光阴。你的孩子们也即将退休，你的孙子们正处于他们职业生涯的巅峰期并开始筹备你的曾孙们上大学的费用。

你算是比较幸运的人之一，储蓄够用，生活也很安逸。你的很多朋友都还健在，尽管医疗保险和许多私人医疗保险公司根本负担不了保健费用，他们中的大部分人还是能够用得起日常保健所需的混合药。由于在保健混合药中增加了安眠药的剂量，你睡得相当好。但是当你醒来的时候，你也会想起其他的人，不知他们的将来会怎样？

你有一个当了 30 年消防员的高中老哥们罗伯，这几天上了报纸。据说是青年工人们看见他在超市买牛排和啤酒非常生气，并对他进行质问。一些非法的网站声称国家退休人员的养老金已超过正常金额。由于税负过重，青年工人们认为是上一代人把养老负担转嫁到了自己头上，因此反对运动的势头一浪高过一浪，并组成了社区养老警戒团体。但这个团体低估了罗伯对自己所拥有权利的信心，罗伯认为超市的每一盎司牛肉和啤酒都是他应得的。工人们关于正义问题的怒火，被这个坏脾气的前消防员用迈克洛布牌淡爽啤酒浇灭了。

1.1　家庭

琳达与巴巴拉

在 2050 年，你有一个 98 岁高龄的姐姐琳达还活着，她住在拉斯维加斯的郊区。在她 2015 年搬到那里的时候，房产大量供过于求使房地产销售中介的生活几乎无以为继。同时，银行也不再愿意拥有大量带有止赎权的房产，它们把空置太久的房屋卖给对冲基金，以消除这些不良资产。这些对冲基金依靠大型养老基金和主权财富基金进行融资。由于某些领域的市场尚未回暖，养老基金的攻击方式就像是动物王国里羚羊扳倒狮子一样。养老基金被迫采取更具野心的策略只是为了满足在资金来源不断缩水情况下人们对现金的大量需求。

与其他律法严厉的州不同，世界博彩之都最为显著的特点，就是博彩业已然成为人们普遍的收入来源，你甚至可以在曼哈顿西区得到比拉斯维加斯更高的老虎机赔率。对冲基金不得不暂停惯用的分配方式，并将资产以实物形式进行分配……迫使主权财富基金将手中的独栋房屋配额转给养老基金。凡是将业务模式转变成为退休人员提供社区管理的保险公司，养老基金都与之建立业务往来。现在，一些较为强大的养老基金似乎已经爬上了食物链的顶端，而其他受创较为严重的养老基金则彻底地或是愚蠢地被迫成为风险的承担主体。

琳达非常喜欢拉斯维加斯，但是由于天气炎热，她除了偶尔去别墅区中心的户外游泳池外，很少出门。她有一个女儿叫巴巴拉，就住在离她不远的地方，会经常探望她。巴巴拉为她儿子的车库门生意以及他在当地几个朋友的服务业生意做记账会计。琳达虽然有足够的钱养活自己，但有意思的是她却喜欢赌博。巴巴拉尽量满足琳达的生活需要（保证供应生活的日用品），但作为合法继承人她还是想要接受属于她的财产，毕竟她也得养家糊口。琳达的公寓作为保护资产不会遭受损失，但她玩老虎机的钱就像投入高风险的股票市场一样，显然已经遭受了严重的损失。

巴巴拉很聪明。她用100美元买了一个旧的视频扑克机。她把这台老虎机子放在了琳达的起居室里。琳达整天都在玩这个机子，但是她经常问巴巴拉，为什么每次她赢的时候都没有那么多的硬币掉出来。巴巴拉不知如何向琳达解释，老虎机被设定成了循环模式，放进去的25分硬币有50个，所以掉出来也就只有这么多。对琳达来说，这样的经济问题很难理解，但是巴巴拉想至少这个坏了的老虎机每个月都帮琳达节约了500美元的赌资。幸亏现在琳达需要依靠拐杖走路，大老远跑去赌场玩变得非常困难，琳达因此远离了赌场。这真是上帝保佑，至少巴巴拉是这么想的。

戴夫与沙伦

你的兄长，戴夫，从来没有像你一样去读研究生，也从来没有离开过你们的老家。他在市政规划局工作了很多年，62岁退休的时候拿到了非常不错的退休金待遇，同时他还有社会保障金和他妻子教书多年的退休金。38年前，也就是2012年，由于美国经济不景气，他们趁着房地产市场疲软，搬到了佛罗里达西海岸。他一直过着舒适的生活，直到85岁，2035年时去世。他的第二任妻子沙伦天天去位于萨拉索塔镇的诺德斯特龙百货店购物，直至2040年去世。戴夫去世后，沙伦可以领取遗属津贴，正是这笔钱让她购物无忧。在他们一起生活的最后20年时间里，沙伦总是说希望自己可以穿着红色的裙子去参加戴夫的葬礼，她真的这么做了，这件红裙子也是在诺德斯特龙百货店买的。几年前，当你安葬沙伦的时候，她就穿着那件红裙子，安静地躺在那里。

迈克尔与贝思

戴夫的儿子，迈克尔，继承了父亲的衣钵，大学毕业后也在市政规划局工作。唯一不同的是，戴夫上的是不用付学费的州立大学。而当迈克去同一所大学上学的时候，政府已经不再提供州级与联邦级的助学金了。因此等迈克尔毕业的时候，他已经欠下了 180 000 美元，年利率 3.4% 的学生贷款。其实，要享受免费的高等教育也不是完全不可能，你只需拖欠偿还学生贷款长达 7 年的时间，彻底抹杀自己的信用等级，然后祈祷议会不会立法增加处罚力度。这种行为在一些偏军事的新闻报刊里是非常流行的专栏话题。你已经意识到，如果反养老金组织规模大幅扩张，迈克尔很快就会受到和罗伯一样的煎熬。

迈克尔的公务员工资已足以让他过上体面的生活，并支付贷款的利息，但他不知道自己该如何还清本金。迈克尔总是开玩笑说他是多么希望戴夫可以在遗嘱中"记起"他。等戴夫去世的时候，"记得"是唯一他能为迈克尔做的，因为他并没有留下太多的遗产。

迈克尔正烦心没有能力解决之前遗留的学生债务，也没有能力为自己的孩子提供教育资金，另外还为他自己以后的退休生活操心。几年前，为了保证在职时的工作机会和工资水平，市政工人工会被迫在员工的养老金水平方面做出让步。在这场工会为之斗争的浮士德式交易中，戴夫的生活成本调整机制、配偶的遗属津贴水平以及迈克尔的工资水平都得以保证，但付出的代价是，457 计划即城市版 401（k）计划的待遇水平却大大降低。戴夫曾经参加的待遇确定型养老计划，在迈克尔工作时已经全部取消了。不过这似乎并不要紧，因为迈克尔才 25 岁，他可以在 457 计划中努力存钱以弥补养老金待遇下降带来的损失。

这个想法不错，迈克尔也确实努力存钱了，但他总是把资金投到上一年市场表现不错的任何基金中去。你一定听说过所谓的"鸡尾酒会投资"现象，你特别关注并选择的投资对象往往回报不佳。他曾经试着测算如果只选择低回报的货币基金会怎么样。当意识到回报率已经降到了 6% 以下时（是的，这意味着他实际上已经有较大亏损了），他决定停止测算，并把所有钱投到不同的货币基金中，尽管其他的货币基金并未显示出更好的增值业绩。

不过，好在他还可以依靠妻子贝斯的待遇确定型养老计划，可能他也是这么想的。她在一家大型航空公司当了好些年的空姐，直到公司破产。他们得到通知，贝斯的退休金账户被华盛顿的一家养老金担保公司接管了。通知声明养老金担保公司是一个"准政府"实体，并不能完全代表美国政府的信用（信中特别强调了这一点）。迈克尔并不太理解这到底意味着什么，但他确实注意到养老金担保公司拒绝了另一家航空公司提出的并购请求，并且每个月都会告知他们已支付与未支付养老金的金额。未支付金额的旁边标上了星号，页面的底部印有免责声明，但这并没让迈克尔感到放心。迈克的第二份工作是保安，每晚下班回家睡觉的时候他都在为养老金的事担忧。

金

你的妻子，金，比你小 5 岁，患痴呆症已经近十年了。她和以前一样甜美，你也像以前一样深爱着她。她曾经是一位舞蹈演员，在剧院跳了很多年的舞，这使她的关节严重受损，如今已经完全坏死。在骨质疏松症和风湿性关节炎的双重困扰下，她做了两次换膝关节手术，而且骨头还在持续退化，医生说她现在还只是需要轮椅，就已经是万幸了。多年的舞蹈生涯为她埋下了健康隐患，尽管每一个运动员都知道腿和膝盖的重要性，但他们不一定意识到在没有腿的情况下，运动水平的下降以及有氧运动的不足，会减少流向大脑的血流量，导致大脑供血不足，从而使大脑无法尽量长时间地抵御梦魇一般的痴呆症。保持机体的活跃性对日趋枯槁的身体非常重要，任何减少机体活跃性的活动都会增加罹患痴呆症的风险。

为了患痴呆症的她，抑或是为了自己，你一遍又一遍地播放那部老电影《恋恋笔记本》，然后你慢慢发现这部影片的编剧，尼古拉斯·斯巴克真是有先见之明。你还发现你的脑海中总是盘旋着《苏格兰高地人》中的一首歌：想要活下去到……直到永远。

皮特和杰弗里

你的孩子（皮特，68 岁；南希，64 岁）有他们自己要担心的问题。皮特在他20 多岁年轻的时候游手好闲，不过后来终于找到了一份有退休金的工作，但在这份 401K 养老计划中，公司并不提供配套供款。一直到快 40 岁的时候，他才开始考虑退休储蓄问题。但对他来说，医疗费用问题比退休收入问题更重要。皮特是同性恋者，他和他的同性伴侣杰弗里之所以能够维持这种关系，得益于 21 世纪国内性关系自由的潮流。他们觉得他们之间的这种关系已经基本上不是问题了，但却面临着医疗费用高昂，这一所有退休人员都必须面对的问题。好消息是他们与异性夫妇的经济收入水平差不多，但坏消息是医疗费用在过去的 50 年急速上升了。

这对于像皮特这样 X 一代人来说真是双重打击。他不仅仅要承担一直持续上涨的医疗费用，而且他所享受的福利待遇比你少得多。他还一直支付着医疗附加费，这个费用是 40 年前奥巴马政府开始征收的，占个人所有收入的 3.8%，包括资本收入和分红。随着医疗成本的不断攀升与人口结构的恶化，医疗附加费的缴费率不得不逐渐上升到 8.5%，通过人口数量更少的工薪阶层的缴费来保证数量更多的退休人员的医疗救助支出。而养老金成本和医疗成本的负担机制是非常相似的。

至于退休收入保障问题，皮特和杰弗里非常确定地知道，唯一的解决方案就是不退休。皮特在他 60 岁的时候找了一个退休顾问（几乎每个人在这个时候都会开始考虑退休的事情）。退休顾问在退休计算程序上做了一个计算后，用相当粗鲁且直白的语气告诉皮特，他的退休收入将没什么保障，就像是在缅因州沿海小镇上回答摩托车司机问路一样，"你这样开，到不了那儿的，没戏。"问题的症结在于，皮特太晚才开始为退休而存钱。他储蓄额是恰当的，他也没有因为投机而白费工夫。但问题就是他存钱开始得太晚了。

在过去的 100 年中，商学院的学生都在学习货币的时间价值："你是想让 100 万美元或 0.01 美元（一分钱）在 30 天中每天翻一番，还是想在 27 天里每天翻一番？" 100 年里（或者事实上，从腓尼基人时代开始）这个答案从来没变过。一分钱每天翻一番，这样持续 30 天，价值超过 537 万美元，但一分钱在 27 天内每天翻一番只值 67 100 美元。这种古老的例子说明了什么？为了退休做打算，人们一直努力存钱，因为复利的好处是有目共睹的。如果你开始得够早，攒的钱够多，并且能够在一个理想的投资利率下利滚利，你就可以成倍地扩大自己养老金的规模，并足以保证其他储蓄计划（赠送、财富转移、医疗等等）的实现。尽管所有这些都是得到理想退休收入的必备条件，但最关键的要素还是一个 40 多年的为退休做准备的周期。不论是在个人层面、机构层面或是国家层面，都应该借助这个要素的力量，保证退休计划的有效性。

南希和安东尼

女儿南希，和她的第一任也是唯一的丈夫安东尼，在某些方面非常的不同。他们多年前就失去了当初的激情，但是迫于经济上的需求，仍然生活在一起。他们都属于比较保守，不乱花钱的类型。他们生活简朴，做事情有规划。南希虽不是什么金融奇才，但她本能地知道从年轻的时候开始储蓄是明智的。如果让她回答商学院关于货币时间价值的问题，她会请你走开，但她心里明白时间与储蓄积累的重要性。

南希开了一家零售店，是一家大型商店的连锁店之一，她享受所有的社会保障福利。安东尼在当地是一名信托基金和房地产律师，过着体面的生活。但由于律师数量过多，律师们的小时工资率已经降至最低水平。与此同时，网络虚拟律师的出现，以及财产转移案子的减少使得他不得不到处拉客户找案子。事实上，他觉得自己整天忙碌却无所收获。但他确实了解钱、投资的重要性以及退休后将面临的风险。

尽管如此，他们已经存够了钱，如果他们选择到北卡罗来纳的蓝岭地区这样消费水平较低的地方生活，即使现在就退休也没问题。他们都喜欢在蓝岭的小道上散步，也喜欢那里悠闲的生活方式。

南希和安东尼都不是非要住在巴尔的摩郊区。他们可以随时换工作，然后去他们退休后想住的地方。不过他们选择住哪儿取决于是否可以尽可能地帮到孩子们。他们有一个儿子和一个女儿：杰西和梵琳。儿女们都结婚了，也都有了自己的孩子。

杰西和索菲亚

杰西是你的长孙，你一直视若掌上明珠。他在巴西与索菲娅相识，那儿是索菲娅的故乡。他是一名工程师，重点研究结构工程，并且拿到了卡内基梅隆大学的奖学金。他毕业于 2017 年，在嘉吉公司实习期间，他去巴西研究设计了一系列高科技与大规模的谷仓升降机，在那里他遇到了巴西姑娘索菲娅。

巴西拥有丰富的石油与自然资源，政府将开发这些资源的所得投入到南方大片的农田中，那里的气候更像是阿根廷的潘帕斯而不是亚马逊的丛林。北方丛林表土缺乏营养物质，农业生产较为困难，而巴西南部地区正在慢慢成长为世界主要的粮食产品供应地。世界上主要的商品公司，如嘉吉公司已成为粮食生产行业中的通用公司。正如俗语所说，"通用怎么做，世界就怎么做"，现在这句话可以改成"嘉吉怎么做，世界就怎么做"。

索菲娅来自一个古老的葡萄牙橡胶世家，这个家族大约 150 年前迁到阿雷格里港，现在仍然拥有成千上万亩良田，他们是巴西的亿万富翁，但行事低调，因为在世界排名前 100 位亿万富翁中，40% 的人拥有巴西血统。像很多拥有巨大的财富家庭一样，他们谦虚，专注本土产业，所以当索菲娅决定和她丈夫一起返回美国，她的家族开始并不赞成，但最终还是接受了。

杰西和索菲娅都在华盛顿工作。杰西在嘉吉公司的工程部门做得相当不错，而索菲娅则致力于她在国际人权方面的工作。有趣的是，她的家族控制着巴西南部大约 30 万当地人的家庭生活，而在华盛顿，她正为人们能够为自己代言，掌控自己的命运而努力工作。她的爸爸虽然不明白她的想法，但他一直认为对待工人必须公正而严格。他为他的工人们建立了巴西政府要求的最基本的退休计划。每个工人退休后都会有一份医疗保健福利、基于完全积累制的待遇确定型养老金以及遗属津贴，甚至还有一笔小额的退休津贴。但索菲娅认为这样还远远不够。

与此同时，杰西正在努力把工资和奖金存下来，作为他们独生子的教育经费。他决心早点预备好托马斯读大学和研究生所需的费用，而且不打算花费索菲娅信托财产中的一分一毫。嘉吉公司建立了非常慷慨的 401（k）计划，公司给员工提供了高比例的配套供款。杰西很聪明地将计划中 20% 的资金购买了嘉吉的虚拟股权（嘉吉仍然是一个非常大规模的私营公司），但由于过于保守，他只投资了这么一只股票……对在嘉吉工作了十多年的杰西来说，无疑太糟糕了。

瓦琳娜

瓦琳娜是你的孙女，你从未想过你会因贫穷或富有而面临着一个家庭的破裂。在电影《铁面人》中，莱昂纳多·迪卡普里奥饰演穷人和王子两个角色，穷人是王子的孪生兄弟，他生来就因为没有存在的理由，而带着铁面具过着可怕的生活。如果说杰西是家庭中的王子，瓦琳娜则是因为贫困而生活在令人窒息的面具下。瓦琳娜是一个大学毕业生，毕业后在贝宝银行与信托公司担任顾问。她的丈夫扎克是脸书网站真人娱乐节目的自由制片助理。

谷歌和贝宝是当今最大的消费者金融公司，而马克·扎克伯格正是塞缪尔·戈尔德温影片公司真人娱乐节目的制作人。尽管在这样繁荣的企业工作，瓦琳娜和扎克却都没有享受到任何形式的好处。这种落差是由《流动工人自决法案》造成的。该法案由当时在任的奥巴马共和党政府同意，并经国会投票通过，最后由新任总统签署执行。该法案实行后，那些大型科技公司（尤其是那些威胁新西兰的再本土化，从 2025 年起对避税有自主权的公司）不需要向新招募的 1 099 位顾问（独立税务承包人）提供任何福利保障。

瓦琳娜和扎克的工资仅可以勉强支付一个季度的个税账单，用来缴纳 IRA（个人退休账户）和 IHC（个人健康护理）账户费用的钱就更少了。这些费用差不多一共有 60 000 美元左右……刚好足够支付 6 个月的保健混合药物疗程，如果他们需要的话。

现在让我们回顾一下家谱：

- 琳达和巴巴拉：健在的妹妹以及她的女儿，生活还凑合，希望能省些钱下来作为遗产。
- 戴维和迈克尔：已去世的兄长以及他的儿子，生活比较困难，勉强度日，指望不上退休后能过体面的生活。
- 金：生病的妻子（我们甚至没有讨论他与前妻的不和）和日益减少的储蓄账户金额。
- 皮特和杰弗里：同性恋儿子和他即将面临退休的同伴。
- 南希和安东尼：女儿以及与她感情不和的丈夫。夫妇二人为了经济需要以及安稳的退休生活而勉强维持婚姻。
- 杰西：孙子，幸运地与一个新兴市场的富有家庭联姻。
- 瓦琳娜：孙女，缺乏任何一种形式的退休保障。
- 托马斯：曾孙，上学的经费不成问题，现在谈他的养老金还为时过早。

1.2　关于工作

你一直工作到差不多 70 岁（并感到浑身是劲）。不幸的是，在很多方面都超出你的预料。你没事儿就算着自己的养老金，以确保自己如果比预期寿命多活20% 的时间的话，有足够的退休收入可以用，即如果预期寿命是 70 岁，那么得为活到 88 岁做准备。这意味着你的退休收入得养活你直到……93 岁。哦，天哪！好在你的投资理财规划做得相当不错，而且知道适时调整规划，所以你和你的妻子一起经济无忧地再生活三四年是完全没有问题的。

当然，这对你的孩子没什么帮助，因为你的积蓄基本会花得精光，而孩子们从你这儿几乎得不到什么遗产。但这其实没什么关系，因为政府自几十年前起就一直强制推行限制财富转移的政策，而且遗产税率已经上升到近90%，欧洲关于继承财富的古老传统已经完全消失。世界因养老金短缺而心惊肉跳，任何看起来可以酌情考虑或没有定论的东西都被赋予重税，以填补养老金支付的缺口。

对现在的工人来说，20世纪家长式的企业如今已经变成了外包公司。他们中的大多数人几乎都随身携带着工具包，在不同的工作地点之间穿梭。第二次世界大战之后，对刚刚经历了多年战争的雇主来说，训练有素的劳动力的短缺比原材料短缺的状况更严重。因此，为了增加劳动供给，雇主们转变传统的劳动力观念，把女性也纳入劳动力队伍变得十分重要。罗茜成为铆工的事实证明，女性也可以胜任普通的工作，而战后对教育的重视，退休军人安置法案的实施，以及和平时期的良好心态使更多的女性可以进入工作岗位。这将有利于进一步严格地取缔童工，当然这也取决于每个国家的发展程度。

这一切使越来越多的美国公司成为做出"开明"选择的雇主。对一个浑身脏兮兮的老兵来说，他最想要的就是一个平静、衣食无忧的退休生活。以前人们希望生活安定，如今随着国家和全球安全的恢复，养老保障成为首要问题。这使雇员对于企业建立待遇确定型养老金计划的需求急剧增长。如何建立养老保险一揽子计划成为企业首席财务官最伤脑筋的事儿。

在20世纪60年代末，大批婴儿出生，那时就该调整不断上涨的养老金，这样大家都会遵守游戏规则……对工人来说，只要他的养老金是有保障的就意味着和平、爱和幸福。所以员工们需要时刻警惕这些家长式的开明企业，因为它可能会偷走你的灵魂和你的退休金。由此，美国出台了ERISA。不，这不是IBM某些超级计算机的名称。它的全名是《雇员退休收入保障法案》。该法案颁布于1974年，对企业而言，它也许是最神秘而狡猾的酷刑工具（尽管《萨班斯－奥克斯利法案》会为它的资金提供30年的保障）。这项法案让托尔克马达感到汗颜（译者注：西班牙第一位宗教裁判所大法官。他被认为是"中世纪最残暴的教会屠夫"），它也将成为企业在运营中必须遵守的一项新规则。

投资领域

在这里，我讲点题外话。ERISA的出现，除了给首席财务官带来痛苦和苦恼外，它还带来了许多意外的收获，这点很重要。不论你的政治背景或宗教信仰是什么，你现在得开始相信我的假设。当谈到退休收入时，碧丽珠说得没错，"我富裕过，也贫穷过，相信我，有钱就是好。"因此，为了获得更多的退休收入，你需要更高的投资回报。

并不是只有在退休管理的全过程中才会取得更好的投资回报。所谓的现代投资组合理论花了几年的时间才得以扎根，同样，专业投资人士从长期依赖银行做平衡基金管理（60%的"90-50"股票和40%的政府和公司债券），转变为交由专业投资公司打理一切，从小盘股票到高收益债券，以及其他打破束缚的债券投资来寻找通常所说的阿尔法投资（跑赢大盘）。

与大萧条后寻找阿尔法投资法的战争相比，影片《疯狂的麦克斯》中的公路战争就略显儿戏了。对冲基金和私人股权投资公司不断蜕变、成长，最后扩张成为21 世纪的主导金融机构。它们的猎场成为管理养老基金的大型游戏场。养老基金不得不像兽群中被围猎的牛羚一样，一直在它们的管控下运营。那时养老资金已经严重不足，但它们每次只能抛出"万福玛利亚"来祈祷过关，希望能实现预期的投资回报率。当阿尔法投资法成为投资界神话的时候，这些猎食者便依照阿尔法投资法的一些准则进行投资，但获得的回报率并不高，而且花费的管理和激励费用还不少。

皮特和杰弗里的 1 美分在 30 天里翻番的价值远远多于它在 27 天内产生的价值。但如果投资回报不是每天翻番（100% 的回报率），而只是增加 50%，那么最后只能得到 1 278 美元，而非 30 天里赚取 500 多万美元。如果就这样退休，日子将过得格外艰难，对吧？让我们说的比这个美分的小招数更直白一点。一个专业的基金经理通常可以比普通非专业投资者多获得 3% 的投资回报率（并假设你是很理智地投资，而不是在做波段）。因此，如果专家可以做到 8%，一般你就可以做到5%。如果你每年投资 10 000 美元并坚持 40 年，你完全可以存到 400 000 元。专家可以把它转换成 2 590 565 美元，而业余者最多只能转换为 1 207 998 美元。复利的作用就在于，如果请专业人士帮你理财，那么你的财富将翻 6.5 倍；而自己理财的话，则只能翻 3 倍。由此你应该明白两件重要事情：

1. 40 年的退休生活周期可以很好地用来增加储蓄。
2. 从理财中获得收益将为你那 40 年的生活提供保障。

养老金数学

我猜我们刚刚讨论的关于美分的货币时间价值会让战后的经理们有些迷惑。让我们简单地看一下养老金数学（它实际上是很简单的）：

- 计算出员工退休时你得支付他们多少养老金。
  - 算出养老金支付的起始时间与持续的时间（员工退休后的平均余命）
  - 加上遗属的寿命
  - 以合理的通货膨胀率和投资回报率进行贴现
    - 得出你每年你所需支付的养老金金额
- 现在算算每年你能支付的养老金金额以及投资的回报率。
- 最后保证以上两方面能实现平衡。

这看上去简单，实际操作却很难，因为要确切地知道养老金的贴现率是很困难的，而且也很难估计人们什么时候退休，什么时候死亡，会领多少年养老金？此外，也不清楚每年到底要准备支付多少养老金，因为太多的因素都取决于这 40 年的基金投资情况。

这里有一个反面的例子说明养老金数学的弊端。在 21 世纪第二个十年中，经历了大萧条后（也有人说是大萧条造成的），利率下降到历史最低水平。这是因为投资者觉察到了风险，于是抽离资本并尽可能地将其投到低风险的领域，同时也是由于考虑到股票的风险与不稳定性，养老基金放弃投资股票转而购买债券。债券相对股票而言更安全，稳定性更高，因此基金经理认为养老基金似乎更适合投资债券。当然，从长期来看，债券的收益低于股票，而且有一点我们很清楚，养老金管理周期很长。所以当更多的养老金流入债券市场，一方面会抬高债券价格，另一方面则会降低债券收益。这与缓慢的经济周期是一致的，那么猜猜看，除此之外，还会出现什么问题？

还记得我们通过贴现计算养老金的方法吗？债券收益率越低，贴现率越低，养老金的美元现值就越高。与此同时，缓慢的经济增长与低水平的利率使我们不得不降低对投资回报的预期。这就如同你自己用双手拿着棍子从两边猛敲自己的脑袋。

还记得那些捕捉牛羚的猎食者吗？我不知道当羚羊察觉到危险时会发出怎样的声音，但不管怎样，它都会发出某种声音。当投资回报率不断下降（一直降到如 2010 年至 2020 年间的低水平），直至资金池枯竭时，牛羚却问猎食者最近的泉眼在哪儿？

我想起了一个非常棒的安盛咨询公司的广告（还记得吗？）。这些牛羚开着全地形车（毫无疑问，肯定是麦肯锡公司建议的）打败了狮子。牛羚开着车绝尘而去，落败的狮子去找安盛，而且在最后一幕中，你会看到狮子围着气泵走来走去。寓意：只要你愿意付费，所有的问题通过咨询都可以找到解决方案。养老基金付费了，所以获得了它们急需用来救命的良好投资回报。如果它们早点儿这么做，如果养老金顾问能保证投资回报，如果猪会飞（不是在保险广告里）就好了。

美国各州情况

你和你的第三任妻子（从 2007 年起你们就在一起）住在加州圣地亚哥的一个封闭式高档住宅小区里。加利福尼亚州对凡是退休收入超过社保费支付额最高档（这一金额最近有所降低）120% 的人征收退休附加费。此外，该州还征收财富转移附加费。（像加利福尼亚、佛罗里达、伊利诺伊等税费负担比较重的州，现在正准备在联邦遗产税的基础上再增加 15% 的附加费）

有意思的是，21 世纪以来全美各州的税费征收存在很大差异。19 世纪美国从农业向工业化发展，南部各州在南北战争中投降于北部各州。20 世纪，随着外来人口的涌入与业务外包的兴起，以及南部阳光地带婴儿潮的出现，中西部老工业区的经济发展受到较大打击。但到了 21 世纪，注重的不是农业与房地产业的发展，这些州会像蚂蚁一样勤于贮存财富，还是像蚱蜢一样只知挥霍？各州是否已经建立起了养老金计划？是否为工人和普通居民提供了老年医疗保障？如果回答是肯定的，那么这些州的税率普遍较低，而且吸引着越来越多的老年行业的企业来此经营。如果回答是否定的，那么这些州就会承受双重压力，一方面，必须提高税率来维持社会福利开支，另一方面又不得不降低州政工人与市政工人们的福利水平并缩减他们的服务供给。从公共工作岗位和服务供给的角度来看，这样的州可算得上是重灾区了。

以下都是失败的例子：阿肯色州（除非沃尔玛聘用每个人）、康涅狄格（格林威治市宣布其独立并在斯坦福和波特切斯特墙上驻防）、加利福尼亚州（从 405 号公路转到 10 号公路再转到 15 号公路，才能把车开到犹他州）、夏威夷（与阿拉斯加进行合并谈判）、伊利诺伊州（18 位州长、市长与国会议员被监禁）、路易斯安那州（因卡特里娜飓风起诉联邦应急管理局和国家气象局）、密西西比州（棉花和鲶鱼供给短缺）、蒙大拿州（长空之乡的频谱波段被出售），新罕布什尔州（座右铭变成“生活贫困与死亡”）、新泽西（园丁之州，因为没有人请得起园林工人）、新墨西哥（核试验和废物处置商业化），以及罗德岛（小得没人注意，被马萨诸塞州吞并）。

相比之下，成功的州有：特拉华州（邮政信箱之州）、爱达荷州、北卡罗来纳州（迅速繁荣的蓝岭住宅区）、俄勒冈州（天气预报）、犹他州（摩门教徒如今都乘坐私人包机去加州组织活动，并恶意接管了南方公园工作室）、佛蒙特州（现在贵宾犬的数量比牛还多）以及威斯康星州（由于养老金与医疗保障水平过高，要取得该州的公民身份需要提供长达 10 年的居住证明）。

为了吸引人们到人烟稀少的南部地区居住，犹他州决定通过取消退休附加费和遗产附加费，把犹他州变成退休者的居住圣地，所以你现在搬到了犹他州南部。有人说这是因为随着正值退休年龄的人面临困境，摩门教会强烈倾向于共和党的思维方式的结果。这儿也是一个封闭的高档住宅区。它叫肯德尔终生护理退休村，是保诚退休公司旗下的全资子公司。最近社区的围墙从 8 英尺加高到 12 英尺，以防止土狼闯入咬食宠物，特别是贵宾犬。

美国情况

在过去的 50 年间，美国社会已发生了巨大的变化。作为一个国家，我们曾经被划分成富人与穷人，处于中间阶层的是大量想成为富人的人，他们中的许多人都是移民。我们没有考虑所谓人口分布和退休生活周期。更长的寿命坦白地来说是一件好事。一代又一代的人贯穿于整个 20 世纪。格特鲁德·斯泰因认为 20 世纪是从“迷惘的一代”开始的，这一代人参与了第一次世界大战，H. G. 威尔斯认为他们是“用战争来结束所有的战争”的一代人。然后是“伟大的一代”，汤姆·布罗考认为他们是大萧条时期幸存下来并参与了第二次世界大战的一代人。那些在大萧条和全面战争的严酷考验中出生的人被称为“沉默的一代”，因为他们对那个时代充满畏惧，当经历了诸如大屠杀和核冬天等事件后，这一代人便不愿多言了。在此之后就是婴儿潮时期出生的一代，他们引发了人类人口规模的迅速增长。

存在较大争议的是：婴儿潮一代难道仅仅凭借其庞大的数量，就可以成为导致社会变革的动因？是的，婴儿潮一代的人口数量占据美国总人口的比例高达26%，而且全美40%的劳动力属于这一代人。要不是后代人口数量增长，这一比例会更大。X一代的人口规模没有婴儿潮一代那么大，但Y一代（千禧年一代）几乎占据美国人口的28%。现在的"始终在线"的一代的规模可能变得更大（发达的医疗保健与早期死亡率的下降促进了人口的自然增长），但这与人口原来的绝对数量没有太大关系，主要是人口寿命延长的结果。这种健康趋势与婴儿潮一代的"特权"文化特性，以及他们提前退休的信念交织在一起，使得他们退休后的平均余命不断延长，并呈几何级数的增长态势。

这种"特权缺口"是肆虐于21世纪的金融危机的本质。在正常的人口周期中，大约20年为一代。现在一代人的规模比以往任何时候都大，而且寿命也不断延长，因此如今的人们比过去更早地在精力还算旺盛的时候退休。现在你得面对这个"40年"的问题。世界各国早就不认为2008年的金融危机就是由雷曼兄弟、美国国际集团甚至是房利美引起的。现在人们普遍认识到那场危机其实是婴儿潮"冲击波"的第一波，在房地产市场上感觉尤甚。事实上，2050年的诺贝尔人口老年学奖（今年新类别）将会颁给肯尼斯·迪屈沃德博士。他的年代浪潮的理论，在老年经济学以及年龄行为金融学等新的学科领域做出了伟大的贡献。

世界情况

你已经不再看"报纸"了（通过无线和电子方式在模拟阅读器上看报），因为新闻报道里的情况越来越糟，而且人们对此也越来越无能为力。欧洲一直以来都是旅游胜地，但如今已经面目全非。到处都要求废除债务，基础设施破落不堪，经济意识不得不在人们的脑海中淡去。欧洲变得不宜居住，人们希望移民巴西甚至中非国家的要求一时到历史最高点。美国仍然是最理想的移民目的地，但必须严格控制移民的数量，从而通过不同年龄人口的配置实现经济均衡。年轻的移民很受欢迎，如果既年轻又有良好的学历背景就更好了。在欧洲，老年人过得不太好，因为康复性药物供应不足，使得人们的预期寿命显著下降。

"好"消息是，巴西、加拿大、俄罗斯、印度尼西亚和非洲的部分地区情况都还不错。但由于印度对大宗净商品出口国有长期的硬性融资要求，因此这些国家面临的最大问题就是如何扩大产量来应对印度的这种不正当竞争。尽管印度已经很少采取军事行动，但这种经济上的强权与欺凌却成为一种常态。

1.3　它让你置身何处？

所以，现在你已经一身冷汗地从噩梦中惊醒。其实假如你够聪明的话，也许已经意识到，无论你多么富有，多么聪慧，不管你住在哪里，从事什么工作，都无法建立一座足够高的墙来避开这些问题。当然，你可以有很多办法让自己的老年生活过得更好一些，但你能真正地从这个银发浪潮中逃脱吗？

我最喜欢的另一个笑话是关于一个牧师的（你也可以用拉比，或毛拉来代替牧师）。这个牧师在洪水上涨的时候被困在教堂的屋顶上。一个船工来了，问他，是否需要救援……他说："主会来救我的。"一个小时后，水位又上升了，另一艘船过来，并再次问他，他回答："主会来救我的。"接着，就在汹涌的洪水将要吞没房子的时候，第三艘船过来了，但他再次回答说："主会来救我的。"当可怜的牧师到达天堂，他找到了天主，并问主为什么没有救他这样一个谦卑且忠诚的仆人。天主说："可是，我派了三只船去救你……"

所以，拯救可能就存在于显而易见的事情之中，而不是祈祷。冰冻三尺非一日之寒，问题不是一朝一夕就能解决。但首先应该对问题有充分的认识，并承认自己过分沉溺于依赖某些事物，而且完全确信这就是一种依赖，对富足的依赖。也许《星际迷航》（或者，更确切地说，是斯波克先生）误导了我们，他说："长寿和富足。"其实他应该说的是，"储蓄，长寿，然后你才可能会生活富足，如果你的投资计划运作成功的话。"

我们在可以像蚂蚁那样勤于积累的时候没有那么做，那么现在该怎么办呢？当蚱蜢来敲门，是不是我们充耳不闻敲门声，然后再去寻求别人的施舍就可以拯救蚱蜢了？但你有没有想过蚱蜢的体格比蚂蚁要大多少？我想我无需多说。

我们总是这样认为，技术和人类整体上的进步会使我们摆脱所有全球性问题的困扰，但在养老金危机这个问题上却不行。因为它不是个技术层面的问题，而是需要从再分配的角度来解决的。由于富人一般来说不太喜欢听到像再分配这样的词，因此解决问题的窍门就在于如何让所有人觉得分到的蛋糕更多，而不是大规模地重新切过。

这可能听起来像炼金术，但有一点需要提醒你，铅和黄金的差别并没有那么大。如果我们将一点黄金与铅进行合成，我们也许能熬过这场危机。简单地说，解决方案包括如下五个步骤：

第一步，填补养老金方面日益扩大的差距。这是个资产方面的问题。找一些闲置资产，把它们卖给那些有钱人，然后用得来的钱填补窟窿。

第二步，确保财富不流到那些中产阶级的手中，因为这种事似乎经常会发生，而且在分配差异较大的地区如俄罗斯、印度和伊利诺伊州发生的可能性更大。

第三步，设计一个制度，将财富分配给现在的老人。补贴退休村和医疗护理项目，并确保无论我们做什么，我们都不会为了几块钱出卖我们的灵魂。失去的生命或是缩短的寿命不是钱能补得回来的。

第四步，然后你得为年轻人设计一个制度，使他们相信，他们退休时的生活会和他们的父母一样好，甚至更好。如果你不能成功地做到这一点，你将永远得不到步骤 3 中各种补贴项目所需的资金。

第五步，对于后代再重复以上步骤。

第 2 章

问题的衡量

如果你看报纸、电视新闻，甚至是深夜里的政治讽刺电视片段（你唯一的了解新闻的渠道），你可能听说过或读过有关于警告"养老金危机"的故事，人们将其称为"养老金空账"或"退休海啸"。但是，除非该故事直接影响贵公司的退休金，或是你的国家养老金，否则这些看起来都与你无关。

比如，为什么一个来自纽约的人要关心：

伊利诺伊州信贷评级在养老金改革失败后降级了。[1]

濒临破产的圣贝纳迪诺投票决定拖欠债务。[2]

通用汽车的退休人员就退休买断一事与公司角力。[3]

法国总统弗朗索瓦·奥朗德将法定退休年龄提前至 59 岁。[4]

这些事情都是一个更大难题的组成部分。在这一章中，我们将要讲述养老金的故事，为了了解为什么每个美国人都将受到养老金危机的影响，我们需要衡量危机并量化每个影响因素。从广义上来说，每个问题都会回到管理这四件事上：人、财富、义务和期望。

在这一章，我们需要解决下列问题：

* 什么是养老金？
* 养老金危机是什么？
* 退休要耗费多少世界财富？
* 世界有多富有？
* 人口结构的变化趋势将如何影响我们看待一个承载四代人的世界的方式？
* 发达国家还能维持它们作为世界领导者的地位吗？
* 更为重要的是，这场危机将对你有何影响？

对这些问题的回答可以帮助解释为什么在全球范围内的每个人，无论财富多少，都将不得不为即将到来的养老危机做好准备。

---

[1] http：//articles. chicagotribune. com/2012-08-30/news/ct-met-quinn-credit-rating-20120830_ 1_ pension-reform-pat-quinn-credit-woes.

[2] www. reuters. com/article/2012/07/25/sanbernardino-bankruptcy-idUSL2E8IOBZZ20120725.

[3] www. nytimes. com/2012/07/19/business/retirees-wrestle-with-pension-buyout-from-general-motors. html? pagewanted = all.

[4] http：//telegraph. co. uk/finance/French-president-Francois-Hollande-cuts-retirement-age. html.

2.1 计算储蓄的充分性

在谈到养老金时，一个主要的担心就是能否为退休留出充足的财富。如果我们从这样简单的前提开始，储蓄的主要原因之一是供给我们人生中的"冬季"，当我们在大多数情况下没有足够的生产能力，并且必须为生存而消耗我们的资产（也就是在退休期间花掉财产）的时候，那么我们可以通过计算积蓄的充分性来执行这个功能。

为了正确评估储蓄的充分性，我们需要了解的信息包括对以下 5 个问题的回答：

1. 养老基金有多少存量，以及它与全球财富量和全球 GDP 有何联系？

2. 在我们的年龄不断增长的情况下，有多少人将要退休？（注意，这里我们关注更多的是人口老龄化，而非人口的增长趋势。）

3. 他们退休后的余命（指退休年龄与预期寿命之间的跨度）是多少年，要从基金池中领取多少养老金？

4. 在资产减少期间，在多大程度上他们能合理地获得资产收入？（这里指在资产逐渐减少时的收益率。）

5. 他们每年需要多少生活费（通常表示为当前收入的百分比）？

这些都是最真实的估计，基本没有预测的成分。当然，这里有一些对长寿的预测，但那只是简单地用目前的退休年龄和国家的人均寿命，来合理估计出人们退休后的平均余命。

至于退休的人数，它在不断地变化着，而且不幸的是，这一逐渐增长的数量对养老负担产生了很大的影响。

至于退休收入的收益率，据说在资产减少阶段（即从退休时开始），退休收入的收益率对养老基金收益率会产生一定影响，大约会影响退休人员可支配总收入的 50% 至 60%。在任何投资周期的最后几年里，考虑投资周期的某一时间节点上的资金投资规模与整体的综合影响是合乎逻辑的。

可能，最简单的估计是需要计算养老金的替代率，经过证明，人们普遍认为养老金的替代率应该稳定在最终收入的 60%。但现在尚不清楚的是，养老金的绝对数额是否必须增长，以匹配受到质疑的经济增长率较高国家的人均国民收入。好在有这个"问题"的国家都是经济低速增长的国家，因此目前它应该不成问题。养老金通货膨胀指数是政治问题，欧洲国家尤其如此，这早已成为一种常态。这大概与其他一些权利问题有关，而这些权利问题可能会随着养老机危机逐渐浮出水面而面临严峻的挑战。

本章的剩余部分，我们将分为以下五个方面。

世界财富和退休资产

我们应该估计存在于这个世界的财富数量，以及多少比例的财富被用于为现在与将来的退休者发放养老金，而这些信息现在就应该开始收集了。但是，就这些信息本身而言就已经很具挑战性了，因为究竟如何来衡量财富以及它可能的用途尚不清楚。

我们可以先从理解几个关键而普遍的财富"桶"开始：

- 私人财富
- 养老基金
- 共同基金
- 保险公司
- 主权财富基金

我相信这个列表足以包括世界上所有记录在案的财富，而且重复性极小。有人可能会争辩说，私人财富包括共同基金，因为大部分的资产其实都是掌握在私人手中。但是列表规模变得如此之大，为的就是把每种类型放在相应的"桶"中，而且作为可供选择的工具，在过去的 30 年里，从涵盖了大量的固定缴纳养老金义务这个角度出发，它的重要性是独一无二的。

新的替代桶如对冲基金、私募股权基金、房地产基金似乎并不在这个列表里。这是为什么？嗯，首先，它们几乎都被包含在另一个类别里了。它们都是高净值的投资工具，而且已经越来越多倾向于成为机构的投资工具，这意味着它们会出现在部分私人财富（也包括捐赠基金和基金会）基金、养老基金、保险基金以及主权财富基金之中。尽管被如此归类，但还是有必要认真勾画它们的轮廓，因为它们是推动大量不成比例的活动以及重要市场和大多数新兴市场的价格变动的重要力量（特别是由于对杠杆的特别使用，因为杠杆具有乘数效应，所以而更不用提及其高回报额，因为这也会扩大其影响）。

我们还需要记住，有大量自然资源甚至是无形资源构成了"财富"，但其却没有被这种方法计算在资产的范围之内。我在美国经常用到的一个完美例子就是约塞米蒂国家公园。国家公园完全没有受到重视，它要么被当作一处独特的自然景观，要么被当作一大块有价值的房地产，它带着人们赋予它的价值出现在资产负债表上。尽管有人已经尝试假想一张美国的资产负债表（通常是为了平衡观点或评估我们国家债务水平的影响），但是我们的资源的全部价值却没有官方地或正式地以最大的全部财富的形式体现出来。还有一些资产的估值更具挑战性，比如卫星频谱。现在我们当然理解卫星频谱对于全球电信的价值。就在不久之前，还有人可能会忽略天空的小饼图分区所体现的价值，但今天，私营企业得花高价才能买得到作为稀缺资源的频谱，购买了一定范围的频谱后，这些企业就可以通过现有的技术对通过卫星传播的语音和数据流进行收费。一旦这种资源的价值得到公认并被付费之后，它就构成了公司资产负债表上的资产，并会反映在上面所列的任意一个"桶"中。然而，世界上还有许多不为人知或没有记录在案的丰富自然资源是我们没有掌握的，就此而言，整个世界本身就是一种财富。如果我们把这些自然资源和大量存在于人脑中的人力资本和知识资本加起来（无论是从古至今积累的智慧，当今的知识产权，还是未来无数代人的奇思妙想），我们可以很容易地得出这样的结论，尽管这些资源的价值是非常真实的，但它是无限的，因此也是无法掌握的。我们所能掌握的是目前记录在案的构成世界资产负债表的资产，而这些才是我们现在所关心的。

所以如果回到我们通用的"桶"，那么我们对当今那些资产"桶"的大小（即全球记录在案的财富）的最好估计如下：

私人财富	43 600 000 000 000 美元①
养老基金	30 000 000 000 000 美元
共同基金	23 800 000 000 000 美元
保险公司	24 600 000 000 000 美元
主权财富基金	12 000 000 000 000 美元
总计	132 000 000 000 000 美元

因此，我准备将世界有记录的财富价值估计为 132 万亿美元。这是不是很大一笔钱？其实不是。换个角度来看，全球国内生产总值（GDP）大约 70 万亿美元。这意味着世界各地每年生产的可记录的财富总量是 70 万亿美元。如果我们把世界比作一个人的话，那么他每年"挣"到的工资就是 70 万亿美元。为了生活，他花掉了大部分的钱，然后把剩下的一小部分钱存起来，最后积累的财富大约是年收入的 1.89 倍。所以，如果你每年赚 70 000 美元，这就好比说，在不考虑未来收入、储蓄或任何其他你渴望积累的财富的情况下，你拥有的净财富值是 132 000 美元。储存的财富量虽然略低于年收入的两倍，但有总比没有好，只是这样的财富存量还远谈不上充裕。特别是当我们考虑如何使用这些财富，以及由谁来管理这些财富时，情况尤其如此。

让我们来看看私人财富这一类别。我们都听说过这样的统计：谴责全球财富的分布不成比例，大多数（85%）世界上有记录的财富被掌握在 1% 或更少的人的手中。这一点儿不假，而且，现存的大部分财富都没有支付养老金的义务。私人银行家早就提出的观点之一，就是富人不担心退休收入保障。他们担心财富积累与保值，但他们很少关注他们的养老金。私人财富与养老金存在的似是而非的相关性在于，虽然数量极小，但私人财富还是含有一些退休资产。事实上，因为我现在要开始计算这些退休资产，所以将私人财富的 1% 归为退休资产已经是非常慷慨了。

---

① 原书有误，原书为 43 600 000 000 美元，实际应为 43 600 000 000 000 美元，表格中其他数据亦同。

　　根据定义，养老基金完全是退休资产。但在没有进行大量的分析之前，目前尚不清楚，如今有多大比例的资产是为已退休人员和即将退休的人员预留的。为此，我认为进行这样的区分是无关紧要的，因为我们正在评估当前或静态退休资产的充裕性，在没有进一步缩小指定的用于退休的资产池规模的前提下，计算结果将会显示出非常严重的养老金空账问题。所以在做这项计算时，我们将 100% 的养老基金资产作为可计算的退休资产。

　　共同基金有两项功能：普通的储蓄工具（个人储户不指定其用途，但有可能用于退休），以及被缴费确定型养老金计划，如美国 401（k）计划作为退休储蓄的工具。如果进行快速的计算，我们会发现，根据全球养老金咨询公司韬睿惠悦的统计，缴费确定型计划的退休资产占全球总退休资产的 45% 左右。由于全球退休总资产规模约为 30 万亿美元，所以意味着在缴费确定型计划资产池中的资产价值约为 13.5 万亿美元。这些资产池通常在共同基金之中（美国与其他实行了大规模缴费确定型计划的国家，如澳大利亚和瑞士等国的情况都是如此）。这说明 50% 的共同基金资产是退休资产……这是一个完全合乎逻辑的结论。

　　现在保险公司的情况更为复杂，我们可以非常精确地把它们的资产池一分为二：一半代表财产和意外保险，显然这些与退休无关；而另一半则代表人寿保险。人寿保险的用途很多，已经远远不只是代际财富转移这么简单。人寿保险的好处，主要是从税收优惠方面促进退休储蓄的有效积累。我可以做出的最乐观的估计是，50% 的人寿保险资产有效地构成了退休资产。另外，保险公司预留了大约 25% 的资产作为退休资产。

　　最后，还剩下主权财富基金。这个"桶"需要被分为外汇储备，其规模大概至少有 7.5 万亿美元，其中 4.5 万亿美元在自身的实际基金中。这些资金大多数只是为了国家财富而进行积累，没有具体指定用于养老用途。但挪威这个全球最大的主权财富基金是个例外，它是真正的国家养老基金。如果我们随意假设这些基金中的 1.5 万亿美元被特别地拨出以作为资金，这个数字就很公道了。

　　因此，如果我们把所有的退休资产加起来，我们可以进行如下估计（全球财富分配给退休资产的部分）：

私人财富	427 000 000 000 美元
养老基金	30 000 000 000 000 美元
共同基金	12 350 000 000 000 美元
保险公司	6 150 000 000 000 美元
主权财富基金	1 500 000 000 000 美元
总计	50 427 000 000 000 美元

　　退休资产的总量已经达到 50.4 万亿美元，占全球有记录财富储备的 38%。此外，这一数额约占全球 GDP 的 72%。这种计算是完全合理的，根据韬睿惠悦公司的计算，发达国家退休资产的规模约占全球 GDP 的 72%。可以很合理地推算全球

退休资产占 GDP 的实际比例比韬睿惠悦公司的统计值稍低一些，因为韬睿惠悦公司所做的计算是基于那些建立了大规模退休计划并有相应历史记录的国家。世界其余国家对全球经济的影响微不足道，且只在全球 GDP 中占很小的一部分，这些国家往往预留了很少或根本没有资源用于退休资产。因此，我们可以得到如下数据：

- 50.4 万亿美元年退休资产占全球财富的 38%（132 万亿美元）。
- 50.4 万亿美元年退休资产占全球 GDP 的 72%（70 万亿美元）。

国家退休资产充裕性

当我们从国家层面上来研究这些说明退休资产充裕性的数字时，我们会发现各国之间开始出现的巨大差距成为本书的基本主题。多年来，韬睿惠悦公司一直坚持编译和出版全球养老金资产的研究。它发布的第一张图显示了每个主要国家养老金资产占 GDP 的比例。这一计算相当简单，因为它的数据来源于经济合作与发展组织（OECD）、联合国（United Nations）、国际货币基金组织（IMF），甚至中央情报局（CIA）这些能够公布准确 GDP 数据的组织和机构。韬睿惠悦公司通过内部程序计算在公共与私人的待遇确定型养老金计划、缴费确定型养老金计划以及其他退休账户（如独立退休账户［IRA］工具）中的实际资产。每当我给学生看这些统计数据时，他们总会问到如何界定退休资产这样的问题，但这些年来，我开始注重这些数据的完整性，并用它们来充分说明有资金保障的退休资产总额。

我将一些主要国家的情况进行了整理，见图表 2-1。

图表 2-1   **国家养老金资产与 GDP**

国家	2012 年养老金总资产 （10 亿美元）	% GDP	2012GDP
法国	$168	7%	$2 580
德国	$498	15%	$3 367
爱尔兰	$113	55%	$205
瑞士	$732	118%	$623
荷兰	$1 199	156%	$770
巴西	$340	14%	$2 425
中国	$1 300	18%	$8 250
智利	$153	61%	$248
南非	$252	64%	$391
日本	$3 721	62%	$5 984
加拿大	$1 483	84%	$1 770
澳大利亚	$1 555	101%	$1 542
英国	$2 736	112%	$2 434
美国	$16 851	108%	$15 653
14 国	$31 101	67%	$46 242
全球	$40 000	58%	$69 135

养老金资产和 % GDP 来自韬睿惠悦公司。

GDP 数据来自 IMF 数据库。

全球养老金资产，推测估算。

资料来源：基于韬睿惠悦公司 2013 年出版的《全球养老金资产研究》。

　　这张表里有没有什么你感兴趣的内容？应该有。我总是提醒学生们注意表中两个重要的欧盟国家，德国和法国，这两个国家有资金保障的退休资产规模占GDP 的比例非常低，分别是 15% 和 7%。更令人震惊的是通过退休时期、人口年龄、老年抚养表等因素的调整后，这个比例将更小。我不会过于深入地考察这对于欧盟及欧元会产生什么样的影响，而是通过接下来几章的描述让读者来思考，欧盟的支柱性国家怎么做才能帮助它们的南欧伙伴国家应对即将到来的养老金崩溃危机。

　　从该表中我们还可以看出，保守的欧洲国家，如瑞士和荷兰，以及一般的英语国家，都在努力为婴儿潮一代的退休做准备。很难说在这一阶段的新兴市场国家会发生什么，日本似乎暂时略优于德国（我之所以这么说是要提醒大家，第二次世界大战后的几十年里这个问题一直存在，也为我们今后的分析方向做好铺垫）。

　　我希望除了这张表上已显示的答案之外，它还能为你提供更多的提问空间。你可能会问到的最大的问题是：一个国家拥有的退休资产到底应该占 GDP 的多大比例，哪怕是大致的经验也好？现在我唯一能找到的线索就是，最近产生的墨尔本美世全球养老金指数。这个指数根据养老金的充足性、可持续性以及完整性，对各国国家的养老金的情况进行评级。这一指数没有给任何一个国家 "A" 级，尽管荷兰的退休金资产占到 GDP 的 156%，但也只获得了 "B +" 的等级。

退休年龄和寿命

　　充足的关键原则是一个人需要多少。在退休收入保障中，需求是持续时间的函数，了解需求比什么都重要。实际上可以从两个维度来了解需求：一是人们努力工作，从而增加了需求；二是减少需求。

　　显然，更长时间内对收入的需要增加了需求，并提高了养老金充裕性的门槛。另一方面，退休时期可以延长养老金账户积累的给付时间，这样，退休人员在整个退休期间都能获得收入。如前所述，养老金账户积累的给付对于整个养老金计划来说至关重要，但在这儿的计算中，我打算忽略它们，因为我们要计算的是全球总资产量，所以尽可能准确地计算退休金支付义务才是更重要的。要做到这一点，我们应该将未来退休期间所需的退休收入进行贴现后，与当前退休资产的存量进行比较。我们假设一个公平的贴现率（我使用的是 5%），然后要认识到养老金账户积累的给付率可能超过，也可能达不到这个速度。从过去的历史来看，养老保险精算师与养老基金管理人的意见一致，都认为贴现率应该小于给付率（两者都趋近于 7.5% 到 8%），但最近的经验使我们高度怀疑这个假设在养老格局发生变化后的有效性。事实上，也许在领取养老金期间，给付率将努力实现与养老金的债务贴现率相匹配。根据养老金的经济学标准，这段时间是通货紧缩时期。在任何情况下，我们选择把重点放在至关重要的退休期计算上，而忽略养老金账户积累的给付率。

　　计算退休时期很简单，它是规定退休年龄（大多数情况下）或自愿退休年龄（有时）与退休人员平均预期寿命之差。要得到全国性的两组数据并不困难，只不过在某些方面有一些变化，比如不同性别或不同职业的人退休年龄不相同。也有一些统计是针对不同性别与职业的人的寿命进行的，但是我认为计算退休时期，最好还是使用国家的平均水平，跨越性别和职业。需要注意的重点是，退休年龄是人为规定的，但平均寿命却是一种自然现象，虽然它显然受到国家卫生政策的影响，但它的不可控性使其仍是一种自然年龄。因此，退休年龄与平均寿命之差代表了可操作的退休时期，它因国家而异，并很可能随着政策与科学的变化而变化。

　　在深入研究具体国家的数据之前，我们得承认人们的寿命比以前更长了，理论上可以延长工作的时间。如果一个史前人活到 40 岁，那么他会一直工作到 40 岁，换句话说，他的在职时期是整个生存时期的 100%（退休期 = 0 年）。几百年前，人的预期寿命可能上升到 60 岁，那么他工作到 55 岁，假设他 15 岁就开始工作，那么他的在职时期是整个生存时期的 89%（退休期 = 5 年）。今天，平均寿命是 78 岁，而平均退休年龄是 64 岁，大约有 44 年的在职时期，这意味着男人一生 76% 的时间在工作（退休期 = 14 年）。事实上，在不同的国家，退休时期的范围可以从最高的 22 年（您可能猜到，是在法国）到最低的 –16 年（是的，你没看错——在南非，人们的平均预期寿命是 49 岁，而强制退休年龄是 65 岁）。因此，我们可以相当肯定地说，繁荣和科学延长了人类的寿命，但它们也不成比例地明显降低了退休年龄。这其实不难理解，因为对大多数人来说，社会的进步会让人们减少工作时间，拥有更多的休闲时间。很明显，20 世纪的情况已经是如此了，而且从战后的心理来说更是这样，归来的退伍军人应该在晚年好好休息，这是他们"应得的"。然而，当我们一起迈入 21 世纪后，我们应该好好计算一下，再往前走时，需要在寿命与退休年龄之间建立起更合理的联系。退休年龄过早的现象使退休时间增长，增加了退休收入的负担，并给退休收入的充裕性带来了大量的风险。未来只有两种方法可以解决这一问题：

　　1. 为了享受更长的退休生活，工人们必须以更快的速度进行养老储蓄。

　　2. 随着人们寿命的延长，不得不继续延迟退休年龄。

　　等式的一半是由国家劳工政策决定的，而另一半则受到国家发展以及国家医疗保健政策的影响。那么，当我们逐一对每个国家的数据进行研究时，什么才是特别重要的呢？让我们看看图表 2-2 中，与前图表 2-1 相同的一系列国家的退休时间存在哪些差异。

图表 2-2 　　　　　　　　　　　**各国退休期**

国家	平均退休年龄	预期寿命	退休期
法国	59	81	22
德国	61	80	19
爱尔兰	64	80	16
瑞士	65	81	16
荷兰	62	81	19
巴西	60	73	13
中国	65	75	10
智利	67	78	11
南非	65	49	–16
日本	68	84	16
加拿大	63	81	18
澳大利亚	64	82	18
英国	63	80	17
美国	65	78	13
14 个国	63.6	77.4	13.7

平均退休年龄的数据来源《OECD 养老金一览》（网址：27 页。）

预期寿命的数据来源于（《CIA 世界概况》）网址：27 页。

14 国与全球数据基于《CIA 世界概况》中的人口数据，按人口进行加权。

从这些数字中我们发现，它们不得不加强养老金的融资水平。也就是说，所有欧盟国家的退休期都比较长，因为它们的国民预期寿命更长，尤其是法国和德国，（两个最长的退休期），这两个国家的退休年龄相对年轻。非英美国家与日本的退休期都相当长，而美国看起来更像一个新兴市场国家，平均寿命较低（可能部分由于大规模的移民人口还没有机会享受到更好的卫生保健）。南非的情况之所以与众不同是因为其人口预期寿命水平十分异常，而且存在一个双峰式的人口结构，在这个关键的婴儿潮人口退休期中，新兴市场的退休期负担比较轻。

从这些精算数据中得到的最引人注目的新闻是，养老金计划融资水平最低的国家承受着最重的养老负担。这可不是一件好事。

GDP 预测和人口统计

GDP 的增长对于许多经济问题来说是一个具有逻辑性解决思路，它可以让养老基金发生变化。问题是，在经济增长的过程中出现了结构性的调整，而它们根本不赞成进退两难的发达国家把钱花在养老资金的问题上。事实上，经济增长放缓背后的主要原因很可能是由于同样的原因造成的，它可能会带来对一个发达国家来说最致命的问题……就是人口增长大幅减缓或呈负增长的态势。

请看图表 2-3，世界银行关于日本的图表显示，在过去的 50 年中，日本的人口下降与增长下滑之间有着看似直接的联系。

图表 2-3　　　　　　　　　　**萎靡不振的日本经济**

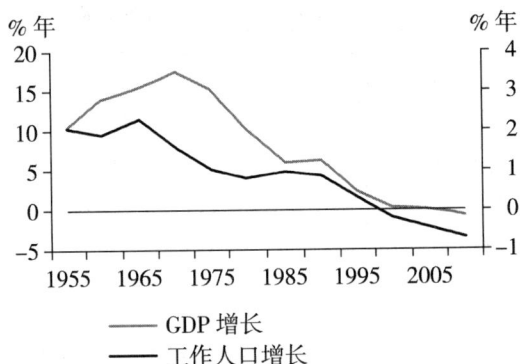

资料来源：汇丰银行全球研究. 2050 年的世界［R］. 2012.

　　这幅图描绘了一个相当清楚的图景，它应该成为其他发达国家在进入下一个周期性阶段之前的一个强有力的警示。显然，战后的自然人口结构与城市拥挤，以及排外的文化倾向结合起来，使日本不仅在经济上出现疲软态势（当然我们目睹了它在过去 20 年中的衰落），在养老金资金方面也十分匮乏。这种现象确实让人觉得疑惑，因为日本奉行的是保守主义（日本待遇确定型养老金计划的比例最高，投资于债券的比例也最高，这两个都是表现谨慎投资的指标），国民储蓄率也不低，而且这些因素在推动经济增长方面，及其对养老资金甚至是所有人口的养老负担产生的影响方面，比人口结构因素发挥的力量更强大。

　　对于养老金管理人来说，经济增长是非常关键的，原因是多方面的，其中最主要的原因就是它是股票价值与债券收益增长的主要动力：

　　上个世纪，对于 GDP 增长的长期评估明显低于我们看到的 3%……无论你最支持的经济学家预计长期增长率为 2%、1% 或 0%，得到的结果都大致是一样的趋势：它的影响将会介于坏和恶化之间①。

　　低增长的并发症所造成的影响是相当大的，尤其是对股票市场：

　　一个多世纪以来，股市投资者经历了由通货膨胀率周期带来的股市周期。但还有一个变量决定股市估值。直到最近，人们才可以忽略该变量，因为它被视为一个常数。影响股市价值的第二个变量是收入的增长率。与之相关的是，现在经济增长的持续性变得不确定了②。

　　全球经济增长的决定性转移将有利于新兴市场，而发达国家却停滞不前或最多是原地踏步，这几乎已经成为共识。在对 2050 年进行预测时，汇丰银行公布了未来的图景，如图表 2-4 所示。

　　我们所看到的是发达国家经济增长放缓至 1% 左右的增长率（与日本在过去 15

---

① John Mauldin, "Somewhere Over the Rainbow," December 31, 2012. www. mauldineconomics. com.
② Ibid.

图表 2-4

全球增长贡献

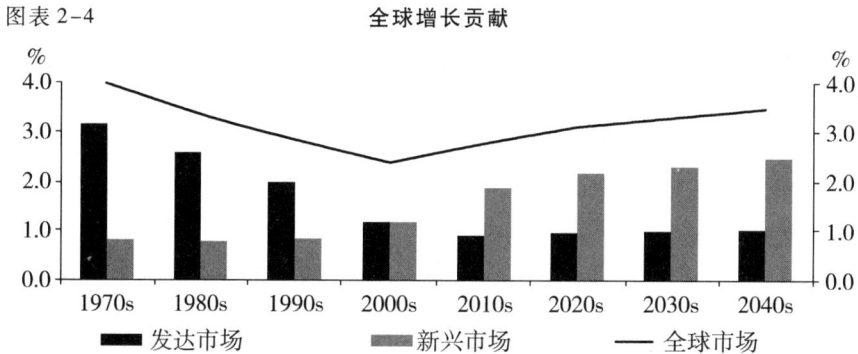

■ 发达市场　　■ 新兴市场　　— 全球市场

资料来源：汇丰银行全球研究 . 2050 年的世界 ［R］. 2012.

年中的表现非常相似），而新兴市场对全球发展的贡献更大，其经济增长率为 2%
或更多。当你想起 OECD 国家对 GDP 的贡献约为 65% 时，你会感觉这是不平衡的。

渐渐地，这将随着时间的推移改变，而其他那些隐藏在背后的真相将成为人尽
皆知的事情，如图表 2-5 所示。

图表 2-5

全球未来 GDP 份额

至 2060 年世界 GDP 份额的变化
GDP 所占百分比，2005 年的购买力

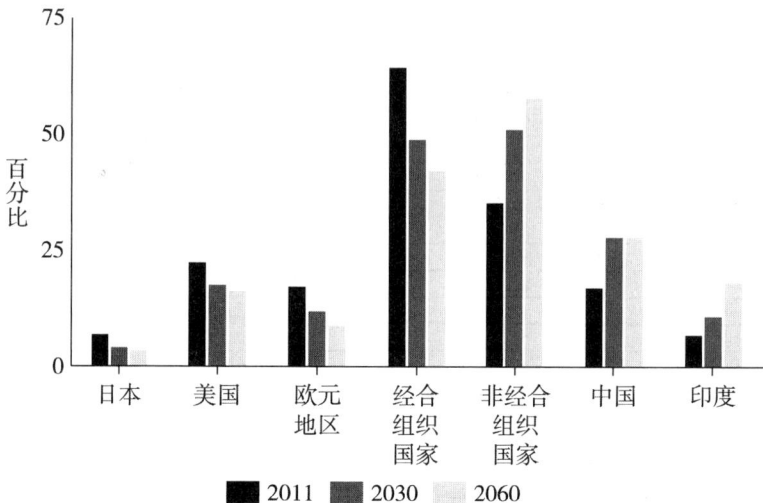

■ 2011　　■ 2030　　■ 2060

资料来源：经济合作组织经济研究论文 . http：// www. oecd-ilibrary. org/ docserver/download/
5k8zxpjsggf0. pdf？ expires = 1364154521&id = id&accname = guest&checksum = 0E5BB9305CFBEEE9EBA4D7C
2AA789E5B.

在图表 2-5 中，新兴市场的发展与 OECD 国家主导地位的衰落是显而易见的。在
这样的场景中，欧盟出现更加戏剧性的灭亡是不足为奇的，但随着人口结构大为改变而
产生的影响全面蔓延，中国的经济发展出现明显的减缓，这一点却是令人意想不到的。

这些覆盖全球经济增长预测的人口统计产生了一些有趣的人均数字，这些数字

　　甚至可能推翻 GDP 的预测（如图表 2-6 所示），这些预测使数据遭到严重的质疑。

　　我完全可以接受当 GDP 的增长超过人口增长时（注意随着人口增长放缓，中国的 GDP 却急剧上升），新兴市场的人均收入随之强劲增长。另外，对于英语国家和日本来说，其较低的增长水平对于经济增长前景来说是适度的。但看看欧盟的数字。我感觉其中存在严重的脱节，而这种脱节很可能较好地反映了"日本"的现象，即当人口增长停止和倒退时，其经济增长出现了更为严重的停滞。其实，我相信养老金危机本身将会极大地削弱当地的经济增长，而且人均收入的增长也将受到严重影响。

　　《纽约时报》刚刚报道了法国的情况，在法国，受过良好教育的年轻人面临着惨淡的就业前景，这对于经济来说可能是一个结构性问题，它不会在正常的循环周期中自动消失。在这 22% 失业率中的年轻人，"他们找不到一份长久的工作让他们成为纳税人，并拥有自己的财产，这是法国人几十年来认为的理想生活，但现在却无法实现"，《纽约时报》将其称为"漂浮的一代"，整个欧元危机让他们经历更多的考验和磨难，经济危机对法国的影响是"人们无法找到好工作，国家的税收收入、养老保险制度和财产市场受到影响。法国和其他西欧国家面临着失去一代的危险，经济可持续增长的前景也将遭到破坏"[1]。

图表 2-6　　　　　　　　　　各国人均 GDP 预测

国家	人均 GDP2010	人均 GDP2050	倍数
法国	$ 25 831	$ 40 643	1.7
德国	$ 25 083	$ 52 683	2.1
爱尔兰	$ 27 965	$ 61 363	2.2
瑞士	$ 38 739	$ 83 559	2.2
荷兰	$ 26 376	$ 45 839	1.7
巴西	$ 4 711	$ 13 547	2.9
中国	$ 2 579	$ 17 759	6.9
智利	$ 6 083	$ 29 513	4.9
南非	$ 3 710	$ 9 308	2.5
日本	$ 39 435	$ 63 244	1.6
加拿大	$ 26 335	$ 51 485	2.0
澳大利亚	$ 26 224	$ 51 485	2.0
英国	$ 27 646	$ 49 412	1.8
美国	$ 36 354	$ 55 134	1.5
14 国	$ 19 728	$ 28 535	1.4
全球	$ 9 773	$ 20 831	2.1

　　资料来源：汇丰银行全球研究 . 2050 年的世界［R］. 2012.

　　如果我们同意和相信人口增长放缓会对国民经济增长的前景或整体产生负面影响，那么我们就需要更加详细地研究区域性的人口变化趋势，如图表 2-7 所示，我们可以看到汇丰银行和联合国对 2050 年人口结构进行的预测：

　　图表 2-7 按从低到高的顺序显示了人口的增长水平，几乎没有令人感到惊讶的地方。我猜想，美国、加拿大和澳大利亚的人口增长都与开放的移民政策相关。而在其他封闭的欧盟国家，以及日本、中国、新加坡、韩国，或多或少是可预测

① Steven Erlanger, "Young, Educated and Jobless in France," New York Times, December 3, 2012.

到，它们的人口规模在缩小。特别是与印度、巴基斯坦、菲律宾相比，像巴西、墨西哥、印度尼西亚这样人口增长放缓的国家会产生一些有趣的变化。

图表 2-7　　　　　　　　　　　　　　**全球人口预测**

现在至 2050 年间人口结构的变化

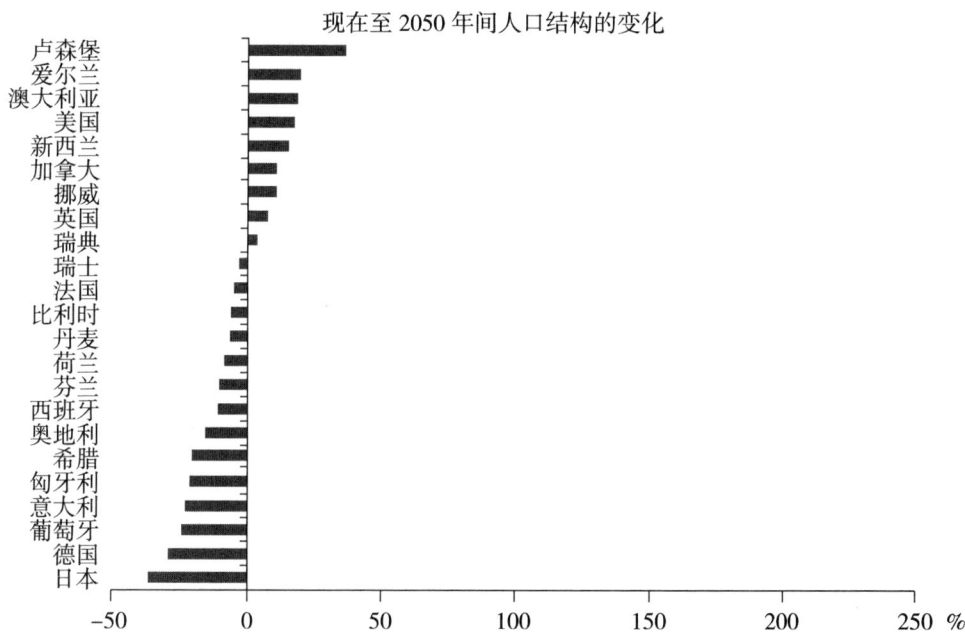

现在至 2050 年间工作人口的变化

GDP 总额的模型预测

（发达国家）	2010—2020	2020—2030	2030—2040	2040—2050
澳大利亚	2.4%	2.3%	2.5%	2.6%
奥地利	2.7%	1.9%	1.9%	2.1%
比利时	1.0%	1.2%	1.7%	2.1%
加拿大	2.3%	2.1%	2.6%	2.5%
丹麦	0.5%	0.8%	1.1%	2.0%
芬兰	1.1%	1.4%	1.9%	1.9%
法国	1.1%	1.4%	1.6%	2.1%
德国	1.7%	1.1%	1.4%	1.7%
希腊	2.9%	2.6%	2.2%	2.1%
爱尔兰	2.8%	2.8%	2.2%	1.9%
意大利	1.4%	1.9%	1.5%	2.1%
日本	0.4%	0.9%	0.5%	0.8%
卢森堡	2.8%	2.2%	2.3%	2.5%
荷兰	1.1%	1.2%	1.5%	2.2%
新西兰	3.4%	3.0%	2.9%	2.9%
挪威	0.9%	1.3%	1.5%	2.1%
葡萄牙	3.0%	2.6%	2.3%	2.2%
西班牙	2.8%	2.9%	2.3%	2.2%
瑞典	0.4%	1.3%	1.7%	2.1%
瑞士	2.6%	2.0%	2.0%	2.3%
英国	1.6%	1.7%	1.9%	2.2%
美国	1.1%	1.4%	1.9%	2.1%
发达国家平均数	1.8%	1.8%	1.9%	2.1%

续图表

现在至 2050 年间人口结构的变化

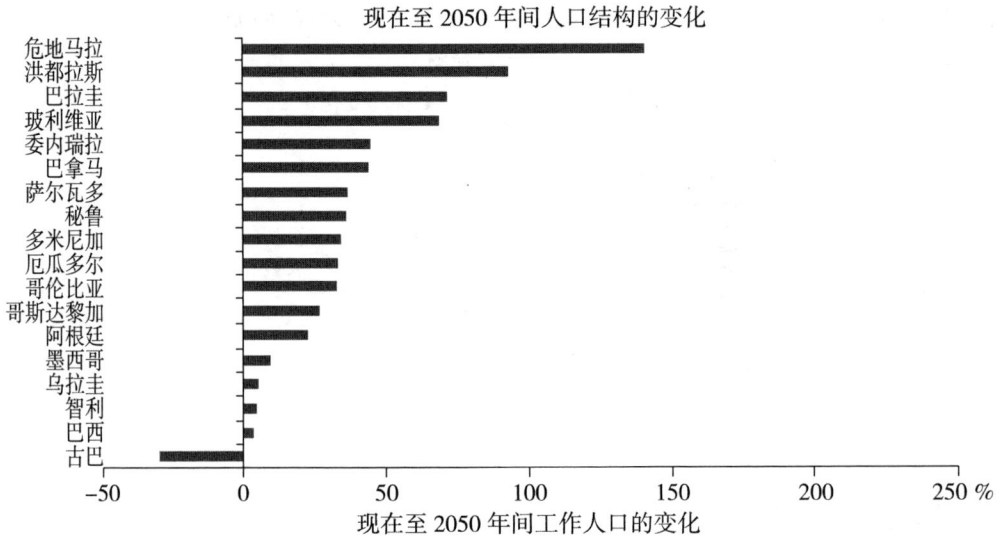

现在至 2050 年间工作人口的变化

GDP 总额的模型预测

中南非洲	2010—2020	2020—2030	2030—2040	2040—2050
阿根廷	3.4%	3.3%	3.1%	2.7%
玻利维亚	7.9%	6.9%	5.9%	5.2%
巴西	3.3%	2.9%	2.9%	2.8%
智利	5.9%	4.6%	4.0%	3.4%
哥伦比亚	4.5%	4.2%	4.1%	4.0%
哥斯达黎加	5.1%	4.3%	4.1%	3.6%
古巴	2.0%	2.2%	2.0%	2.9%
多米尼亚共和国	5.1%	4.6%	4.2%	3.9%
厄瓜多尔	6.5%	5.7%	5.2%	4.6%
萨尔瓦多	5.1%	5.0%	4.8%	4.5%
危地马拉	4.3%	4.5%	4.6%	4.6%
洪都拉斯	5.6%	5.4%	5.3%	5.0%
墨西哥	3.3%	4.4%	3.5%	3.1%
巴拿马	5.3%	4.6%	4.0%	3.7%
巴拉圭	7.0%	6.4%	6.0%	5.2%
秘鲁	6.9%	6.0%	5.0%	4.2%
乌拉圭	3.0%	2.9%	2.9%	2.8%
委内瑞拉	3.1%	3.2%	3.3%	3.3%
中南非洲平均数	4.9%	4.5%	4.1%	3.9%

续图表

现在至 2050 年间人口结构的变化

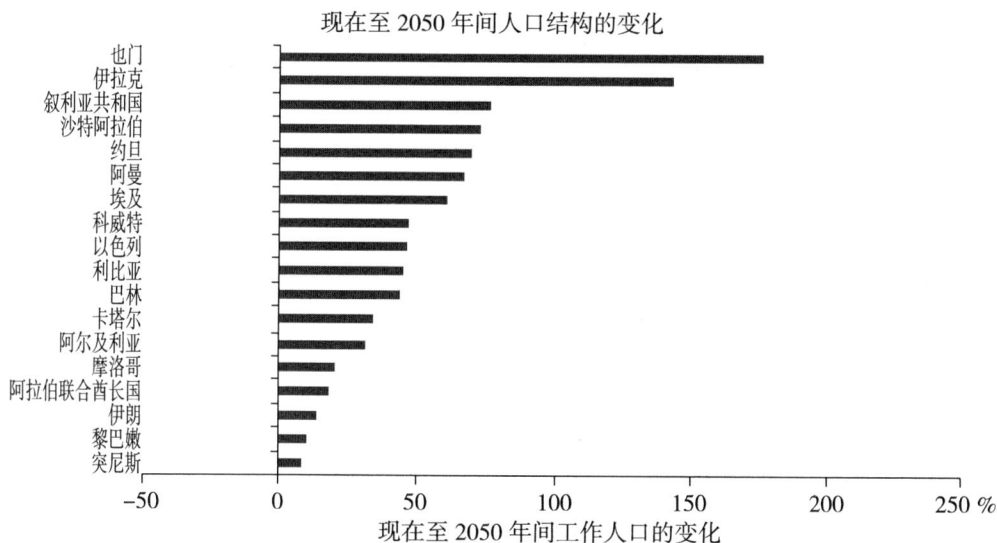

现在至 2050 年间工作人口的变化

GDP 总额的模型预测

中东与北非	2010—2020	2020—2030	2030—2040	2040—2050
阿尔及利亚	5.6%	5.4%	4.9%	4.1%
巴林	5.7%	4.2%	3.0%	2.7%
埃及	4.7%	5.6%	5.2%	4.8%
伊朗	4.5%	4.4%	3.8%	2.8%
伊拉克	3.4%	3.7%	4.2%	5.2%
以色列	1.1%	2.5%	2.5%	2.7%
约旦	5.9%	5.8%	4.8%	4.2%
科威特	5.4%	4.4%	3.1%	2.6%
黎巴嫩	5.7%	4.5%	4.0%	3.3%
利比亚	5.3%	4.3%	3.4%	2.7%
摩洛哥	4.2%	3.9%	4.0%	3.9%
阿曼	4.8%	4.1%	3.7%	3.0%
卡塔尔	2.1%	2.1%	1.8%	1.3%
沙特阿拉伯	4.5%	3.9%	3.5%	3.2%
叙利亚共和国	4.3%	5.3%	4.8%	4.6%
突尼斯	4.9%	4.6%	4.3%	3.6%
阿拉伯联合酋长国	4.7%	3.5%	2.2%	0.9%
也门	1.4%	2.5%	3.7%	4.8%
中东与北非平均数	4.2%	4.0%	3.6%	3.3%

现在至 2050 年间人口结构的变化

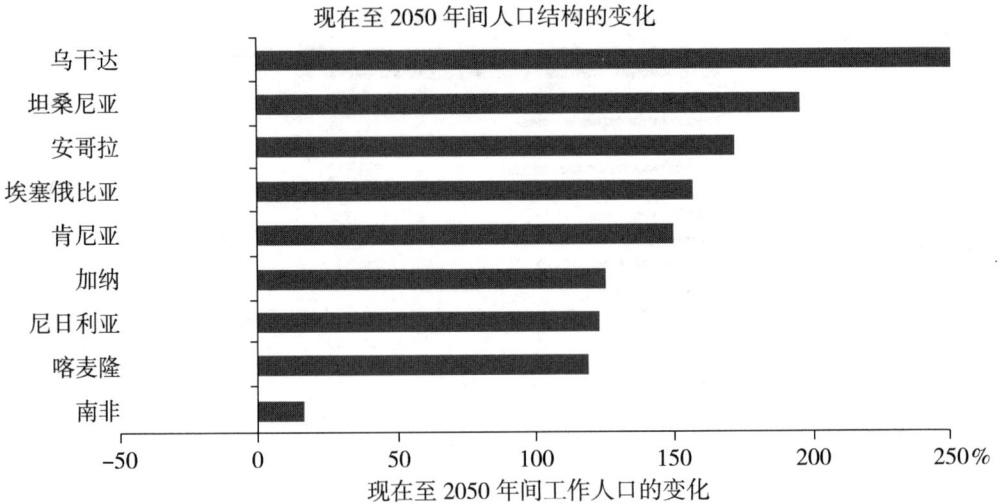

现在至 2050 年间工作人口的变化

GDP 总额的模型预测

非洲	2010—2020	2020—2030	2030—2040	2040—2050
安哥拉	3.3%	4.0%	4.8%	5.3%
喀麦隆	3.3%	4.4%	4.9%	5.4%
埃塞俄比亚	5.5%	6.3%	6.7%	7.0%
加纳	5.9%	6.5%	6.6%	6.8%
肯尼亚	4.6%	5.8%	6.0%	6.3%
尼日利亚	3.8%	4.8%	5.2%	5.6%
南非	1.6%	2.4%	3.1%	3.5%
坦桑尼亚	7.0%	7.8%	7.6%	7.4%
乌干达	4.3%	5.6%	6.3%	6.8%
非洲平均数	4.6%	5.1%	5.2%	5.3%

资料来源：汇丰银行全球研究.2050 年的世界［R］.2012.

老年抚养比

在这一点上，我们要认真对待一些重要的统计数据，因为这些统计关注的是人口结构数据与养老金危机之间的联系。这是一个由欧盟委员会进行的统计，它特别强调了目前退休人口的比重，以及到 2050 年退休人员所占的百分比。这个简单的统计不仅是测量将来以及不断增长的养老金支付义务（考虑退休期、假定的贴现率，以及人均收入水平）的重要组成部分，它还开启了理解养老金负担加剧的大门。如果 1 个退休人员由 10 个在职人员"养活"，这种情况下的养老资金的充裕程度，与 1 个在职人员养活 3 个退休人员的情况是完全不同的。让我们看看这一切是如何在图表 2-8 中体现出来的。

图表 2-8　　　　　　　　　　　**各国老年抚养比**

国家	2010 年老年抚养比	2050 年老年抚养比	变化比	平均
法国	26	45	19	35.5
德国	31	58	27	44.5
爱尔兰	17	40	23	28.5
瑞士	25	51	26	38
荷兰	23	47	24	35
巴西	10	34	24	22
中国	11	41	30	26
智利	13	37	24	25
南非	7	13	6	10
日本	35	75	40	55
加拿大	20	44	24	32
澳大利亚	20	50	30	35
大不列颠联合王国	25	39	14	32
美国	20	35	15	27.5
平均	20.8	44.0	23.2	32.4

资料来源：联合国发表的数据。

我们再来看看法国、德国和日本，这 3 个国家排在列表的前面，只是这一次的顺序是相反的。日本，一直以来都以保守的方式努力地满足未来的养老需求，却发现自己处在人口老龄化的尴尬境地，1 个在职人员得养活 3 个退休人员。将来德国的在职人员每人将养活超过 1 个的退休人员，法国的老年抚养负担与德国相差不大。与此同时，美国、中国、巴西的情况要好一些，3 个在职人员养活 1 个退休人员。老年抚养比的问题可以帮助我们理解这些国家满足它们养老需求的可能性。

这个分析的下一步，是将所有这些数据转化为一个有意义的预测工具。这些因素如图表 2-9 所示。

图表 2-9　　　　　　　　　　　**养老金充足性的分析流**

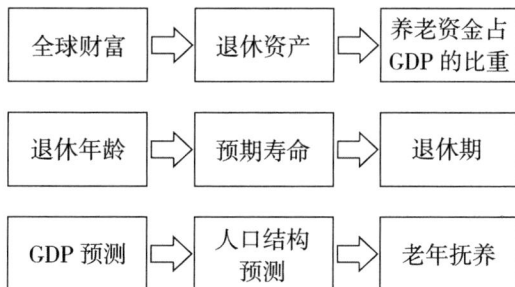

然后把这些因素与对 40 年后的预测结合起来，进而推算出养老需求、资金负

担与资金缺口，由此我们可以看到这一分析对国民经济前景的真正影响，如图
表2-10。

图表 2-10　　　　　　　　　　养老资金缺口流

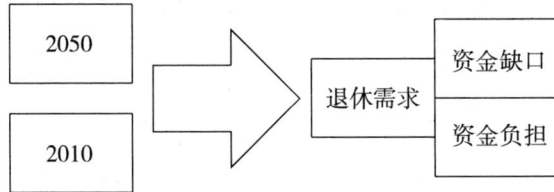

我们可以用数学方法把这些变成一个简单的方程，如图 2-11 所示，它表示了
全球的退休情况，同样也可用于计算每个国家的资金负担状况。

图表 2-11　　　　　　　　　　养老金资金缺口方程式

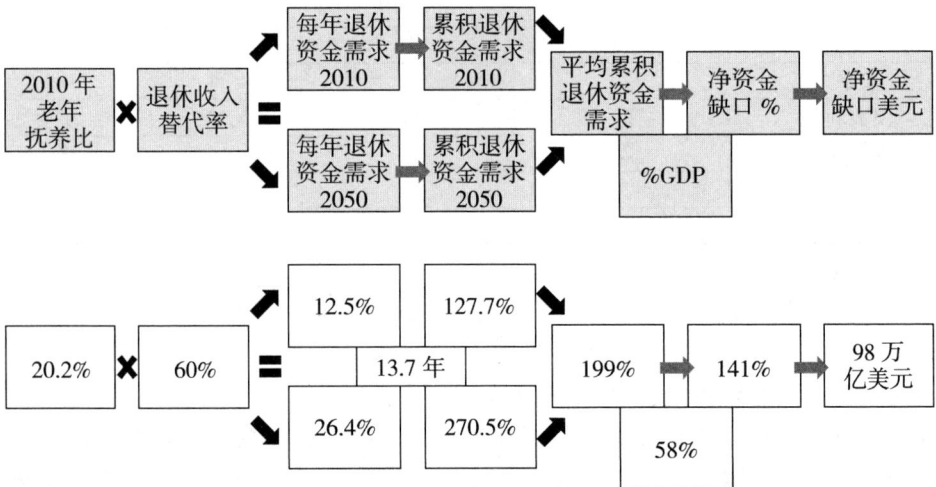

让我们看看图表 2-11 中的方程，并弄明白它的每一步。全球平均老年抚养比
是 20%，这意味着世界上 20% 的人口处于退休状态。如果我们假设一代人的平均
时期约为 25 年，这似乎也并不太坏，因为根据 78 岁的预期寿命，这样划分代际与
按 30% 划分代际相比，有更少的人退休。因此，我们可以假设 20% 的 GDP 可以由
老年抚养比来代表。我们知道全球预期退休收入总是保持在在职时收入的 60%，
所以老年抚养比乘以 60% 更准确，进而得出养老所需资金为 GDP 的 12%。不过，
如果我们使用 2050 年 44% 的预计老年抚养比（比目前 20% 的情况更差，这一预测
是根据婴儿潮一代人沉重的养老负担以及一般的人口老龄化的趋势做出的），收入
替代率依然调整为 60%，那么养老所需资金就会上升至 26%。

下一步是扩展相应退休时期的需求水平，使用 5% 的贴现率。我用 2010 年
和 2050 年的老年抚养比分别算出 2010 年和 2050 年累积的养老资金需求，并
求得其平均数，最后用占 GDP 的百分比来表示。接下来，用已得出的养老资
金需求，减去已有资金保障资产的当前价值水平（同样表示为占 GDP 的比

例），便得到净资金负担。要计算资金缺口，用养老所需资金占 GDP 的比重乘以目前的 GDP 即可。

我们看到，全球总共需要的养老资金占 GDP 的 199%，减去 58%，即部分已有资金保障的资产，最后留下占 GDP141% 或 98 万亿美元的净负担。现在让这些数字先消失一会儿吧，我们来看看图表 2-12 中显示的发达国家在养老金负担方面的情况变得多么糟糕。

图表 2-12　　　　　　　　　　**各国养老资金净缺口**

国家	累积养老资金需求 2010	累积养老资金需求 2050	平均累积养老资金需求	净资金缺口%	净资金缺口美元
法国	211%	365%	288%	281%	$ 7 811
德国	232%	433%	332%	317%	$ 11 452
爱尔兰	119%	281%	200%	145%	$ 320
瑞士	175%	357%	266%	148%	$ 978
荷兰	172%	351%	262%	106%	$ 884
巴西	58%	199%	128%	114%	$ 2 854
中国	64%	239%	152%	134%	$ 9 781
智利	76%	216%	146%	85%	$ 230
南非	41%	76%	58%	−6%	$ (23)
日本	226%	484%	355%	293%	$ 17 169
加拿大	149%	329%	239%	155%	$ 2 697
澳大利亚	149%	374%	262%	161%	$ 2 387
英国	175%	272%	224%	112%	$ 2 713
美国	117%	196%	157%	49%	$ 7 342
14 国					$ 66 595
全球	128%	271%	199%	141%	$ 98 626

仔细思考一下图表 2-12 所示的数据。每个国家的肩上都承受着惊人的负担。想想美国欠下的 7.5 万亿美元的空账是多么大吧。当我们去了解关于公共养老市场的信息，听到一些数字，如 4.5 万亿美元的资金空账时，我们都会感觉高得可怕。增加 3 万亿美元资金用于填补私人养老金计划以及其他联邦计划的缺口，和 7.5 万亿美元一样，看起来都是巨额的数字。然而，除了异常的南非，美国的养老金净缺口其实是最小的，仅占 GDP 的 50%。试问，如果要求你必须省下大半年的薪水才能得到充分的养老金给付和舒适的退休生活，你会作何感想。

现在来看看在这项分析中，法国、德国和日本的情况如何。这 3 个国家的资金缺口绝对比美国更大……尽管三者加起来仅有美国 GDP 水平的 80%。不管使用什么标准，占 GDP300% 或更高比重的净缺口都过于庞大了。虽然在中国，净缺口的 GDP 占比为 151%，产生了超过 11 万亿美元的养老金空账，但中国至少还有较快增长的 GDP，到 2050 年，中国 GDP 的增长速度将是美国的 6.9 倍。日本每年的 GDP 达 17.6 万亿美元，它的适度增长可以承受这一负担。

假设这个消息不算太糟的话，现在我们需要走最后一步，研究一下老年抚养比和人均收入是如何决定这些国家的公民未来将承受的负担。图表 2-13 把世界上每个国家的这些因素结合起来。

图表 2-13 显示了对在职人员与退休人员之比进行调整后的资金缺口，我们可以看到实际的负担，而这个负担以 20% 的速度在全球膨胀，不过像日本这样的国家，负担比却可能高达 35%……，这还只是使用了当前的老年抚养比。我们知道，假设我们使用 2050 年的老年抚养比，那么相应的负担比重将分别上升至 45% 和 75%。我并没有因为害怕未来的景象，就在分析中额外添加悲观情绪。从美国公民在接下来的 20 年里每年要缴纳 3% 的额外 "税"，一直到日本在未来 20 年中每个员工要缴纳 23% 的增量税收，我们可以看到这些负担是多么的残酷。这样的负担水平显然是难以忍受的，人们是无法继续生活下去的。因此，我们得想想其他的办法来承担这些负担。

图表 2-13 各国人均养老金资金负担

国家	净资金缺口%	调整后的净资金缺口%	10 年 GDP 负担	20 年 GDP 负担	人均 20 年 GDP 负担美元
法国	281%	380%	38%	19%	$ 4 527
德国	317%	460%	46%	23%	$ 5 771
爱尔兰	145%	175%	17%	9%	$ 2 442
瑞士	148%	197%	20%	10%	$ 3 820
荷兰	106%	137%	14%	7%	$ 1 807
巴西	114%	127%	13%	6%	$ 300
中国	134%	151%	15%	8%	$ 194
智利	85%	97%	10%	5%	$ 296
南非	- 6%	-6%	-1%	-0%	($ 11)
日本	293%	450%	45%	23%	$ 8 877
加拿大	155%	194%	19%	10%	$ 2 553
澳大利亚	161%	201%	20%	10%	$ 2 631
英国	112%	149%	15%	7%	$ 2 057
美国	49%	61%	6%	3%	$ 1 106
14 国	141%	198%	20%	10%	

显然，从全球范围来看，我们长时间忽略了由婴儿潮一代人造成的即将到来的

养老金危机。像荷兰、澳大利亚、智利以及挪威这样的国家已经看到了怪兽的来临，并开始大刀阔斧地改革以应对未来的危机。不幸的是，世界上其他大多数国家都没有为此做好准备，现在大家都陷入了困境。我在下一章中将会讲到，仅在一国的国境之内把问题解决了当然是件好事，但这还不够，如果周边的国家都在养老金支付义务的重压之下崩溃了，这个国家也不能独善其身。大家都明白，我们生活在一个彼此息息相关的世界里，谁都没办法独自建立一堵高墙来逃避墙外的全球性问题。

在有些地区，经济增长减缓与养老资金不足两大问题同时发生，它们所带来的严重影响使这些地区正遭逢巨变。有些国家胡乱应对，并假装知道如何解决问题，抑或去寻找经济增长的秘密配方让这些问题自动消失。但不幸的是，你没办法避开人口结构问题，而人口结构，正如我展示给大家的，是养老金危机的关键所在。

欧盟与日本的问题显然是最急迫的，也是最主要的。英语国家的情况还好，新兴市场作为同一类的国家，当它们正准备取得更大的经济发展成就时，它们便已经被推到舞台中央，无论它们是否做好承担责任的准备。当我看到希腊危机的波动，希腊退出欧元区后带来的影响逐渐显现，以致波及其他世界市场时，有一件最重要的事一直在我脑中盘旋，那就是我们谁也无法把自己的防护墙筑得足够高，全球养老金危机将是我们所有人都必须面临的主要、次要，或至少是再次要的挑战。

养老金危机与以前的经济危机不同。在经济危机中，有些人可以放弃，而另一些人（一般是富有的投资集团）则会带着痛苦继续前进，或者国家被迫牺牲债券持有人的利益，出台政策消除经济危机的影响，但养老金危机却存在于世界的每一个角落，而且它直接面对的是马斯洛需求层次中的基本生存需要，它关系到人们的温饱与住房，关系到老年人的晚年生活，关系到每个人以最科学的方式过上健康生活的权利，最重要的是，它还关系到我们将留给子孙后代，而不仅仅是孙子，一个什么样的经济秩序。

第 3 章

你无法建造足够高的防护墙

　　未来 40 年的经济生活将会被这样一个潜在的主题所主导：在全球人口不断增长、日益老龄化及寿命延长的背景下保障退休收入安全。这是一个"无法逃避、无法隐藏"的问题，这将影响到地球上几乎每个人的生活。这就是我在这一章的标题"你无法建造足够高的防护墙"中想表达的。不管你是否善于管理你的养老金账户，或者是否比克洛伊索斯（古代吕底亚的国王）有更多的钱，又或是你生活在资金充裕的荷兰，或者你是一个生活在日本、胸无大志、易受人利用，且对自己的未来不抱希望的年轻男性，你都无法逃避这个问题。

3.1　退休收入安全问题

　　你可以根据养老金资产的多少把世界分为富国和穷国，但这并不能说明全部。正如我们所说，你需要考虑人口结构，来理解年龄依赖性是如何影响养老基金的需求，以及差距是如何产生的，然后你就会明白压在劳动人民身上的负担是有多重。一旦你这么做了，你就需要做某种程度上的预测，预测未来的 GDP 增长和人口增长，来确定一个特定国家或地区所面临的问题的程度。但是请记住，即便是瑞士和荷兰，其周围也都是一些存在大量隐形养老问题的国家。事实上，荷兰参加了欧盟并使用欧元，瑞士则没有，而且它不使用欧元。但瑞士能避免周遭国家面临的问题吗？与瑞士在第二次世界大战中的毅力不同，这场"战争"要持续几十年，会涉及一切与马斯洛关于人类基本需求层次有关的方面。所以，即使是处于相对绝缘地位并且有所准备的国家都免不了受到全球养老金危机的波及。瑞士被意大利、德国和法国所包围……这些国家因为没有充足的资金保证养老金待遇，而被经济低迷、人口老龄化以及大量财政赤字这样一个又一个更大的问题所困扰。

　　奇怪的是，正如我在上一章开头所说的那样，它对当今所谓发达国家的影响更为明显。新兴市场受到的直接影响较小，并且新兴国家越是成长，问题越会远离它们，也许最终，远离整个世界。它们的成长势头很强劲，而那些人口增长仍然强劲的国家会发现问题已然消失，当然，得接受发达国家的教训，等等，这样说是对的吗？它不仅是正确的，而且可能出现史无前例的情况，即拥有较高人口增长率与较为年轻人口结构的国家的发展，会创造一个更加稳定的经济环境，而不是通过进一步地提高生产力。

　　我们不会惊讶于上述独特的现象，因为技术传播与开放的大众传媒通过互联网，使这些国家可以跨越先前阻挡经济增长的知识障碍。记得在我年轻的时候，苏联集团曾认为它们可以通过阻断无线电信号和电视信号，来阻止东欧人发现西方资本主义国家的先进和繁荣。自由欧洲电台似乎是一个有趣的事物，当东欧和俄罗斯都沉浸在自己所谓的超级资本主义模式时，自由欧洲电台的开放性导致了柏林墙的倒塌（你看，你真的无法建立足够高的围墙来逃避现实）。对于新兴经济体来说，最好的事情就是尽可能地以各种方式携手大众媒体，并利用它来连接西方，与外界交流。这可能会导致外包和利用全球电信来促进外包服务经济的建设，但这也将更迅速、更广泛地促进技术传播与创业活动，从而使国家能够按照它们希望的那样，成为一个真正超越其旧基础设施造成"过度开发"负担的长久的经济体。

　　在《纽约时报》杂志最近的一篇文章中提到关于应对收入不平等与经济增长挑战的问题，它们把大量的不平等归咎于科技（以及政府政策），并称为S. B. C.（技能偏向的技术变化），当然，"猖獗的不平等会凭借工人日益增强的绝望以及富裕阶层的腐败，而逐渐破坏民主和经济。"关于这一点，人们似乎已达成了广泛的共识[1]。争辩继续提到，像芬兰这样高税率的国家（一般是为了实现更高收入平等）已经成功地建立了一个高收入的技术经济体。与此同时，如希腊、西班牙和葡萄牙这样的南欧国家却走上了相反的道路，从而削弱了国家的竞争力。有一个有趣的发现，根据经合组织数据显示，"增长较快的工业化经济体中的不平等性明显较低……而低增长的国家却有着高度的不平等[2]"。结果，在较低增长率的情况下，你将围墙修得更高一些，跟别人打你后脑勺具有同样的附加效应。

　　1987年，我是美国纽约信孚银行（当时是美国第七大银行）一名年轻的高管，银行要求我把集中在拉美主权债务中非常成功的资产增值战略扩展到全球，并去当时世界上众所周知最闭塞的南半球地区，收集所有世界发达国家借给欠发达国家的债务，并以它作为商业银行业务的基础。当我的同事忙碌地奔波于纽约、伦敦、法兰克福、东京、中国香港和新加坡这些交易中心时，我被派去处理其他所有剩余的债务（大部分深藏于不良主权债务以及私人债务中），并在努力收回债务的同时，从灰烬中再建立起商业银行业务。

　　如果要我把这些地区进行分类，我认为，拉美需要10年来找到属于自己的道路，东南亚地区需要20年，东欧需要30年，而非洲则需要50多年找到使自己走出不发达丛林的道路。我的排序或多或少是正确的，但实事求是地说，它们的发展进度一般都比我的预期更为迅速。当人们要我给我的新王国命名时，我偶然在国际金融公司（世界银行的一部分）发现了一个小的、被称为新兴市场的基金。这个基金的名字就像一个特别欢快的绰号一样启发了我，所以我把我们的业务部命名为

①　Adam Davidson，"The Great Divergence," *New York TimesMagazine*，January 20，2013.
②　Adam Davidson，"The Great Divergence," *New York TimesMagazine*，January 20，2013.

新兴市场部。从那以后，这个名称衍生了几十个类似的银行部门，并且产生了一个完整类型的投资工具和集中于当下最有趣也最富有成效的投资领域对冲基金。

在第 10 章"国家的贫穷"中，我将更深入地探讨全球经济格局，但现在我只想说，新兴市场的转型始于 25 年前，然后在之后大约 25 至 40 年的时候达到顶峰……我原本预测的时间表还算准确。

逆转命运的最大推动力将会是人口结构，即包括人口增长、移民、世界各地人口老龄化的不同速率，以及在职人员与退休人员形成比例在内的多种指标的组合。人口结构的推动力，再加上各国大部分将要退休的公民，以及退休人口多于在职人口的倾斜性比重，从社会学的角度确定了我们的处境：我们面临的阶级冲突或国家冲突会更少，更多要面对的是代际间的冲突。代际冲突将成为未来几年的一大主题，并开始进入主流媒体的视线。

虽然我们都在一定程度上关心地缘政治经济学，但很显然，当涉及退休问题的时候，我们关注的重点还是我们自己。这就是为什么我从本书一开始就呈现一个噩梦般的场景，而你就在 40 年后的这个场景里。但事实上，对于个人而言，退休金的演算都是基本相同的，规划的进程也都非常相似。首先，你要搞清楚你能为退休留出多少财富，或更通俗地讲就是存了多少钱。然后，你需要通过计算收入和再投资项目的收益来对未来的财富进行预测，并计算你和家人在预期生存时期内存款的减少过程（你怎么支出你的储蓄）。也许现在你明白了，你得保证你和你所爱的人能够在将来退休后生活无忧……也许你已经建立围墙保护你的家人，也许你建立的围墙已经够高了，看上去能让你避免这个问题，但你真正能做到把自己与外界完全隔绝吗？

如果国家政策要求养老金资金缺口从某处得到弥补，你是否有可能以某种方式被征税来填补这一缺口？有人说，现在美国正经历这一过程的初期阶段，如果你需要一个头版新闻来证实的话，没有什么比欧债危机更能说明情况的了。你的第一反应可能是，希腊、西班牙、葡萄牙和意大利的问题更多的是与超支和恣意挥霍的南欧方式有关，而与养老金的关系不大。但事情并不是这么简单。我认为如果你深入了解安格拉·默克尔的心思，你会敏锐地意识到德国正面临着自身潜在的养老金危机……它们的资金严重不足的状况以及人口的老龄化使得默克尔不愿处理南欧的问题……在当前过度举债的情势下，南欧也有潜在的养老金危机问题。正如我在第 2章中提到的，欧盟的另一支柱，法国，它的养老金问题比德国更严重，已经完全无法承受其重。事实上，为了深入地分析问题，尽管法国的地位是所谓的"欧盟支柱"，但我们还是得实事求是地说，它仍是南欧的一部分。

好吧，如果你不居住在欧洲，并且省吃俭用地储蓄，把你的防护墙建得非常高，你就把自己很好地隔离了，是吗？但是，当州政府与市政府破产了，为你们提供公共服务的警察和消防战士们再也拿不到政府的养老金时，你该如何独善其身？最起码，你得让自己住在一个付得起养老金或者能拿得出解决方案的州。光靠躲在高高的围墙下，你能逃离这不断恶化的、全国性的，不，全球性的问题吗？

3.2 "特权缺口"中的代际战争

我们生活在最近被《时尚先生》杂志称作"最糟糕的一代人"的时代里："在美国历史上，婴儿潮一代是最自我、自私、自利、固执、放纵、自夸的一代。"① 它尖刻地解释了为什么代际战争不仅硝烟弥漫，而且在全球范围内扩散开来。我认为它确实有夸大目前紧张局势的倾向，但却很好地描述了我们在不久的将来会面临什么。

这就是我所谓的"特权缺口"，因为它关系到处于困境中的年轻一代的认知核心：婴儿潮一代已经挥霍了地球和他们国家的资源，享受了这么多的特权，没有给年轻的下一代留下任何聊以生存与发展的资源：

自工业革命以来，人类的潜能一直在增长，人们创造了更多的物质财富，更多教育，更广泛的机会——人类的潜能得到了巨大而光荣的解放。在那段时间里的每一个人，即便是最腐败或最邪恶意识形态的追随者，都认为他们是为了更好的明天工作。不像现在，进步的天使突然当场消失了。②

在第 2 章中，我们谈到 22% 的青年失业率对法国的巨大影响，那么看到英国21.8% 的青年失业率，匈牙利 26.1%，意大利 28.2%，或者抓紧你的帽子，西班牙的 47.8%，你作何感想？正因为是被杜撰的，越来越多的"回巢族"住在家里，被迫处于就业不足的状态下（如果他们幸运的话），并在他们自己创造的独立生活方式中停滞不前。这对一个面临人口老龄化与自然经济增长放缓等综合问题的发达国家来说，既有讽刺意味，又具有潜在的毁灭性：

就在美国和其他西方国家试图解决人口老龄化问题的时刻，它们未能捕获到这些将会通过工作以支持那些老龄化人口的人的能量和潜力。③

代际间差异的一个更加复杂的方面是，尽管婴儿潮一代喜欢资产升值（主要在房地产与股票方面）带来的创造财富的力量，但现在这一趋势已戛然而止。大多数人都敏锐地意识到房地产泡沫正在破裂，而"像房屋一样安全"的表述已是一个逝去时代的理念。我们迅速地从一个基于自有住房的经济体，转变成一个"租赁社会"，在这个社会中，个人资本与信誉度不断减少，人们越来越不愿意购买住房。

在 2011 年和 2012 年的大部分时间里，我都在和联邦住宅管理局（FHA）的同事们一起努力工作，FHA 是住房和城市发展部（HUD）的分支机构。"住房和城市发展部的使命是为所有人建造坚固、可持续、且具有包容性的社区和质量有保障的住房。"④ 至于 FHA，已然成为一种平台，住房和城市发展部借此平台，提供房屋抵押保险以便让更多的美国人能买得起住房。不幸的是，在过去的五年中，房价的

① Stephen Marche, "The War Against Youth," *Esquire*, March 26, 2012.
② Stephen Marche, "The War Against Youth," *Esquire*, March 26, 2012.
③ Stephen Marche, "The War Against Youth," *Esquire*, March 26, 2012.
④ U. S. Department of Housing and Urban Development Mission Statement 2012.

暴跌和一般失业问题困扰着美国经济，住房抵押贷款的违约率已经造成大量等待止赎手续的积压（远远超出了我们在本周期所能取消的近 1 000 万抵押品赎回权）。随着其他主要住房担保公司（房利美和房地美）被政府接管，关闭后的公司重新开展了新业务，出现了很多的私人按揭保险公司，于是 FHA 被迫制定大量的抵押贷款保险政策，特别是针对中低收入家庭。

结果是什么？简单说来，FHA 承担着 MMI 保险基金（美国政府唯一的保险基金）对其充分的信任和美国的信誉，它正在制造一个永远不会自动消失的问题，即越是不繁荣的社区，产生的不成比例的违约和住房失赎率就越高，遭受的损失也就越大。这是努力创造更大的经济平等政策的一种反常的结果。而且，你越是躲在围墙后面，急转直下的经济就越是难以回升，联邦住宅管理局被迫呈现给美国财政部和美国纳税人的费用就越多。就算你有个好邻居，也还清了抵押贷款，但还是免不了在住房危机中遭遇损失。你不能把你的围墙建得足够高。

在这种环境下，年轻一代小心谨慎地对待房屋所有权是明智的。我们曾经利用通货膨胀提高房屋价值并减少抵押贷款负担，但在通货紧缩的世界里，这根本不会发生。这是一个相当不错的家庭财富累加器。上述这些对股票市场造成的影响虽然没有住房危机表现得那么明显，但对于年轻一代同样是有害的。在这里，我所指的不是周期性的下降，而是长期性的收缩。正如《经济学人》最近指出："旧金山联邦储备银行的经济学家郑留和马克·施皮格尔，在 2011 年发现股票市盈率的变动与中年员工和老年员工的比例密切相关，这意味着市盈率很可能下降。[1]"

现在你明白了吧，曾经著名的可用在公共股票市场的"多重撞击（multiple bump）"会受到老年抚养比的影响。这有效地说明了在未来的 40 年左右，年轻一代可能不再会看到神奇的 IPO 市场，也几乎可以肯定再也不能利用资产价格的上涨来迅速积累巨大的财富（无处不在的"套息交易"）。事实上，长久以来，我们一直把杠杆化当作朋友，并利用它得到财务上的税收优惠，但现在，朋友极有可能变成了敌人，这不是偶然，事实本就如此。

在这种代际冲突中，反对婴儿潮一代的人认为，他们的经济情况最好，可以挥霍财富，却使下一代在这个过程中背上了沉重的负担。持这种意见的人认为第二次世界大战后的世界遍地都是机会。教育资源非常丰富且相对便宜。在这一代人进行早期财富积累的阶段，也就是 20 世纪 70 年代早期，住房和石油的价格非常实惠。我们干得不错，已经实现了预算盈余，而且可以用削减到一至两种税收的方式来奖励自己。社会上不仅有大量的就业机会，而且雇主还提供了有吸引力的待遇确定型养老金计划。不仅如此，有吸引力的待遇确定型养老金计划还伴随着雇主慷慨的配套供款。美国国内联邦债务水平占国民生产总值的38%，因此，尽管我们都担心社会保障，但对我们婴儿潮一代来说，在我们开始努力存钱并累积财富的同时，供养我们的上一辈，即"最伟大的一代"，倒

---

① 　The Next Crisis："Sponging Boomers," *The Economist*, September 20, 2012.

也不算是真正的负担。在婴儿潮一代人的工作过程中，你亲身经历了 20 世纪 70 年代后期那种股票市场价值飞涨 12 倍，债券收益率飙升而获得巨大收益的时代，这为婴儿潮一代人过上富足的生活打下了坚实的基础。

我记得在 1982 年时，我的第一个儿子出生。26 岁时，我已经积攒了不少钱，买了第二套房子，并且刚刚有了一个孩子。我未雨绸缪地开始为他的大学教育经费做准备。他的爷爷奶奶送了我们几件礼物，总额高达 1 500 美元。作为精明的经济人，我买了零息债券，将来赚得的钱给他上大学时用。我打电话给我商学院的老朋友，绰号格罗斯·鲍勃（我们稍后做进一步的解释，但你可以想像这个名字的由来），他那时候是基德尔·皮博迪商号的经纪人。他给我推荐了一系列由阿拉斯加住房金融管理局发行的零息债券。这些债券不仅收益达到 11%，而且还是由市政府发行的，并且享受免税待遇。这意味着当我的儿子开始上大学时，这些债券的价值将翻 10 倍（15 000 美元）。真是划算啊。

大约一个月后，我接到了基德尔·皮博迪商号的一封信，说我欠它们我所购买的价值 15 000 美元的债券的利差。尽管我妻子对此事一直有微辞（她从来没有信任过格罗斯·鲍勃），但我还是相信基德尔·皮博迪商号只是一时出错。我发现格罗斯·鲍勃没有把贴现金额拿去投资，而是错把本金拿去投资了，所以实际上给我带来了价值 15 000 美元的债券。但后来我就明白了……1982 年的秋天，我们恰巧碰上了一个巨大的债券市场反弹。我联系了在所罗门兄弟公司（阿拉斯加住房金融管理局债券发行人）上班的朋友，询问我那价值 15 000 美元的债券的现价。他告诉我现价比我刚买的时候的价格上涨了近 20 倍。债券的贴现价值近 30 000 美元。所以，在那时，我整合了我所有的资源，并到处求爹爹拜奶奶地借入 28 500 美元购入债券，同时再把它们出售。我在这项无风险交易中盈利了 28 000 美元……这些都是在我那襁褓中的孩子的税务账号里操作的。格罗斯·鲍勃和基德尔·皮博迪商号犯的小差错，让我把儿子上大学所需的费用都基本上赚回来了。这在年轻一代的时期是不太可能发生的事。

"特权缺口"现在可能远比我们知道的要大。据《纽约时报》报道，这个缺口正在以史无前例的速度增长：

自从美联储在 1989 年的时候有连续的数据记录后，人们发现一家之主超过 65 岁的家庭与不到 35 岁的家庭之间的财富差距比以往任何时候都更大了。根据人口普查局始于 1982 年的数据表明，人们在拥有住房方面的差距是最大的，收入方面的差距也相当大。在过去的 10 年里，一家之主的年龄在 25 岁到 34 岁之间的家庭，其除去通货膨胀因素后的收入中位数下跌了 11%，而一家之主的年龄在 55 至 64 岁之间的家庭收入则基本保持不变。①

上述研究佐证了反婴儿潮的观点。这一观点在吉姆·坦克斯利发表在《国家期刊》上的代表作《代际战争》中也得到了很好的阐述。在这篇文章中，坦克斯利写道：

---

① David Leonhardt, "Old v. Young," New York Times, June 22, 2012.

　　杨百翰大学的经济学家理查德·埃文斯与科克菲利普斯，以及波士顿大学经济学家劳伦斯·科特里科夫一月份的时候共同发表了一篇论文，文章指出再过 30 年，美国经济有三分之一的可能会"玩完"。在他们的定义中，"玩完"的意思是政府对老年人（瞧瞧，又是婴儿潮一代）的养老金支付义务，将超过其他人收入的 100%。换句话说，美国所有的年轻工人都将无法获得足够的收入来支撑政府对他们父母的养老义务。①

　　有趣的是，这与我们在第 2 章中测量出的数据非常吻合。美国债务负担达到 GDP 的 74%，而我计算出的养老金支付缺口也达 GDP 的 50%，二者加起来，总的债务负担占 GDP 的 124%，这些负担被分摊到了美国人口中大约 64% 的人身上。

　　如果"玩完"的情况就像这样，那么它对世界上其他发达国家而言又意味着什么呢？在那些国家里，更小规模的人口承受着更为集中的负担。显然，我认为我们大家共同面临的危机，在未来不到 40 年的时间内就会到来。

3.3　养活世界

　　我们曾经担心人口的增长，不知如何养活我们整个世界。20 世纪 70 年代早期，我在上大学的时候，关注两个基本问题：世界人口增长，以及如何生产足够的粮食来养活我们大家（我们很快再次将焦点集中在石油短缺上，好像只有实行石油禁运才能解决问题似的）。我有优势进入康奈尔大学，而康奈尔大学也有许多值得骄傲的地方，但与我最相关的可能就是，当时学校把校区东部的一大块地给了农业学院。18 年来，我跟随母亲辗转世界各地，毫无选择地与她一起从事国际发展事业，这一切随着她成为联合国粮食和农业组织（FAO）的董事而告终。还有什么地方能使我更加了解到粮农组织正在实验室和田地里进行着测试，以找到它所面对的世界问题的解决办法……高产水稻和高产不倒伏小麦真的能养活世界吗？粮农组织实施这项政策已经 60 年了，效果一直是惊人的好。特别是在发展中国家或新兴国家，粮食增产势头强劲，已经超过了由于人口增长而产生的粮食需求。

　　我认为，我们担心地球能否养活自己是可以理解的。全球人口呈几何级增长，而且在粮食生产方面存在不少困难。事实证明，无论科学还是社会学都易受到世界性问题的影响，所以我们需要在远远少于一代人的时间里创造性地解决这些问题，而这一切谁又会知道？食品科学发展和农业进步的结合正如康奈尔将从制造业到信息技术业的每个领域应用技术的进步结合在一起一样。这种进步与文化潮流交织在一起，让人们渐渐远离农村生活，并走向城市化。更少的农民以更高的效率产出更大规模的粮食，同时城市中心的分配系统也建设得更为便利。许多人认为，在未来 50 年内，与可预测的人口数量增长相比，粮食产量将无力支撑众多的人口，但我认为在迫在眉睫的全球养老金危机面

---

① Jim Tankersley, "Generational Warfare: The Case Against Parasitic Baby Boomers," National Journal, October 20, 2012.

前，这些担忧理应退而居其次。人口在加速支持老年人口所需要的经济增长中起着举足轻重的作用，同时，人口也为进一步的经济增长提供了平台，以保证人们生活品质的不断提升。图 3-1 显示了联合国粮食和农业组织对这个问题的看法。

图表 3-1　　　　　　　　　　　　**人均食品消费**

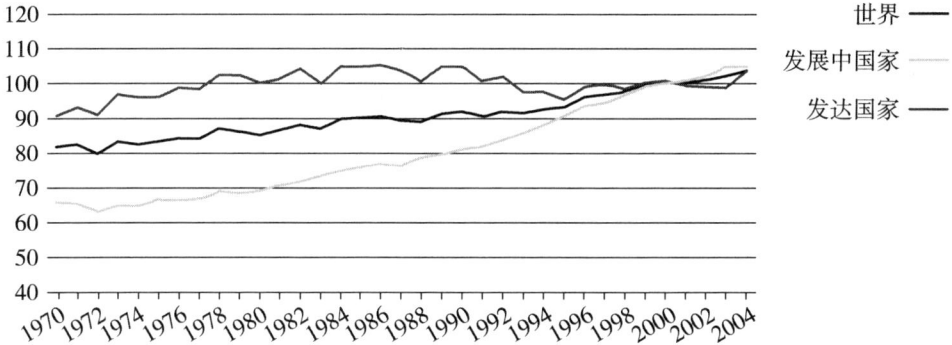

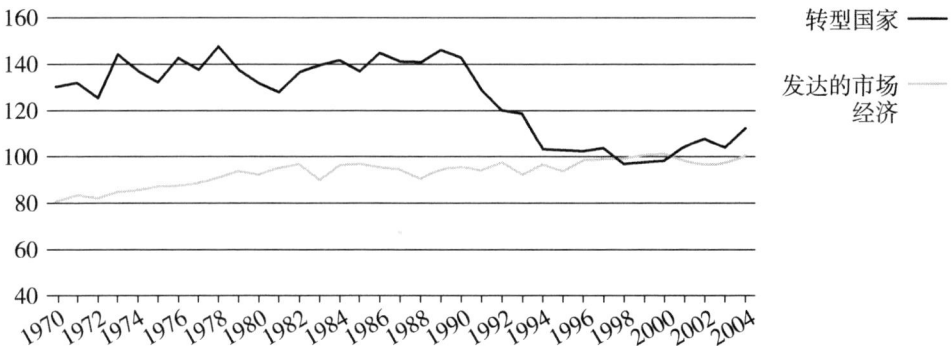

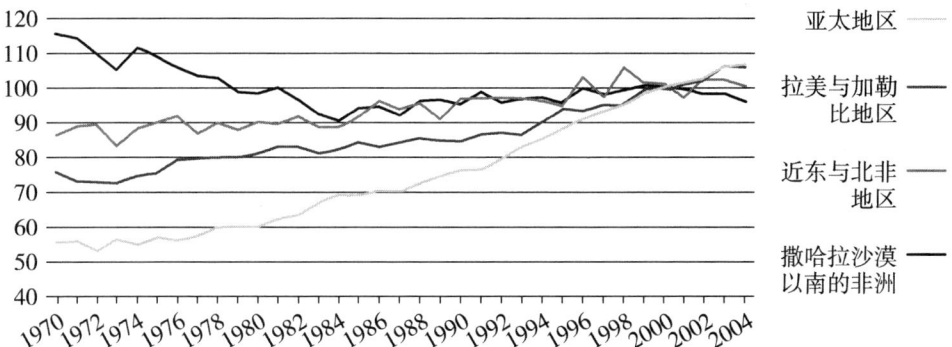

本图中的指数由粮农组织依据来源于国际货币基金组织与世界银行的基础数据计算而得。

　　在过去，有一个万无一失的办法能改变国家或世界人口发展趋势，那就是战争。现在我们认识到可以用政策来快速抑制人口增长，而不是战争⋯⋯中国的做法就非常明确。在一代人的时间里，借助通讯技术（最初是广播，现在是互联网）的发展，中国这个地球上人口规模最大的国家，制住了人口的增长速度，人们相信实行计划生育政策是让两代人都生活幸福的唯一途径。中国庞大的人口规模在未来10 至 15 年内将达到峰值并开始向下移动，如图表 3-2 所示。

　　在食品方面，20 多年来，食品生产的增长速度一直高于人口增长的速度（图表 3-3）。然而，现在粮食产量的稳步下降已经使得人们变成粮农组织所说的"粮食的不安全人口"，要不是经济分配有障碍的话，这些本来都不会发生。当我们担心人口和食物供应的时候，所有的问题，比如规模庞大的老年人口缺乏足够的退休收入，以及依靠更少的年轻人来提供可靠的公共安全网等，都是不可避免的。但事实证明，这些问题是可以解决的。

图表 3-2　　　　　　　　　　　　**中国人口变化趋势**

各年龄组与性别组的人口规模（绝对数）

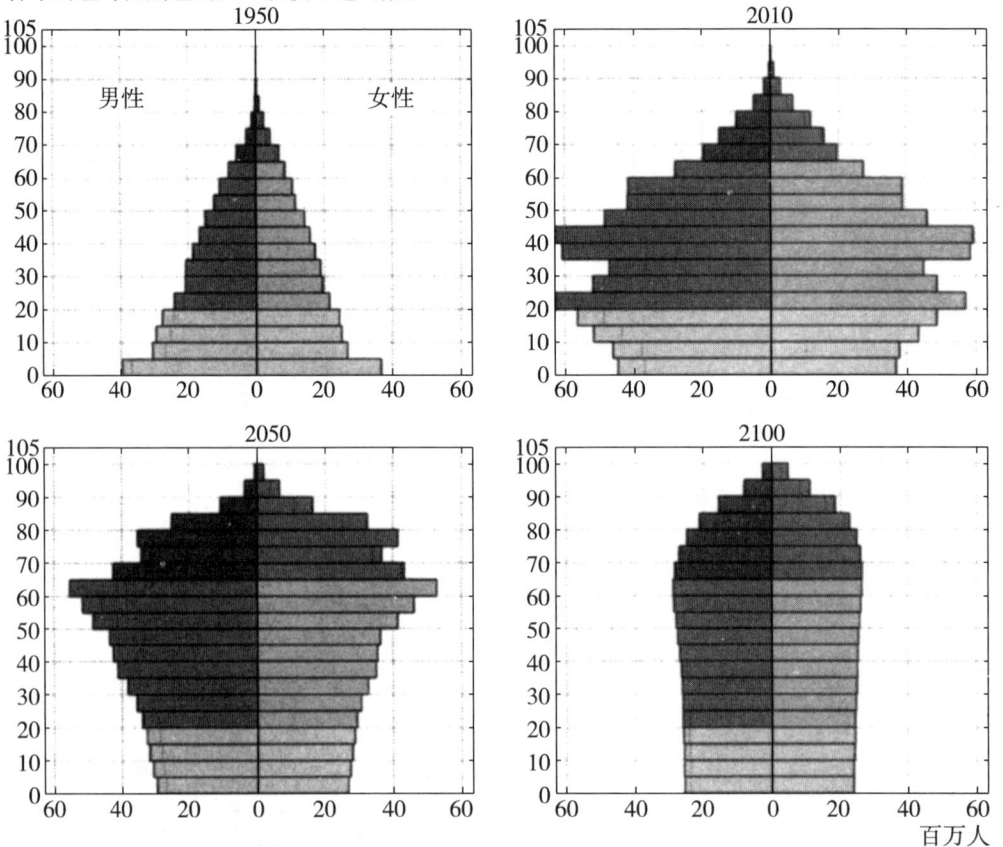

虚线表示各年龄组中男性人口或女性人口多出的部分。数据单位为千人或百万人。

续图表

总人口的变化

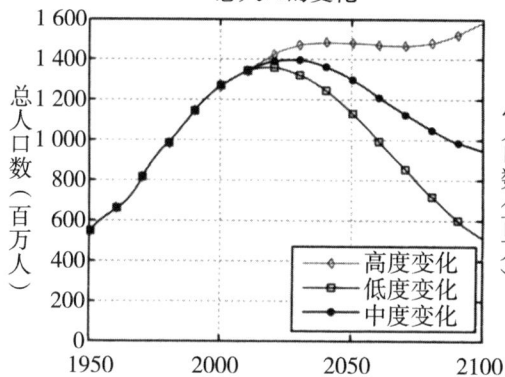

总人口数（百万人）

- 高度变化
- 低度变化
- 中度变化

主要年龄组人口的变化

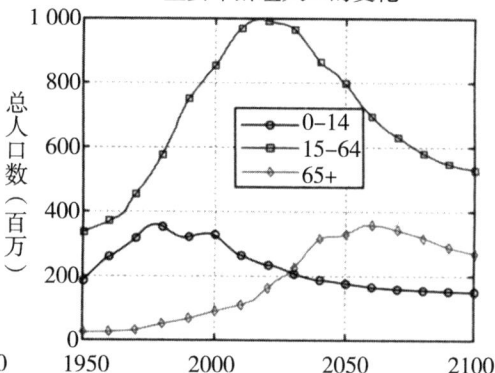

总人口数（百万）

- 0–14
- 15–64
- 65+

总和生育率

总和生育率（平均每位妇女生育孩子数）

- 中国
- 东亚
- 亚洲

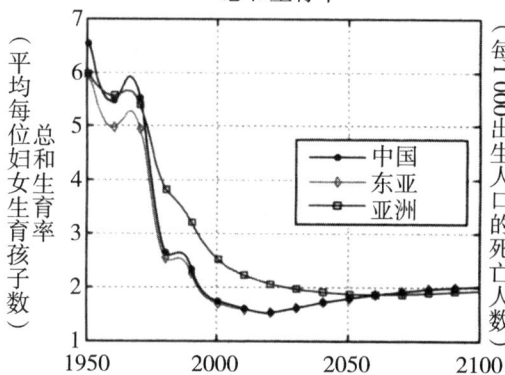

5岁以下人口的死亡率

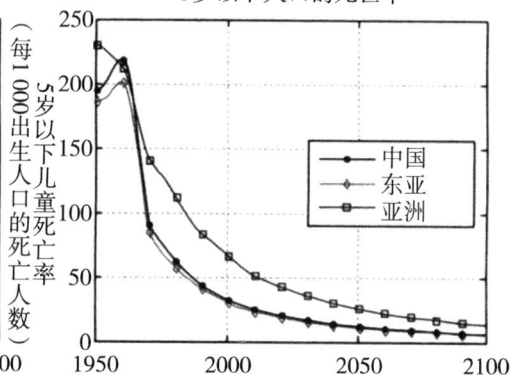

5岁以下儿童死亡率（每1 000出生人口的死亡人数）

- 中国
- 东亚
- 亚洲

男性与女性的预期寿命

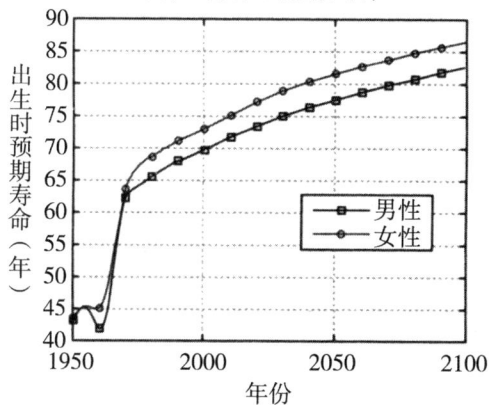

出生时预期寿命（年）

- 男性
- 女性

年份

各年龄组人口的预期寿命

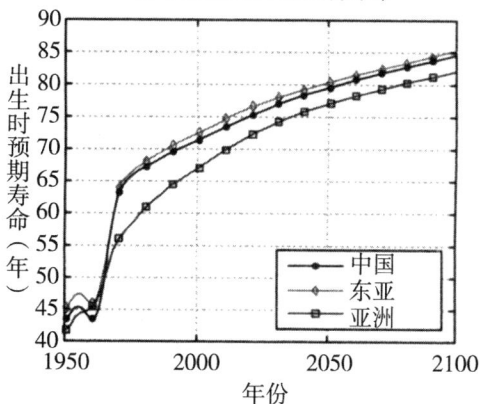

出生时预期寿命（年）

- 中国
- 东亚
- 亚洲

年份

续图表

中国

	1950	1960	1980	2000	2005	2010	2015	2020	2040	2060	2080	2100
总人口												
总人口（千）	550 771	658 270	983 171	1 269 117	1 341 335	1 369 743	1 387 792	1 360 907	1 211 538	1 048 132	941 042	
人口密度（每平方公里人口数）	57	69	102	132	136	140	143	145	142	126	109	98
年龄中位数（年）	23.8	21.3	22.4	29.7	34.5	36.2	38.1	46.4	49.4	48.4	46.2	
抚养比（百分比）												
儿童抚养比（a）	84.3	99.6	92.9	56.5	50.7	42.3	37.6	34.9	35.2	39.4	42.1	
老人抚养比（b）	8.7	8.3	10.5	11.8	12.4	12.7	14.4	18.4	40.1	56.5	60.0	55.9
总抚养比（c）	93.1	107.9	103.4	68.3	63.1	55.0	52.1	53.3	71.9	91.8	99.3	98.0
	1950—1955	1960—1965	180—1985	2000—2005	2005—2010	2010—2015	2015—2020	2020—2025	2040—2045	2060—2065	2080—2085	2095—2100
人口变化率												
年人口变化率（百分比）	2.0	1.5	1.4	0.6	0.5	0.4	0.3	0.1	-0.4	-0.7	-0.7	-0.4
自然增长率（每1 000人）	19.9	15.5	14.5	6.3	5.4	4.5	2.9	1.3	-4.1	-7.1	-6.5	-4.0
人口翻番时间（年）（d）	35	46	48	116	136	—	—	—	—	—	—	—
死亡率												
每千人粗死亡率（百分比）	22.2	21.0	7.0	7.1	7.2	7.5	7.9	8.5	12.9	16.1	16.4	14.6
每千位出生人口中婴儿死亡率（1q0）	122	121	38	25	22	20	18	16	11	8	6	5
每千位出生人口中5岁以下儿童死亡率（5q0）	200	208	57	29	26	24	21	19	14	10	7	6
每千位出生人口（e）中成年人死亡率（45q15）	467	469	166	131	120	110	101	94	71	55	43	36
出生时预期寿命（年）	44.6	44.0	67.7	71.6	72.7	73.8	74.7	75.6	78.5	80.8	82.8	84.2
男性出生时预期寿命（年）	44.6	42.0	66.2	70.0	71.1	72.1	73.0	73.8	76.6	78.9	81.0	82.4
女性出生时预期寿命（年）	44.6	46.4	69.2	73.4	74.5	75.6	76.7	77.6	80.6	82.9	85.0	86.3
15岁人口的预期寿命（年）	43.2	57.4	59.1	59.1	59.9	60.8	61.6	62.3	64.8	66.8	68.5	69.8
65岁人口的预期寿命（年）	8.7	8.8	13.9	14.5	15.0	15.5	16.0	16.5	18.1	19.5	20.8	21.8
生育率												
每千人出生育率	42.1	36.5	21.5	13.5	12.6	11.9	10.8	9.9	8.8	9.0	9.9	10.5
总和生育率（平均每位妇女生育孩子数）	6.11	5.61	2.61	1.70	1.64	1.56	1.51	1.53	1.73	1.88	1.97	2.01
出生性别比（每百位女性中男性的数量）	107	107	107	121	120	118	116	115	111	107	107	107
净繁殖率（f）	1.99	1.86	1.16	0.73	0.71	0.69	0.68	0.69	0.80	0.89	0.94	0.96
平均生育年龄（年）	29.7	29.8	26.4	26.2	26.2	26.7	27.1	27.5	28.6	29.4	29.9	30.2
出生与死亡												
出生人口（千人）	122 067	124 802	109 459	86 801	83 570	80 852	74 359	68 724	59 096	53 408	50 969	50 043
死亡人口（千人）	64 363	71 723	35 792	46 026	47 944	50 692	54 412	59 419	86 475	95 680	84 483	69 163
出生死亡差（千人）	57 704	53 079	73 667	40 775	35 626	30 160	19 948	9 306	-27 378	-42 272	-33 514	-19 120
国际人口迁移												
净迁移人口（千人）	-116	-1 059	-258	-2 298	-1 884	-1 752	-1 899	-1 841	-1 760	-1 379	-854	-417
净迁移率（每千人）	0.0	-0.3	-0.1	-0.4	-0.3	-0.3	-0.3	-0.3	-0.3	-0.2	-0.2	-0.1

a 儿童抚养比是指 0～19 岁人口数量与 20～64 岁人口数量之间比率。它表现为每 100 位工作年龄人口（20～64 岁）中前者人口的数量。

b 老年抚养比是指 65 岁以上人口数量与 20～64 岁人口数量之间比率。它表现为每 100 位工作年龄人口（20～64 岁）中前者人口的数量。

c 总抚养比是指 0～19 岁人口与 65 岁以上人口的总和数量与 20～64 岁人口数量之间比率。它表现为每 100 位工作年龄人口（20～64 岁）中前者人口的数量。

d 人口翻番时间是指在年人口变化率保持不变的情况下，总人口规模翻一番需要多少年。翻番时间仅用于计算那些增长率超过 0.5% 的快速增长的人口。

e 成年人死亡率是指每千人中 60 岁以下 15 岁以上人口的死亡数量，该指标用于表示 15～60 岁之间（45q15）人口死亡的可能性。

f 净繁殖率是指每位妇女生育女儿的数量，代表在一定时期内，考虑该时期内的生育率与死亡率的条例下，所有妇女在其一生的生育期内平均生育女儿的数量。

中国

　　总人口（2009）：依据 2000 年人口普查数据、2005 年人口普查抽样数据、2008 年官方人口估算数据，以及生育率、死亡率与国际人口迁移率估算而得。

　　总和生育率：基于 1990 年官方估算数据，以及 1991 年至 2008 年调整后的官方估算数据。同时使用了教育、免疫接种，或政策信息作为参考。进行数据估算时还考虑了其他的相关假设条件。

　　婴儿与儿童死亡率：基于 2000 年婴儿与儿童死亡率的官方估算数据。估算时还考虑了艾滋病对人口结构的影响。

　　出生时预期寿命：基于 2000 年生命表的官方估算数据。估算时还考虑了艾滋病对人口结构的影响。

　　国际人口迁移：基于净国际人口迁移数的官方估算数据，该数据是通过计算 2005 年人口总增长数量与人口自然增长数量之差而算得。这些数据得到了主要迁移人口接收国的确认。

资料来源：联合国经济与社会事务部．人口分组（2011）：世界人口的前景，回顾 2010［J］．

图表 3-3　　　　　　　　**全球人口规模与食品供应，1961—2051 年**

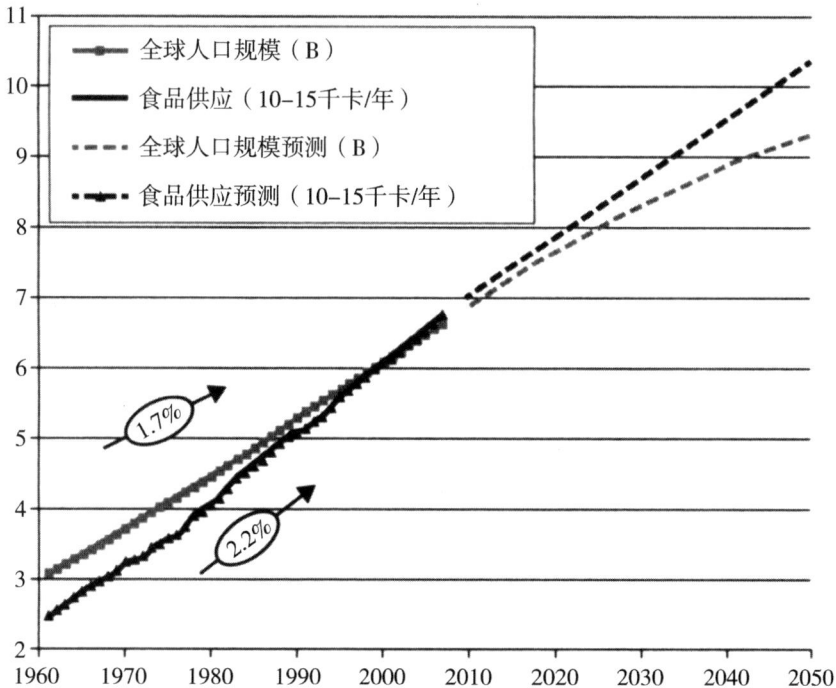

资料来源：数据来自联合国。

　　粮农组织统计数据库：http：//faostat. fao. org/site/609/DesktopDefault. aspox？ pageID = 609 # ancor.

　　人口数据库：http：//esa. un. org/unpd/wpp/index. htm.

3.4 危机后的政策调整

不幸的是，它需要一个经济上的"心脏病突发"来促成政策调整，并改善现状，而且世界各国似乎都是这么做的。人们认为是大萧条造就了社会保障，但这一社会制度其实根源于1601年英国制定的《济贫法》，1620年五月花号船把这部彰显新教与盎格鲁人照顾贫穷、年老者历史的《济贫法》带到美国。附着于新教教义之中狂热的自决和独立意识，使得这部法律只能成为美国社会政策的例外，而不是常规性政策。在南北战争之后的19世纪中叶（又有一个重要的公共政策因社会"心脏病突发"而产生），政府专门为退伍军人建立了美国历史上第一个养老金计划。当大萧条让老百姓都深受其苦时，人民的生活需要常规性制度给予保障，这为国家养老保险制度的建立提供了良好的孕育环境，并最终于1935年出台了《社会保障法案》。图表3-4向我们展示了第一张社会保障卡是什么样子的。

图表3-4   **社会保障卡**

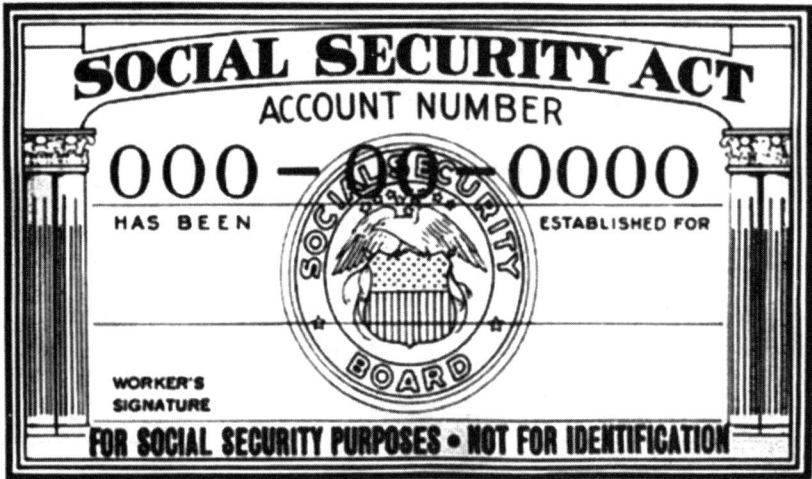

资料来源：http：//reavel. files. wordpress. com/2008/08/social_ security_ card2. gif.

美国不是第一个建立社会保险计划的国家。在1935年前后，还有其他30个国家（主要在欧洲）也建立了类似的计划。具有讽刺意味的是，社会保险起源于德国，在1889年时由奥托·冯·俾斯麦提出。

私人养老金计划兴起于美国，有些计划早在第二次世界大战之前就建立了，但真正发展还是在二战时期。在战争年代，由于工资增长受限，公司就用非工资收入，比如说养老金福利，来吸引员工们留在公司。别忘了，这是一个用工荒的时代，雇主们不择手段地争夺顶尖人才。与此同时，紧随第一次世界大战后的大萧条，使得珍爱和平的劳动者们所追求的无非是公平的工资，以及在和平安宁的环境中以健康状况尚可的年龄退休。我想正是这种极端地追求退休收入的安全性，带来了待遇确定型养老金计划的过度扩张，提高了在职人员对退休金的期望，并最终使逐渐老龄化的企业因背上沉重的负担而最终衰落下去。

相对于思考政策选择后的全部后果，人们更加擅长医治当前的创伤。经历了大萧条和第二次世界大战的磨难，人们对自己以及出生于这些时代的儿童（又名婴儿潮一代）有所期望，希望母公司或者祖国能为大家提供较高水平的退休收入保障。几十年来，我们沉湎于自怜或者自我放纵当中，直到有人开始计算养老金的时候才发现，如果我们中途不及时对此进行修正，那么后果不堪设想。

这并不是说我们完全无视这些人口趋势、社会现象，以及养老金数学。美国政府于 1973 年制定了《雇员退休收入保障法》（ERISA 立法），但即使对很节俭的人而言，法案中关于长期退休储蓄的条款也是不现实的且难以操作。对于婴儿潮一代和新生的新兴市场群体，它更不现实，彻头彻尾地不可能。作为婴儿潮一代的一员（我跌倒在隆起的中间部分），我可以毫不犹豫地说，我们过于满足以自我为中心的生活方式。我们到现在才清醒地面对现实，明白自己生活得太大手大脚，又不懂得如何理财，如今"今朝有酒今朝醉"的生活方式已经到头，我们得付出代价了。

1974 年正式实行的《雇员退休收入保障法案》（ERISA）规定了私营部门最低养老金计划的标准。出台这项法案是为了通过制定受托人的行动守则，要求充分披露雇主计划的财务细节，以及提供与员工福利相关的所得税规则等方式，来保护雇员福利计划参与者及其受益人的权利。该法案是由劳工部和财政部负责执行。

ERISA 可以追溯到肯尼迪总统的委员会于 1961 年出台的企业年金计划。斯蒂旁克汽车公司的养老金计划在 1963 年以失败告终，它无法为员工提供承诺的退休金福利。此事促使政府立法来解决资金保证和信息披露的问题。最后，直到 1970 年 NBC 的电视特别节目"养老金：背弃的诺言"播出后，政府才得到公众对养老金改革的支持，并于 1974 年出台了《雇员退休收入保障法案》（ERISA）。

多么讽刺的是，虽然有了 ERISA 法案，而且世界各国的相关法律法规都竞相模仿鼻祖 ERISA，但我们今天所面临的形势还不如 70 年代看上去要"破产"的境况。

3.5　棘手的人口问题如影随形

事实证明，你可以解决粮食短缺问题（谢谢你，粮农组织），甚至是人口增长问题（中国，真棒），然而劳动力不断老龄化，人口增长速度减缓，经济增长速度放慢，人们不想着为退休而储蓄，只知道恣意挥霍，还自欺欺人地认为现收现付制下的退休收入足够生活，你认为谁能逃脱由上述因素而导致的人口结构问题？几乎没有人。

事实证明几乎没人能做到。在第 10 章中，我提到智利已经在很大程度上这样做了。但很可惜，我将重复我的卡桑德拉式的警告，没有人可以为自己建立足够高的墙壁来逃避这个问题。我们的世界自认为在第二次世界大战后解决了它所存在的问题（忽略了沿途的几个地区冲突），并且为后世子孙创造了和平与繁荣的和谐社会。

不幸的是，当我们都躲在我们的办公桌下担心着冬天来临的时候，我们应该好好算算，搞清楚在我们的信念——"世界一切都很好"塑造下的二战后出生的婴儿潮一代所产生的两个破坏性影响：

1. 我们创造了大量的人口，如此大量的人口再加上长寿的趋势，就产生了财政负担。

2. 我们创造了一代人，这代人沉溺于即时的满足感，拥有花未来的钱过当下的生活的权利，这代人的生活方式导致了非常危险的"特权缺口"，即我们都理所当然地认为应该过的这种生活，造成了代际间的冲突。

ERISA 不仅对建立、管理和控制养老金列出了严格的保护条款，并且在实践活动中建立起了以现代投资理财组合理论作为指导的现代理财业，从而使养老金储蓄有可能与可见的、不断增长的需求保持同步。我想花点时间来回顾一下我们在"商务"里所学的 MPT。

4.1 走进现代投资组合理论

如果你想弄清楚为什么这点很重要，只需要了解等式 15/35/50 就行了。假设你想提取退休前收入的 60%，那么你每往你的退休储蓄金中存入 15 美元（退休生命周期大概是 40 年），通过复利计算，你在退休前就能存满 35 美元，加起来退休后你就可以拿到 50 美元。所以如果你停下来好好想想复利计算和退休周期的时间，那真是明智之举。有趣的是，在这个假设中，我们设定的投资回报率只有 5%，如果我们提高到 10%，那么将近 99% 的价值都来自复利收益。很简单，你如何投资你的钱远比你如何省钱重要得多（其重要性实际上介于 6 到 100 倍之间）。此外，一旦退休基金积累起来了，这种重要性在后期将会变得更加重要。因此，为了保障人们退休后的收入安全，养老金对投资计划具有很强的依赖性。

同样的道理，糟糕的投资结果可能对退休收入保障具有毁灭性的影响。我们都知道，没有风险就没有回报。所以实事求是地说，制订任何投资计划时都必须把重点放在如何做好风险管理上。如果说有一个概念我们商学院都曾学过，那么这个概念可能是，在金融中唯一免费的午餐就是多样化经营。也就是说，多元化经营对于降低风险且优化回报是至关重要的。这也是养老基金管理的重要理念。我想指出的是，这种理念不仅对养老基金的管理意义重大，而且对任何投资计划都同等重要，只不过养老基金管理与其他投资计划的区别在于，人们退休之前的基金积累周期较长，因此投资回报对用于保障人们退休收入的基金规模有较大影响（见前面的段落）。

那么，让我们来讨论一下现代投资组合理论意味着什么。要了解这一点，需要快速回顾一遍经济发展史。诺贝尔经济学奖获得者哈里·马科维茨认为在给定的风险水平下，通过数学方法选择多元化的投资组合可以得到最优回报。他的有效边界模型是我们在 70 年代所学的大部分经济学的基础。他假设不同资产类别的回报是正态分布，并找到这些资产之间的相关性。假设市场具有合理性并且是有效率的，然后选择最佳的组合。这些理论贡献足够获得诺贝尔奖了，但不幸的是，随着时间的推移，它们却不足以说明现实中的市场（稍后详述）。

然后是约翰·梅纳德·凯恩斯，古典宏观经济学家，作为研究行为金融学和持有现金投资组合重要性的先驱，他认为持有现金的三个原因分别为：

1. 交易动机——我们需要它，因为它与人们的生活息息相关。

2. 预防性动机——安全保障的需要。

3. 投机动机——赚取稳定的回报，在某些周期性投资中，这种稳定性本身就是一种很好的回报……，当然，你可以保留一些资金，当回报上升时追加投资。

这对我们来说似乎司空见惯，但它让人们开始思考投资组合管理中的行为因素，并由此产生了更多的金融理论。

詹姆斯·托宾是另一位诺贝尔经济学奖获得者，他延续了凯恩斯关于现金与风险资产的研究，并提出了分离理论。他认为，人们可以通过使用 NPV（净现值）找到多种资产类别的适合组合，然后再加上现金（作为无风险资产），形成最优投资组合。

这一研究帮助比尔·夏普（又是另一位诺贝尔经济学奖得主）创立了资本资产定价模型（CAPM），这一理论成为 20 世纪 70 年代商学院教学的主要内容。他再定义了系统性与非系统性风险的概念，并为我们现在称之为 α 和 β 的分离奠定了基础。系统性风险是不可分散风险，通常被称为市场风险（但一般认为是特定的市场或市场部门的风险）。你可以消除这种风险，但只要你的资金在这个市场或资产类别里，你的风险就会随着经济的波动而变化。非系统性风险是特殊的风险，或者更简单地说，是一个资产类别中具体的安全风险。它是由投资者选择的风险，与投资者在安全性、可能的绝对价值和相对价值方面的特定观点相关。

4.2　寻找阿尔法

虽然我们还有更多的经济理论需要回顾，但你现在所掌握的经济史或投资组合理论知识已经足够让你理解，投资组合理论需要将贝塔或市场风险从阿尔法或选择风险中分离出来。阿尔法其实比这些还要复杂点，需要进一步的解释，因为它像投资组合理论的圣杯一样。每个人都想实现阿尔法，每个人都希望跑赢市场。模仿市场很容易也很无趣。与指数挂钩，不像你想的那么简单

（依据静态指标组合，回报的不确定性使每天的收益呈波动状态，因此得面对重新调整投资组合的挑战），但人们通常认为把它作为投资参考相当简便。没有人觉得这么做有什么特别，也没人为此支付了高额费用……或者至少不会有什么成本。

阿尔法实际上是进行风险调整措施后获得的超额收益。它与贝塔相关联，意味着做出的投资选择既要保证一定程度的安全性，又要保证一定数额的市场收益。这就是我们所定义的超额收益。当然，只要有回报，就会有风险相伴随，所以这种收益是对增加的风险进行调整后得到的超额收益。如果投资世界真的是"完美"的（正如完美市场的假设），那么就没有阿尔法之说，因为在完美市场中，人们从投资安全性中获得的任何超额收益都会被其伴随的风险所抵消。但其实，投资世界在现实中是不完美的，所以人们可以实现阿尔法，或者说得到超额收益，而且不必担心风险会随之上升。

如果投资回报率超过基准或指数，以及承担的风险类似于那些基准或指数，那么就可以实现阿尔法。如果投资回报率与基准或指数相当，以及承担的风险小于那些基准或指数，那么也可以实现阿尔法。

所以，现在你知道我们是如何定义阿尔法的。那么它究竟从何而来？最简单的答案是，它来自投资管理者的卓越技能，这么说当然没错，但答案过于简单笼统，以致让你无法理性地感知阿尔法这种秘密武器到底从何而来，又是如何实现的。尽管不才，但我还是在康奈尔大学约翰逊研究生院讲授名为"寻找阿尔法"的研究生课程，对于阿尔法的来源，我希望自己能找到更好的答案。

让我们开始进入另一段记忆之旅，一起去了解阿尔法的历史或发展过程，至少要了解养老基金管理方面的内容（呃，这意味着我们不需要回到腓尼基人时代，而只需要从大约 50 年前开始就可以了）。首先，我会看到，如果人类一直为他未来一万年中在这个地球上的储蓄而担心，那么未来在投资组合管理中积累的所有智慧，都无法与过去的 50 年里人们就这个问题进行投资组合管理所拥有的思想深度相比。在 ERISA 出台之前的岁月里（没错，在这个行业中，ERISA 的出台在某种程度上相当于上帝的诞生），养老金管理就像是一种石器时代的活动，以所谓平衡型基金管理模式为主。主要由银行和保险公司对养老基金进行管理，这种管理就像对一叠证券组合进行分配，60% 投资于股票，其他的 40% 投资于债券和现金。在那个年代，这看似很平衡。由于当时公开交易股票还是件新鲜事儿，而且股票供应量又十分有限，所以只能重点投资于"漂亮 50"的股票（20 世纪 60 年代和 70 年代在纽约证券交易所交易的 50 只备受追捧的大盘股），以保持组合中的股票都是"蓝筹股"或整个组合的高质量。公平地说，现在变革的速度与那时候大为不同，所以也许这种方法是因为它处于那个时代才能取得不错的投资效果。

随着 ERISA 的出现，投资组合管理显然需要更加明智的选择标准和管理流程。同样不言而喻的是，相对业绩或许与绝对业绩一样重要，或者更重要。由此，管理基准与风格箱这两个概念便应运而生。正如听起来那样，管理基准就是指，养老金的拥有者可以依据某种标准，决定如何根据市场行情科学地管理这个特定的养老基金……这就是相对业绩。风格箱显示了股票增值以及基金管理人在市场上选择其他工具的逻辑。股票在这个时候显现出新的特点，人们可以将其划分为不同的类型，比如从增长层面与价值层面来划分，或者依据公司规模将股票按市值从小到大进行划分。虽然我们有很多种方法来建立风格箱，但图表 4-1 所示的划分方法也许是最普遍的。

图表 4-1 　　　　　　　　　　　　　风格箱

	价值型	平衡型	成长型
大			
中			
小			

这个风格箱基于两个明显的层面，即与安全性和投资组合（主要是目标）相关的实体市值规模，以及实体代表的投资风格（价值或成长），简单地把管理人划分到九个格子里。这表明，管理人必须明确自己的投资方向，从而可以向养老基金解释他们是如何寻求阿尔法，以及选择哪些领域的证券。它显示出货币管理明显开始走向专业化的趋势。当然，对于培养大规模的、更加专业的基金管理人而言，这仅仅是个开始。图表 4-2 展示了股票和债券的扩展风格箱。

图表 4-2 　　　　　　　　　　　　扩展风格箱

股票共同基金扩展风格

风格	市场市值规模				地点
	大	中	小	微	
进取型					国内
					国际
					新兴市场
成长型					国内
					国际
					新兴市场
平衡型					国内
					国际
					新兴市场
价值型					国内
					国际
					新兴市场

续图表

债券共同基金扩展风格

债务人	美国														
	公司			财富基金			联邦			美国市政			州市政		
期限	短	中	长	短	中	长	短	中	长	短	中	长	短	中	长
非常高															
高															
中															
低															
很低															

质量

美国所有的财富证券质量都很高，所以此处无差异。

债务人	国际					
	发达市场			新兴市场		
期限	短	中	长	短	中	长
非常高						
高						
中						
低						
很低						

质量

期限=短期、中期、长期
（期限可作为应对利率敏感性的合适措施）

资料来源：www.investing-in-mutual-funds.com/bullettan-22.html.

4.3 衍生品时代

20 世纪 60 年代和 70 年代使用基准和风格箱寻找阿尔法，使基金管理人的工作更加复杂，同时管理人类别的划分也更为细化。在此之后的 20 世纪 80 年代初，一个新的现象产生了——衍生工具市场建立，并带来极大的影响。现在，衍生工具对交易市场以外的人来说一直是一个可怕的、冠冕堂皇的词。你可以辨别出来哪些物质是从哪些物质中衍生而来的，但没有什么话语可以比衍生品这个词更能激起一个疯狂的、与危险化学品打交道的科学家的兴趣。与这个概念相关的一两件轶事或许可以帮助解释这些奇怪的新工具从何处来。

那是在 1983 年，作为一个在美国信孚银行工作的、年轻的、富有创意的银行家，我被推荐去为我们最大的跨国客户开发新产品（这些是大公司，其业务横跨全球，需要大量的融资货币与众多的融资地区）。迄今为止，这些公司所面临的最大的问题是利率风险。由此我们会想到，1979 年年底的金融世界发生了巨大的变化。当时新任命的美联储主席保罗·沃尔克采取措施应对通胀，并宣布了他的货币政策改革，结果使利率飙升。利率变得极不稳定，在企业疲于应付时，它们迫切需要一些方法来对冲其利率成本……在现代经济中做生意的主要成本。

对此，芝加哥期货市场签订利率合同，为市场参与者提供做多或做空利率的平台（还有货币……自从布雷顿森林体系的固定汇率失效后，外汇才释放出它们波动性的诱惑）。现在，期货合约的历史告诉我们，大多数合同的签订时机都是在人们最需要的时候，以及当波动性创造了活跃的市场活动并让交易商有巨利或有潜在利润可图的时候。谷物成为期货市场交易的第一种商品（因此期货市场起源于芝加哥的种植带中心），是在美国内战爆发之后；肉类的期货交易是在第一次世界大战开始后才开始活跃起来；金属的期货交易开始于第二次世界大战后；利率期货是在 1979 之后；而石油期货则是在第一次海湾战争之后才变得活跃。现在你明白这种模式了吗？当市场遭受创伤后，期货合约便被立即引入，从而为市场参与者提供对冲风险的工具。

因此，1983 年美国信孚银行给我指派了一个任务，让我组建一个期货商委员会（FCM），我们将其称为 BT 期货（没什么创意）。我们把所有主要的期货交易所都纳入进来，包括芝加哥商品交易所、芝加哥商业交易所、纽约商品交易所（COMEX）、伦敦国际金融期货交易所（LIFFE），以及新加坡国际金融交易所（SIMEX）。我来到芝加哥，并有幸在那儿获得一个经过认证的交易场所，然后我招聘了一个交易团队，并为他们在那些大交易所配备了办公桌，这样美国信孚银行就有了眼睛和耳朵，可以直接掌握市场动态，并且拥有了充分的行动能力。当我们讨论套利的概念时，我会再回到这个话题，不过值得注意的是，并不是每个在现金市场交易的人都如此冒进地需要把他们自己直接定位于新的期货合约市场。但我们认为这些工具过于类似于现金工具，以交易者自身的能力完全可以掌控，所以对交易者来说非常有用，但这样一来，就无法促进人们低调地做空市场。

BT 期货的做法是，处理银行自身的外汇交易需求，并为各国的公司客户提供利率风险的避险机制。处理银行的交易需求是常规性的业务，虽然它没有什么纯粹的战略，但却能有效地执行。但公司客户对于 BT 期货来说，完全是另一回事。我们需要构建对冲程序，例如，一个公司可以识别其利率风险，构建对冲策略，找到买入或卖出的最佳工具，执行、监控和追踪对冲的结果。如果这对于你来说是个繁杂的工作，那么对客户而言也确实相当繁琐。一些公司需要参与其中，而且它们的财务部门还得深度介入对冲的过程（这点并不奇怪，因为这些公司经常在它们的正常操作过程中对其他商品进行避险），但大多数公司都声称它们的员工做不了这样的新业务，并希望我们能代劳。问题随之而来。

当面对新问题时（在这种情况下，它们非常需要我们，也希望我们能为其"代劳"），我们就得有所创新。在一个美好的星期六早晨，我在威斯彻斯特乡村俱乐部打第四洞时突然有了创新的灵感，那时我正在与所罗门兄弟公司掉期部的主管波尔打高尔夫（当时掉期业务是交易对手之间的一种代理业务，所罗门在其中并没有扮演举足轻重的角色，而只是作为一个纯粹的中介）。他从所罗门带来了另一个跑期货业务的朋友，并介绍我们俩认识。那时，所罗门兄弟公司在投资银行食物链的顶端，他们谈论到他们这两个银行家不得不跟在公司股东约翰·古弗兰后面，飞往世界各国解释掉期及期货，是件多么烦人的差事。他们刚刚从吉隆坡回来，并严肃认真地提起他们下周又要前往乌兰巴托。听过之后，我给了他们一个简单的建议：他们其实应该合作，两个人轮流出差，由出差的人负责将这两个领域的金融产品解释清楚。很明显，我认为这两个领域高度相似与相关。但他们都笑了，并告诉我，他们都不了解对方的领域，所以我的主意行不通。

他们的话让我无比震惊。一个做掉期的家伙看不到期货合同与掉期的相似性，而一个做期货的人没有意识到掉期只不过是期货合同的一种合约形式，这怎么可能呢？好吧，他们似乎真的没有意识到这些，这就是华尔街分工的专业化。我还记得我匆匆打完一轮高尔夫之后，就赶紧回家在计算机上用期货合约做了一个掉期模型。我很快发现，连续做空合约，以及用于决定掉期价格的数组"栈"和定价方式，都无法构建一个具有吸引力的模型。这让我感到非常困扰。当最厉害的球员明显都不熟悉这些工具的相似性时，市场怎么会是完美的？难道我是被所罗门兄弟公司的朋友耍了吗？后来，我终于想明白了。我通过做多合同，重新构造模型（银行一般不这样做，因为它总是在现金市场做多，在期货市场做空），并且"堆栈"三年以复制一个三年的掉期。然后可以得到 70 个基点的套利（0.7%），在买卖债务市场中，这算是相当大规模的套利。

第二天，我构建了一个 1 000 万美元的掉期，并要求我们的资本市场（他们在美国信孚银行做掉期中介）为他们出价。在确定我没疯之后，他们立即接受了这一提议，并达成了交易。现在你明白了吗，我一直努力为公司客户寻找利率避险的产品，而现在我像变魔术一样造出来的产品却与避险正好相反。这是一个为在给定价格的情况下愿意承担更多利率风险的人而设计的投资掉期。事实证明，资本市场集团有相当数量的投资客户想要并且很需要这样的合同做多，正如我的客户想要并且很需要这份合同做空一样。所以接下来的事都如我所料，很少涉足交易大厅的资本市场集团的两大首脑，向我伸出了橄榄枝。他们对我提出了一个简单的请求，问我是否可以以同样的水平做一个 1 亿美元的掉期？以我已经买到的最后合同的难易程度来看，我十分自信自己能做到这一点，不过我假装有些担忧，这样可以趁机加点价。大家达成协议后，我就去交易所买了 2 000 多份合同。

那天，我和我的老板共进午餐，他是银行负债管理部的负责人，我骄傲地告诉他我的战绩。他听了差点被正在吃的寿司噎着。他对着我大叫起来："你用完了整个银行的期货合约配额！"在向他灌输了海姆利克氏操作法之后，我解释道："由于公司的限制是净额限制，而我是做多合同，与限制的做空方向正好相反，所以事实上我是将银行的期货合约容量翻了一番。"这番话并没有像我预想中的那样让他安心。在那个时代，这就是做多合同的概念与众不同的地方。我们冲回交易大厅，一直到聚集了十几个专业的交易人员和风险管理人员之后，才让事态平息下来，人们发现我没把银行搞砸，于是变得比较满意起来。

现在，人们总爱说这会儿或那会儿是生命火花开始时的决定性时刻。我觉得这么说一点都没错，因为就在这场交易达成不久之后，银行的交易部就与资本市场集团联合成立了一个部门，以便开展更多的结构性掉期业务，而这一联合部门就是信孚银行鼎鼎大名的金融衍生品部。对于任何和所有了解市场的人来说，美国信孚银行是衍生品商店的鼻祖，市场上大部分的专业人士都是从那儿走出来的。所以你看到了今天的衍生品，而这些衍生工具的诞生，正是源于威斯彻斯特乡村高尔夫球俱乐部的第四洞。

从一路走来的这段小插曲中，你应该也注意到我们的业务已经实现了顺利过渡，从为公司借款人进行利率避险，转向投资客户使用利息衍生合同。是的，衍生品无论在过去还是现在，对借款人和投资者而言都是非常有用的工具。为什么呢？因为，论其核心性质，衍生品是一种剖析风险投资的工具。这是什么意思？这意味着你可以分离那些本来是复合的工具或证券，并按其组成部分把它们分成相应的风险形式，然后让投资者进行选择，哪些风险是他们愿意承担的，而哪些风险是他们希望避免的。这是一个非常强大的概念，是阿尔法的发展核心，因为风险分离是优化证券组合建设的中心任务。

4.4　对冲基金的诞生

发展衍生工具的时机是完美的，因为它早于疯狂的 90 年代。90 年代的牛市让每个人都无视风险，因为，坦率地说，那时几乎所有的股票都在上涨，越涨越高。似乎连树都能长到天上去，这真是太美妙了。衍生品曾经偶尔被用来分解或最小化风险，但它们很快就被嵌上巨大的杠杆作用，让投资者将风险扩大至两倍甚至三倍，以满足他们的胃口。期货市场和远期合约的细化，以及更复杂的衍生工具促使美国芝加哥大学教授费希尔·布莱克与迈伦·斯科尔斯率先提出著名的 Black-Scholes 期权估值模型，并推动产生了一系列对称以及不对称性风险的金融工具，带来了金融衍生品的蓬勃发展。这意味着在疯狂的 90 年代，市场变得相当的娴熟，而且倾向于运用尖端产品，这些产品处于不断的调整之中，而且包含了许多的衍生工具。每个人都很开心，再没有什么比技术市场在创新与互联网革命性跃进方面的繁荣景象更让人兴奋的了，这样的迅猛发展让人觉得一切皆有可能。这样一种繁荣的景象以及这样一个可以找到任何借口和途径来炒作任何企业的疯狂市场，最终制造出我们都熟知的技术泡沫。

当纳斯达克指数 2000 年 3 月停板时，它迎来了投资的新时代。事实证明，树没有长到天上去，市场的崩塌就像一个巨大的周期性调整，这让真正成熟的投资者吸取教训，认真学习风险分析，并形成了这些被称为对冲基金的工具。与一般的市场不同，它们都安然地度过了这场风暴，并在这一波动性极强的时期显现出繁荣景象。这引起了众多投资者的关注，包括养老基金经理人，他们眼睁睁地看着同仁们在养老与基础（E&F）市场中（表现最突出的是耶鲁大学的大卫·斯温森）获得相当不错的投资回报，而它们的基金管理人往往既知道如何充分利用市场的动荡，又知道如何利用对冲机制，在极端的情况下通过自我纠正来应对负贝塔风险。这可能是许多机构投资者在找寻真正的阿尔法行动中真正学到的第一堂课。传统的股票基金经理再次证明，当他们很大程度上受贝塔驱动，并深受市场波动的影响时，对冲基金经理却能在低迷的市场中获取良好的回报，并显示出市场中立并不意味着"不归路"，而阿尔法在某种程度上是能实现的。

请允许我把对冲基金的历史扯得远一点。有些人会说，对冲基金的历史和腓尼基人一样古老，但这个词本身是 1949 年由阿尔弗雷德·温斯洛·琼斯在创建第一个现代对冲基金时提出的。非常有趣的是，第二次世界大战在"创造"了现代养老基金的同时，也"创造"了现代对冲基金。琼斯崇尚不受约束的投资，所以他开设了一家小型的专门机构投资股票，既有做多也有做空交易，他试图利用市场的两方走势，从而能够挑选对自己有利的赢家与输家。他使用保证金进行杠杆做多交易，并使用保证金的现金资助其借入用于卖空的股票，最后将这些股票卖空。当我们在第 7 章中讨论做空的时候，会学到很多这种错综复杂的交易形式，但是现在，你只要知道除了琼斯之外，没人在做这样的交易，而且那时候像衍生品这样更为复杂的工具是不存在的。就像对第一个凿成岩石轮的人表示极深的尊敬一样，我们对琼斯也是佩服之至。

很多人会惊讶地发现，巴菲特在 1956 年也推出了对冲基金。每个人都认为沃伦·巴菲特是一个价值导向的长期投资者，但他们没有意识到，巴菲特也需要积累资本来实现长期投资的目标。他通过伯克希尔·哈撒韦公司（由巴菲特创建于1956 年）的对冲基金，谨慎又睿智地在极具风险的市场中投下了巨额资金。等到大多数美国人听到沃伦·巴菲特的传奇故事时，他已经获得成功并能够以我们都欣赏的方式进行投资。但他却从来没有停止过审慎地投资巨大风险的项目，而他在这方面的主要原则也从来没变过，阿吉特·贾因，就是传言中巴菲特的接班人之一。我猜一旦成为风险迷，永远都是一个风险迷。

哈里·马科维茨在 1964 年带着现代投资组合理论（MPT）登上了历史舞台，后来乔治·索罗斯又在 1992 年打了一记货币长传球，在此之后，对冲基金才逐渐进入大多数高净值客户以及像耶鲁大学和哈佛大学这些地方的 E&F 人群的投资意识中。

4.5　阿尔法/贝塔分离

虽然对冲基金在阿尔法创新中备受追捧，但与养老基金相关的阿尔法和贝塔分离的真正动力是在指数基金管理领域。越来越多的养老基金管理人成为了有效市场理论的信徒，这一理论认为你根本无法战胜市场。该理论导致的必然结果是，如果你不能战胜市场，传统的股票基金经理人又有非常高的贝塔成分，而且他们总体上通常不能战胜市场，那么为什么明明可以支付少得多的费用聘用新兴的消极经理人来管理大量的指数基金，却偏偏要付出更高的费用来投资尚且不能战胜的市场呢？这种分析是有道理的，越来越多的养老基金将大量的资产转移给消极管理人，因为这些管理人（包括美国道富银行、巴克莱全球投资机构、美国信孚银行）收取的管理费用在指数化规模导致的激烈竞争中不断下降。

通用公司的杰克·韦尔奇曾说过他要在自己参与竞争的市场中成为数一数二的佼佼者。你可以把我的名字添加到玩家名单中，但老实说，玩这种消极的管理游戏却只能从第三名排起，真是毫无乐趣可言。我还记得曾经竞争过一个在标准普尔500指数复制策略管理之下的10亿美元资金池。我们最终以零基点的管理费用中标。没错：零基点。这是怎么回事？你放弃了管理借出证券和保存借贷收入的费用。同样，我们将在第7章做更多解释，但我只想说，管理货币的利润其实很微薄。

同时，养老基金都钟爱这种新型的贝塔操作。投资者想保持住这些股票，很大程度上是因为当时养老基金的会计惯例允许不标明投资组合的市场价值。养老基金不受波动性的影响，作为长期投资者，他们有很多最近的经典研究，而这些研究表明股票在长期表现方面比债券或现金更优异，只要你不介意短期波动。（当我们讨论负债驱动投资时，也有这样的想法，但会计制度的变化最终改变了这一想法。）

有点讽刺的是，养老基金现在正处于分别寻找贝塔与阿尔法的矛盾之中。当你了解市场定价和动态之后，就会发现这么做有一点道理，而且有效。但投资者如果说希望从不同的管理人那里二者兼得，那听起来就非常可笑了。

如果你意识到新建了多少对冲基金，特别是定量对冲基金，那么上述想法就更可笑了。还记得我提到过指数化并不像定价那么简单，它的名称还有其他含义吗？其实，它的构建与消极/指数基金的运行都需要大量的数据支撑。为了实现优化，你必须在一只股票都不购买的情况下真正复制指数。这就需要做大量的统计工作，并不断更新数据。而实际上评价消极管理人的标准是看他们的"跟踪误差"有多少或一段时期内他们偏离指数的数量。用不了多少时间，定量管理人就会意识到指数化在某些方面是不合逻辑的，于是为了尽量减少跟踪误差而"放弃"收益。当定量基金经理看到这一点，他就会倾向于向客户建议允许基金的投资稍微"倾斜"一些以便实现一些容易的目标，当然这得冒着跟踪误差上升的风险（也许是正方向）。事实上，许多定量对冲基金策略都出自消极管理人之手。难怪巴克莱全球投资机构（既是一个巨大的消极管理公司，也是交易所交易基金的赞助商［另一种形式的指数产品］）也是一个更大的对冲基金市场的平台。

所有阿尔法/贝塔的分离已经挤占了传统股票基金管理人的生存空间。一边是廉价的贝塔，另一边是对冲基金苦苦追寻的阿尔法，它们昂贵、推动性强且受运作费用的驱动，在这两者之间，传统的股票基金管理人能用来立足的空间已经所剩不多。养老基金减少了分配给传统股票基金经理人的份额就足以说明这一点。

4.6　阿尔法的起源

所有受到追捧的阿尔法，必须具备几个理论上用于界定的特征。首先，让我们来讨论它从何而来。我们知道阿尔法是管理者的技能，但这绝不是阿尔法的全部内容。人们之所以寻找阿尔法，就是因为存在错误定价或异常操作，效率低下或套利交易。对冲基金能够利用这些市场异常的秘密，就在于大多数机构的投资都具有较高的约束性。ERISA 也同样以严格的限制条件来保护养老基金不受不当投资行为的侵害。而对冲基金则不在这些制度的约束范围内。事实上，对冲基金的投资通常被称为无约束的投资。对冲基金有较少的风险控制，在使用衍生工具及其他复杂投资结构方面没有限制，基金不含外资，不使用外汇合约，一般没有杠杆化限制，除非对冲基金本身对此有规定，对做空无限制，对为做空而进行借入或贷出证券的活动也没有限制。我们将在第 6 章中深入讨论养老保险基金使用其他投资方法时进一步探讨阿尔法。

4.7　静态与动态资产及负债

让我们帮你来了解一些基础的定量概念，有了这些知识，你就会明白如何通过杠杆化用世界上的财富应对养老金危机。

从养老保险的角度来看，我们要把每一个国家、州和市政当局当作一个公司。为了让这个话题有趣一些，假设这是一个会计 101 课程。会计类课程的第一堂课都是讲 "A － L ＝ SE"，说明资产（所有），减去负债（所欠），等于股东权益（价值）。在大多数情况下，在将养老金计划作为一个公司时，总是以零股东权益（或略微为负）作为长远目标。起初，这似乎很奇怪，但如果考虑到每一份养老金都是公司/政府的支柱，其唯一目的是为退休人员提供养老金收入/收益，那么上述目标就是有意义的。想想吧，如果资产大大高于负债，就会大幅提升股东权益，那么这些资产就会被挪用到公司内部其他能产生更多收益的地方。相反，如果你欠退休人员的养老金债务比你手头上能用于支付养老金的资产多得多的话，退休员工就没法每月按时领取养老金了，所以只有资产等于负债或略少于负债时才最合适。

现在让我们考虑比较常见的涉及养老金资产和负债的方式：资金状况。养老金资产除以养老金负债的比率等于资金状况。通常情况下，实体将资金状况的目标定在80% ~ 100%。换句话说，它们希望手头上资产的80% 至 100% 被用于满足它们预期的养老金负债。请注意，这句话中最重要的词是"预期"——这也是我们所介绍养老金会计中的最后一点。与商学、会计学以及经济学中储备与流动性这样一对概念相类似，养老金的资产与负债既可以是静态的，也可以是动态的。

在给定时间点，人们可以看到为养老金负债专门预留的资产的静态价值，也就是在某一个精确时间点的货币价值。但是，有一点很重要，必须引起大家的注意，基金业绩既是绝对也是相对。不同时期的回报是绝对的，但它是相对于养老金负债的大小和该基金的预期回报率来讲的。

例1：货币的时间价值与静态负债

就拿赌马来说吧，假如我借了100万美元来下注，我希望一整年下来能赢利，并赚足10%的回报。史蒂夫（一个令人讨厌的债权人）借给了我这100万美元，他向我收取的年利息高达8%，所以如果我能获得预期回报，那么我最终将得到100 000美元–80 000美元＝20 000美元的收益。在这种情况下，负债是静态的。我知道一年后我必须还给债权人100万美元，外加固定的利息。

例2：货币的时间价值与预期回报

现在，让我们把这个例子变得稍微复杂一点。这回不是一次性给我100万美元，史蒂夫同意把他每年年薪的3.5%拿给我去赌马，直到他退休。他每年可以赚到120 000美元（为简单起见，他的年薪金额保持不变），如今他正好25岁。他希望在67岁时退休——留出42年的时间让我为他的投资赚钱或是赔钱，并且让我将他每年支付的4 200美元的本金积累起来。在这种情况下，我预计我的预期年赢利将是他累积本金和回报的7.5%。如果我在42年里每一年预期回报都达到7.5%，债务人在他67岁退休时将获得1 111 733美元——回报率高达6.3倍。听起来不错，对吧？现在，假如我的预期回报每年只有5.5%，42年后，我会给他647 222美元，回报率为3.67倍。由此可以说明，资产价值随着真实回报率的波动而变动。然而，这个例子并没有建立具体的负债数额。更确切地说，就好比史蒂夫投资了一份证券并且每年都会追加投资一样，负债数额是不确定的。（注：为简单起见，本例中没有包括一些成本，如交易成本，以及我为他赌博与管理他的钱而收取的费用成本。）

例3：与动态负债匹配的资产

现在让我们正式开始深度讲解，你会明白养老金到底有多么复杂。假设前例中的史蒂夫这回成了我的雇员。他依然每年赚120 000美元，每年我为他缴纳相当于他工资3.5%的保费，或4 200美元，并把它注入我在赌马场中的一个资产池中。你可能觉得这太可笑了，但这总比教你选择债券、股票、期权数学简单多了。

反正，我保证，当他67岁退休时，我会给他相当于他最后一年工资的70%的养老金，直到他离世。这比前两个例子更加复杂，因为负债是动态的，这意味着什么呢？嗯，也就是70%×（120 000美元）＝84 000美元——所以我要赚足84 000美元才能够支付他一年的养老金。但我不知道要为史蒂夫支付多少年的养老金。他是一个比较健康的家伙，依统计数据来看，我估计他也许能活到83岁。与前面的例子中给他一笔钱不一样，在既定的预期收益、预计的持续时间（史蒂夫会活多长？），以及风险贴现率的前提下，我得弄清楚我每年需要投入多少钱到他的账户中。

　　预期收益率与负债成反比。举例来说，如果将他资金池的预期收益率调低，从7%降到6.5%，那么我从他资产池中获得的收益就会变少，与此相对应，为支付其账户养老金的负债就会相应增加。更简单地说，我再也不能依靠7.0%的预期收益率了，所以为了确保有足够的资金支付他的养老金，我需要往他的账户中增加投入。我们还需要考虑贴现率。为了计算准确，退休金负债需要以一定的比率进行贴现，因为投资存在风险，而贴现率则说明了当负债持续时间增加时风险是否可能改变。当你分析负债延伸到未来的 25 到 50 年时，这点就显得特别重要。从历史上看，养老金使用的是无风险利率（美国国债的回报率）、资产的预期回报率，以及高级公司债券回报率来计算贴现后的养老金负债。现在回到我们的例子，我需要不断地评估史蒂夫的退休账户负债将会达到多大规模。在例 2 中，我们可以看到5.5% 与 7.5% 的回报率所带来的货币价值之间的显著差异。由于预期收益的下降，我的负债增加了。这是权责发生制会计中很棘手的部分，因为实际上并没有现金易手。

　　最后一个例子揭示了一些让养老计划看起来如此复杂的关键要素。你可能会问什么要素是最关键的？答案是养老金债务的动态性。当你添加更多的计划参与者，负债也会随之发生动态的变化。如果我要增加 100 名员工，我需要估计他们每个人的寿命，以及他们什么时候开始领取养老金。我需要估计每个人的养老金水平将如何增加或减少（12 万美元不变工资的假设显然过于简单化了）。然后，我需要估计我的回报，我会使用利率来贴现计算未来的回报。寿命、工作时期、投资回报率、贴现率与资本市场这些因素都会影响目前的负债情况，也决定着我每年要向员工账户中补充资金的数额，这些资金要足以偿还负债。

　　世事总祸不单行，影响养老金资产规模的很多变量同时出现问题，使养老金的资金状况陷入困境。2012 年当前的环境就是如此。股票、固定收益类产品，以及其他一些投资品，加在一起，只带来了非常黯淡的回报。而且，即使是像加州公务员退休基金，加州公共雇员退休系统，也已将预期目标回报率从 7.75% 调降至7.50%（2012 年 3 月 30 号）。此外，短期固定期限国债利率徘徊在 0 附近，同时 1个月期的证券收益降至 0.09%，而 30 年期的收益率也只有 2.84 个百分点，这样的收益表现无异是在伤口上撒盐。预期回报率的持续下降使负债不断增加，而资产的增长速度却跟不上负债。国债利率已接近 0，并在过去 7 年间大幅下降，因此负债增加。

4.8   总结

现在让我们回顾一下本章所讲的内容。基本上，我们讲到了养老金、货币问题……以及其他很多方面的问题。比如证券投资组合管理的方法，降低风险的方法，甚至还讲到了用于支付理财事项的费用（基金管理人可以从你的养老资金池所能获得的回报中收取大量的费用）。了解一些正在使用的新发明的工具，比如衍生品和对冲基金，对于我们理解如何完成养老金支付义务而言，变得越来越必不可少，因为我们的养老金债务每天都在增加。最后，基本了解退休金负债及资产并列概念的复杂性是非常有价值的，因为只有这样才能更好地理解养老基金管理人在管理养老金时的不易。我们并不是想把每个人都变成投资大师或精算师，而只是教会你用一些金融工具，使你明白养老问题的重要性，并开始评估现有解决问题方法的有效性。

第 5 章

重塑退休（养老金计划）

退休养老金计划可以大致分为：待遇确定型（亦称固定收益型）计划和缴费确定型（亦称固定缴费型）计划。也有其他的养老金计划，称为混合模式，它很明显地结合了这两种养老金计划的风格。在真正了解国家养老金计划之前，你需要懂得这两种养老金计划之间的区别，它们存在的问题，以及各自固有的优劣性。

5.1　待遇确定型养老金计划

待遇确定型养老金计划承诺计划参与者（雇员）在退休的时候能享有特定的货币收益，并告知参与者将来的养老金待遇水平。待遇水平可以是一个具体的金额，也可以是参与者最终工资或最终平均工资的一部分。每月的收益有时候可以通过一个包含员工工作年限和绝对工资或平均工资水平在内的公式计算出来。不论是私人养老基金还是公共养老基金，计划参与者都不需要做出投资决定，因为这些养老金一般会由一个专业化的管理团队来管理。这些团队可能会自己管理部分或者所有的养老金，也可能将其交给外部的管理者管理。人们有时将待遇确定型养老金计划等同于完全积累制的养老金计划，这很显然是一种概念上的误解，二者不可混称，因为本书完全不涉及完全积累制的养老金计划，而且在许多养老金计划中，也不采用此种形式。

待遇确定型养老金计划（正如其名）的优势主要体现在，参与者退休时，计划提供给参与者的是一系列确定的收益，而不仅是一笔金额不确定且还不知是否能满足参与者退休生活需要的钱。确定的退休待遇将为参与者提供稳定的退休收入，保障参与者的基本生活。大多数情况下，参与者配偶的退休生活也可以得到养老金计划的保障。养老金计划会经常根据人们的生活成本调整养老金水平，并且有时候还会提供退休后的医疗保险（这种养老金计划现在越来越少）。这些养老金计划给予参与者一种没有任何投资风险的感觉。但最近养老基金的投资失利，加上养老金担保公司（美国养老金计划的最终担保人，我们将在第 9 章中进一步讨论）面临着即将到来的养老金危机，使得之前做出的待遇假设遭到一定的怀疑。毫无疑问的是，待遇确定型养老金计划能够为参与者提供专业化的基金管理。也许最重要的是，待遇确定型养老金计划属于非常"家长式"的作风，参与者自己不需要有很强的储蓄能力或为退休生活精打细算的能力，养老金计划会为他们处理好一切。养老金计划会用福利而不是金钱为参与者营造出像茧一样舒适的生活环境。这符合马斯洛需求理论，因为养老金计划有针对性地解决了退休人员在马斯洛需求结构中基本层次的需求。

待遇确定型养老金计划的劣势，首先就是对于提供计划发起者（雇主）而言，不论参与者退休与否，在计划推行之初很难让参与者充分理解这项计划。如果运作一切正常，而且计划中的参与者一直留在企业中为计划供款直至退休，那么这项计划将是行之有效的。但如果参与者在退休之前就中途退出计划，那么这项计划对参与者来说就没那么有利了。之所以如此，一方面是因为计划的精算基础青睐那些坚持到底的人（记住，这些措施通常被设计成留住员工的工具），另一方面则因为养老金计划是不能转移接续的。所以，这种养老金计划并不符合以高流动性与自决性为特点的现代就业趋势。

对于计划发起者来说，待遇确定型养老金计划同样存在许多不利之处。我们都很清楚，劳动力和计划参与者自身的老龄化不仅给养老金计划造成了沉重的负担，也给企业与公共计划的发起者带来了不少麻烦。许多金融分析师认为养老金计划已经成为控制金融局面的主要因素。待遇确定型养老金计划的累积性质，与人们寿命的延长已经为计划发起者们带来了长尾风险和致命的财政负担。这是一个代际冲突恶化的经典案例：越来越多的企业和公共计划发起者已然陷入进退两难的困境之中。他们无法忍受既要支付老年退休者的养老金，又要继续为年轻的在职员工的养老金计划供款，即使是给员工提供最微薄的养老金待遇，这种支付义务也使计划发起者不堪重负。

5.2　缴费确定型养老金计划

缴费确定型养老金计划为每个参与者建立了独立的、自助的退休账户。养老金本身没有固定的支付水平，决定养老金支付水平的因素包括：参与者自行缴费的数额，雇主（假定雇主匹配缴费）为雇员参与计划缴费的数额以及对那些资金进行再投资获得收益的情况。因此，退休收入保障的水平直接受到参与者个人储蓄类型、雇主的慷慨程度，以及投资计划落实到位并由参与者自己维护情况的影响，而最后一项也许是最重要的影响因素。资金池的规模受到资本市场盈亏变化的影响。该类型的养老计划没有承诺雇员退休后每月将支付给他们多少养老金。最常见的缴费确定型养老金计划包括：401（k）计划（针对私人企业）、403（b）计划（针对教育机构）和457计划（针对越来越多被纳入养老保险机制的公务员）。此外，还有越来越多其他类型的养老金计划，例如员工持股计划和利润分享计划。这些计划和传统形式上的养老金固定缴款计划有许多相似之处。

缴费确定型养老金计划的优势在于，它是一种为人们津津乐道的税收递延型退休储蓄计划。参与者在以下几个方面有很大的话语权：决定自己该储蓄多少（通常是通过简单的工资扣除来缴费），他们的钱该如何进行投资，以及在退休的时候出于避税考虑，将账户中积累的所有养老金分十年平均领取。与待遇确定型养老金计划相比，参与者更容易理解缴费确定型养老金，因为养老基金通常每天都会给出收益情况，参与者可以随时查询。

雇主喜欢缴费确定型养老金，因为根据定义，雇主不需要对其雇员负担任何义务，养老金计划完全让参与者们自己做决定，包括应该储蓄多少以及如何投资，这样雇主就撇开了一切的责任。许多雇主还通过缴费确定型养老金计划，让雇员投资公司股票（有时候过于鼓励雇员投资本公司股票是不合理的），不过安然公司和世通公司的倒闭使这种做法大量减少。

缴费确定型养老金计划的缺点在于，有些雇员很晚才参与到计划中，或者有的人没能在账户中存入足够的钱，从而无法拥有充足的养老基金，因此对这部分人来说，养老金计划并不是很有效。相比其他国家，如荷兰和智利已经颁布了对雇主和雇员更为严格的缴费规则，美国在这方面却很少进行监管。在该类型的养老金计划中，基本上所有的参与者都得自行承担投资风险，然而我们已经证明，85% 到99% 的用于退休收入的基金是由退休前和退休后的投资来实现的，因此对于投资不是很老练的参与者而言，这是有巨大风险的。正如我在第 9 章中提到的，一些研究表明，大多数的个人投资者的投资业绩基本上比专业的基金经理要低 10% 左右，大多数"温和"的调查显示，在低出的部分中，至少有 2% 是因为个人投资者自身的原因造成的。我不想再强调这点业绩差异对于人们的退休生命周期来说意味着什么，我只想告诉你，它将会使个人养老基金池的规模发生巨大的改变，这就足够了。

5.3　究竟谁才是客户？

1992 年我接受任命，主管美国信孚银行全部的养老金和员工福利计划。我们将其称为退休服务团，我们那时候已经是第三大信托银行，可以为美国国内外的许多养老金计划办理托管、大宗信托和证券借贷的业务。此外，我们还是第一家，并且是最大一家提供缴费确定型养老金管理服务的机构，我们将其称为参与者服务团。我们管理所有大型的 401（k）计划，而且最近又接收了通用汽车公司 100 万员工的养老金账户。

为了理解"机构个人化"市场的运作方式，你需要了解当我们满足参与者需要时，正是参与者所在的企业雇佣了我们，并且给予我们指导，正如 ERISA 要求我们如何提供服务一样。这意味着我们的服务对象是 100 万通用公司的养老金计划参与者（包括在职的和退休的），但是我们的领导却是通用公司的财务部门。

这项服务是以每个月、每个季度还是每半年为周期做一次报告，取决于建立养老金计划的企业的要求。我们经常周期性（大部分是以一个季度为周期）地批量评估参与人的账户价值。当我们讨论提到更频繁地评估参与人的账户价值时，企业往往会告诉我们这么做毫无必要，而且实际上对参与人也是有害的，因为它会扰乱参与人的投资选择，不仅使员工分心，而且也没效率（你要记住，在市场不景气的时候，扰乱投资选择会极大损害个人的投资表现）。好在如今的大多数账户已经成为所谓的混合账户，这意味着我们准备不同风险水平的投资"水桶"供参与人选择，让他们可以用部分的钱来投资。这是针对大规模资金管理来说成本最低的方法，而企业的财务部门则像个谨慎的管家一样帮参与人监管他们的账户。

在缴费确定型养老金计划领域中，有一个像初生牛犊一样的小型共同基金公司，叫做富达国际投资公司（可能不是真的这么小）。富达国际认为缴费确定型养老金计划的运作过程与账户记录是一个非常混乱的密集型系统操作的过程，因此应该将其托付给有经验的银行，比如信孚银行。它们希望有利润丰厚的资金管理业务流入它们的共同基金，从而取代目前正在使用的混合投资"水桶"。自从越来越多的个人熟悉富达国际与其他品牌的共同基金产品后，富达国际与企业的关系变得更加密切。但企业还是要求账户记录与资金管理捆绑在一起。所以富达国际来到美国信孚银行并要求我们与它们开设一个联合部门，由我们提供所有的记录数据，而它们则负责所有的资金管理。除了明显不愿和它们合作之外，我们并不愿意放弃资金管理业务，因为我们也知道这项业务利润丰厚，而且我们也同样盯着共同基金业务这块肥肉。所以我们拒绝了富达国际，借口是以免拖它们的后腿，其实我们有信心不是什么人都能够成功应对账户记录这项工作的挑战的。

但是富达国际稳扎稳打，建立了一个账户记录系统，而且它们不负众望，满足了客户（计划参与人）对它们这个共同基金公司提出的要求。计划参与人要求它们对自己的资产进行每日估值，所以它们建立系统，为参与人进行每日资产估值。富达国际这么做，我们以为企业会很不高兴，但是我们错了。建立养老金计划的企业日益屈从于它们的员工要求接触品牌共同基金产品和日常资产估值的压力。突然之间，成群的企业一改常态，要求每日资产估值，而我们却固步自封地只拥有大量昂贵却老旧的批量处理系统，这些系统在当初设计时根本没有考虑每日估值的需求。所以，我们花了数亿美元和数年时间对老系统进行改造，而此时的富达国际已经成为缴费确定型养老金计划账户记录那座山头的霸主，而且其他基金管理机构也不甘示弱，紧随其后。我们坐在路边，对此感到迷惑不解，我们一直是按照客户（企业）的要求开发系统进行资金管理，我们手中的管理工具怎么就变得过时了呢？

5.4　不断变幻的局面

夹带着微弱的期望，如今企业已经很明显地倾向于将原来的待遇确定型养老金计划，转变成更加灵活且更加有利于转移接续的缴费确定型养老金计划。这种养老金计划将会主宰未来的退休局面。待遇确定型养老金计划的受益人一般只能得到职业生涯后期他们所在公司的大部分养老金，只有那些终身都在同一家公司工作的人才能够享受到待遇确定型养老金计划提供的全额福利。随着终身在一家公司任职员工的数量越来越少，缴费确定型养老金计划更加务实地允许员工带着他们累积的福利从一个公司转到另一家公司。投资风险也转移到计划受益人的身上，但是账户却随着受益人工作的变换，而在不同的公司之间转移。

从雇员的视角来看，传统的待遇确定型养老金计划已经太过累赘，没有必要再保留。公司需要估计员工在事业的巅峰期能挣到多少钱，以及他们的寿命有多长。公司需要确定投资组合的预期回报，以及员工每年需要缴纳养老保险费的数额。利率基本为零，而股票投资的收益总是由于资本市场的过度波动而表现平平。就像债券价格一样，养老金负债的变化与利率变化方向相反。

雪上加霜的是，FASB ASC715（美国财务会计准则委员会颁行的《会计准则法规》）要求在企业的综合资产负债表中报告养老金计划的资金状况（作为一种资产或者一种负债）①，FAS 158b（《美国财务会计准则》）也许最终会要求在公司利润表和现金流量表中体现养老金的投资折损②。为了与时俱进，美国的公司花费了大量资本，以求与日新月异的会计准则和监管环境保持一致。

不过大家表示担心的是，这么多的公司都有养老金的支付义务，使得它们的市场资本相形见绌。比如说，在通用公司与保诚集团合并之前（我们将会在第 9 章中分析这笔交易），通用公司在全球大概有 1 347 亿美元的养老金负债（其中有254 亿美元的空账），与此同时，它的市场资本仅值 307 亿美元③。这听起来好像是一家养老金公司在生产汽车，而不是一家汽车制造企业在提供养老金福利。养老金债务左右着企业，这也成为养老金计划面临的另一种重要风险。这也是为什么如此众多的建立了养老金计划的企业在努力寻找降低相关投资组合风险的途径。

另一份送给建立了待遇确定型养老金计划的企业的"礼物"就是最近通过的《迈向 21 世纪的繁荣法案》，也被称为 Map-21。这个由奥巴马总统在 2012 年 7 月 6日签署生效的两党法案，增加了养老金担保公司（PBGC）向单个或多个雇主收取的保费额④。2012 年单个雇主的保费增加了 20%，从 35 美元/人上升到 42 美元/人，而 2013 年则会再增加 17%。同样地，2013 年多个雇主的保费也将增加 22%，从 9 美元/人上升到 11 美元/人。可变的养老金计划的保费也会因为计划资金的不足而上涨——这对待遇确定型的养老金计划来说又将是一项不得不增加的成本。

---

① www. deloitte. com/assets/Dcom-UnitedStates/Local% 20Assets/Documents/AERSus ＿ assur ＿ Financial ＿Reporting＿ Alert＿ 09－5. pdf.
② www. fasb. org/summary/stsum158. shtml.
③ www. pionline. com/article/20120822/TEG/120819895.
④ www. dot. gov/map21.

5.5　完美风暴（巨大的风暴）

据说，待遇确定型养老金计划就像从格洛斯特出发的渔船那样，已经驶离了大浅滩（Grand Banks），并且遭遇了一场完美风暴。以养老基金为例，美国国内的完美风暴已经出现并形成了足以对养老金计划造成致命威胁的四股力量，但这些力量只有结合起来才会对待遇确定型养老金计划造成真正致命的威胁。

第一股致命力量是会计准则的变化，本章的前面部分已对这种变化进行了阐述。从 FASB ASC715 颁布到 FASB158 颁布之间的这段时间里，私人养老金计划聚集了大批的会计师，因为这些企业发现养老金计划已经尾大不掉。现在的会计制度要求企业每个季度都得报告养老金计划的账户价值，所以只要养老金计划的市场价值一回落，就会使计划的会计业务多得应接不暇。因此，私人养老金计划的管理人对选择投资组合变得十分谨慎，不再奢求丰厚的投资回报，只求尽量减少剧烈波动就好。但这对养老基金来说是特别有悖常理的，养老基金投资者比其他投资者都更有优势，因为养老基金有一个较长的积累周期，所以他们会考虑长线投资，并获得金融界所称的非流动性溢价（除非你无力再进行长线投资，因为市场的跌宕起伏让你每个季度都焦虑万分）。

第二股致命力量来自我们的朋友于 2006 年在劳动部与国会制定的《养老金保护法案》。法案中的规定对养老金领域是有利的，其出发点也是好的，但引发的后果却并非是这一法案的本意，而且有可能是比较严重的。《养老金保护法案》在发现养老金计划存在空账的情况下对计划有一系列的要求（也可能部分因为当养老金计划资金不足把所属公司最后一次拖下水的时候，养老金担保公司需要出面解决所有问题）。这些要求主要是与填补空账的时间有关，许多存在空账的养老金计划不得不在规定的时间内填补空账，从而使计划的资金储备额回升到危险空账的警戒线之上。如果说会计准则的变化让企业在每次提交会计报告的时候都焦虑不已，那么《养老金保护法案》则要求建立了养老金计划的企业，在它们至少能支付得起的时候，要直面大幅上涨的现金保费。这就相当于在一个即将死亡的人身上征收重税，因为他即将到来的死亡让你忧心忡忡，觉得他会抛下自己本应承担的负债不管。客观地讲，这种类型的征税很可能创造一个自我实现的预言，即可能加速人的死亡而没有起到保护任何人的作用。

作用在养老基金上的第三股自然的力量也许是周期性的，如果你相信我们处于一个循环性的市场修正中而不是一个一成不变或持续萎缩的股票市场中。当然，在 2006 年《养老金保护法案》签署以后，我们进入到另一个严峻的金融危机阶段，它重创了养老金计划的投资组合，并使养老金计划的资金量大为减少。正如我们之前看到会计准则变化与现在的《养老金保护法案》对缴费做出的新要求一样，这样的调整使养老金计划管理人感到前所未有的压力。即使是周期性的修正，养老金水平重新回到警戒线上，这些波动还是历历在目，似乎要引导管理者们认真思考如何才能在下一次发生波动时，摆脱这些压力，远离这"烫屁股"的位置。训练巴普洛夫的狗时，这种学习性的反应也许会比较明显，但并不代表就有助于养老基金管理人能以最佳的方式扩大养老金计划资产。当经理们被迫防守，不再对持续下行的市场发起进攻，以及养老金负债这条"龙"缠住他们时，他们就不一定会做对计划参与人有利的事情了。

这给我们带来了第四股自然力量，相同困境下其他人在世界的其他地方的行为。要记住养老金危机是全球性问题，像制定其他任何策略时一样，人们都将目光锁定在"竞争"上。养老金计划之间本身并不存在技术上的竞争，至少不像公司之间那样面对面竞争。我们已经讨论过相对业绩的重要性，所以知道这个世界还是会把不同养老金计划的表现拿来进行对比，不过，当人们试图通过使用资产并考虑负债（针对不同人群）来解决相同的养老金危机问题时，由于各国养老金计划受到不同法律体系的监管，各个国家的会计标准也存在差异，所以不同国家的养老金计划的管理者们之间也在互相观望。在很多情况下，美国通常都是领头羊，但是在最近几年，客观地讲其他国家已经显示出要赶超美国的苗头。

这种情况在英国最为显著。它们出台了类似《养老金保护法案》的监管立法，最近，英国对养老金计划所依据的国际会计准则标准也进行了修订，会计新规与美国的 FASB 158 条例类似。所有的这些都发生在美国市场有所变化的两年之前，所以英国的养老金计划成了领头羊。美国的计划管理人一直在关注着英国，当时英国冻结的养老金计划数量发生明显增长，最后只能直接终止部分计划，无奈之下，英国只能通过买断的方式来转移所有的风险，而这一切都没逃过美国计划管理人的眼睛。

此外，现在有像韬睿惠悦和美世这样的组织，会花时间来对全球的养老金计划进行评级。韬睿惠悦主要将各国的养老金待遇水平与 GDP 之间的关系作为衡量标准，而美世的评价指标则更为广泛，并制定了包括充足性、可持续性以及公正性几大指标在内的墨尔本美世全球养老金指数，对各国养老金计划进行评价。图表 5-1 列出来了各项指标，并对其进行了赋值。这种评估方式没有得出一条曲线，但就各国有多大的可能性满足其计划参与人的需要而言，它在一定范围内对其进行了打分。当然，所有的这些指数都不会被养老基金管理者们忽视，他们都在努力调整养老金计划，以便应对现在面临的困境与即将到来的危机。

图表 5-2 由麦肯锡咨询机构发布，显示了在进入完美养老金风暴时这些力量如何纠缠在一起，并对波动性管理和风险管理产生影响。这对于资金情况充足或接近充足状态的养老金计划来说可能是件好事，但对于大量存在空账以及远离支付目标的养老金计划而言却是一件坏事。我们需要考虑的重点是，这些力量如何使计划管理者们通过改变他们的养老金计划和投资组合管理来应对这些问题，以及对计划的充足性、可持续性与公正性产生了什么影响。

图表 5-1　　　　　　　　　墨尔本美世全球养老金指数的计算

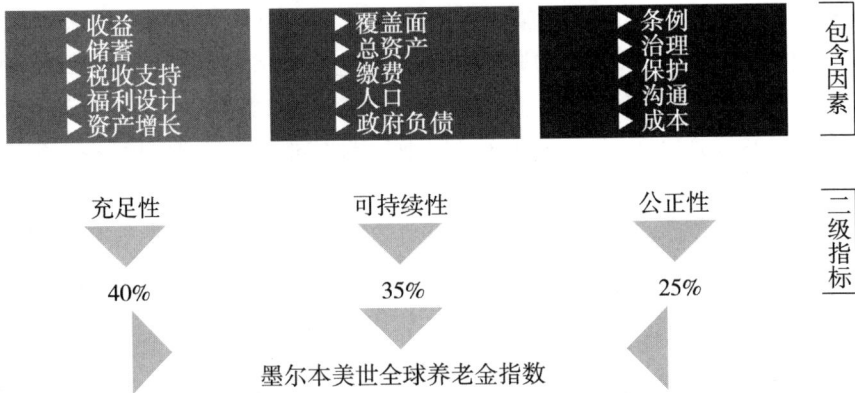

▶ 收益 ▶ 储蓄 ▶ 税收支持 ▶ 福利设计 ▶ 资产增长	▶ 覆盖面 ▶ 总资产 ▶ 缴费 ▶ 人口 ▶ 政府负债	▶ 条例 ▶ 治理 ▶ 保护 ▶ 沟通 ▶ 成本	包含因素

充足性　　　　　　　可持续性　　　　　　公正性　　｜二级指标

40%　　　　　　　　35%　　　　　　　25%

墨尔本美世全球养老金指数

资料来源：澳大利亚金融研究中心和美世咨询公司联合发布，2011 年 11 月．

图表 5-2　　　　　　　　　**养老金完美的波动性风暴**

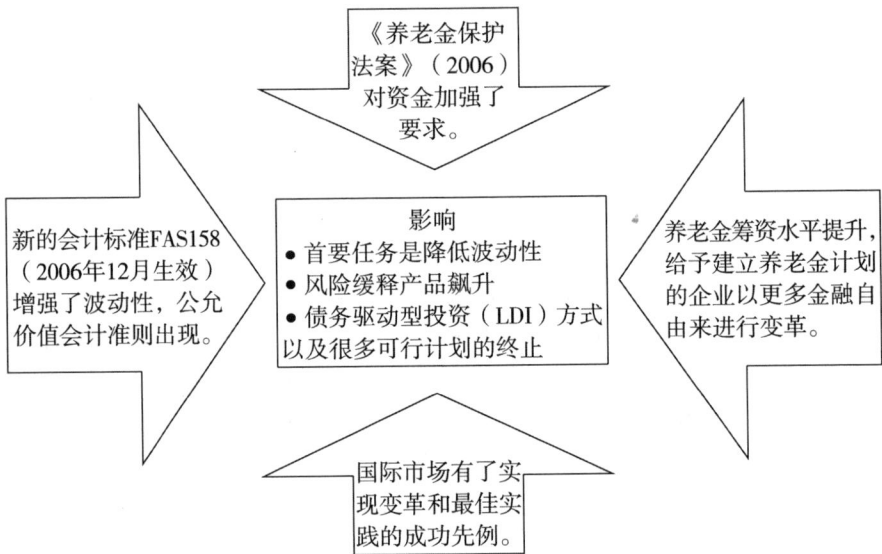

《养老金保护法案》（2006）对资金加强了要求。

新的会计标准FAS158（2006年12月生效）增强了波动性，公允价值会计准则出现。

影响
● 首要任务是降低波动性
● 风险缓释产品飙升
● 债务驱动型投资（LDI）方式以及很多可行计划的终止

养老金筹资水平提升，给予建立养老金计划的企业以更多金融自由来进行变革。

国际市场有了实现变革和最佳实践的成功先例。

资料来源：麦肯锡公司．待遇确定型养老金市场即将到来的变化［R］．2007．

　　不断增强的波动性影响着公司财务，而低利率水平与持续增长的债务又使投资战略的收益率不足以填平日益缩小的资产与不断膨胀的债务之间的鸿沟。此外，会计成本和管制成本让企业难以承受，为了满足待遇确定型养老金计划的资金需求，企业的核心业务受到拖累和损害，而养老金计划建立的初衷恰恰是为了支持核心业务的发展。我们在第 8 章中会进一步阐述这些力量的作用，但在这里，我们强调的是，待遇确定型养老金计划在这些力量导致的完美风暴下承受着极大的压力。因此，当你发现越来越少的企业建立待遇确定型养老金计划，而那些已经建立了该类计划的企业则通过各种形式迅速冻结计划，以便使企业少受损害时，便不足为奇了。

　　随着税收恢复后对资产负债表中资产超额储备有利之处的认可，再加上 2006 年出台的《养老金保护法案》使资金不足的养老金计划的成本上升，建立了待遇确定型养老金计划的企业已经进入冻结计划的进程中。它们有好几种冻结方式可供选择：封闭式冻结、柔和式冻结和粗暴式冻结。这种自助餐式的冷酷选择就是由企业决定将谁从未来累积福利中排除出去。或许它们仅仅是不想对新来的员工实行该计划，或许它们不想再为不在岗的员工以及已退休的员工积累福利。又或者它们想要终止所有员工的积累计划（大约有 85% 的冻结计划是出于此种目的）。冻结计划是迈向计划终止的第一步，但是 ERISA 对计划的终止方式有严格的规定（我们将在第 8 章和第 10 章中谈到）。

　　图表 5-3 显示的是韬睿惠悦统计的十年来全球养老金计划的发展趋势，从中你会发现这个世界已经在从待遇确定型养老金计划向缴费确定型养老金计划转变——不管退休者是否喜欢。

图表 5-3

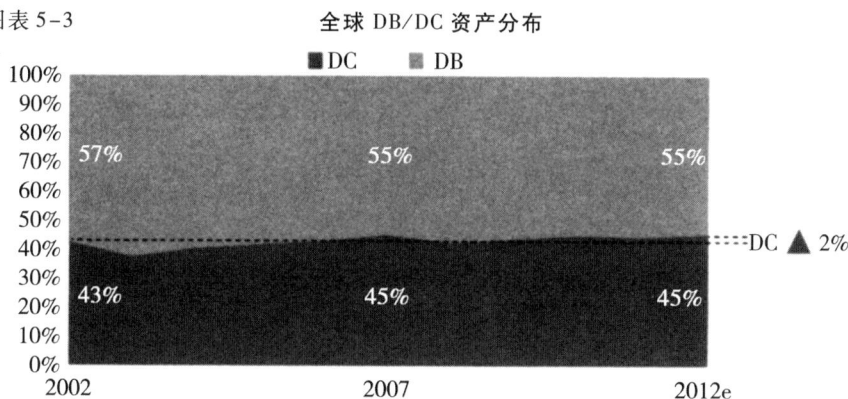

全球 DB/DC 资产分布

注：DB：待遇确定型养老金计划　　　DC：缴费确定型养老金计划
资料来源：韬睿惠悦 2012 全球养老金资产调查。

　　最有意思的是，这一趋势出现的时机正好是最早出生于婴儿潮时期的人达到退休年龄的时候，人们开始为缴费确定型养老金计划账户中能积累充足的退休金而奋斗。不过对于已经快要退休的人来说，倒不存在这种明显的急迫感。有许多种合适的计算方法可以用来估算自己的未来养老金数额，当然在估算时还要进行一些假设，比如长寿以及其他一些必要的影响因素，特别是医疗保健。

　　在这种环境下，退休员工坚决抵制缴费固定型养老金计划就不足为奇了。这种类型的养老金计划在人们年轻的时候看起来很美妙，可以自己做主，彰显独立精神，但当人们进入晚年后就变得非常可怕了。事实是，大多数人不会为了财富而去追逐财富，而只是想有一个舒适的晚年生活。等到退休的时候，我们从信誉良好且值得人们信赖的养老金计划中得到退休收入，这种福利的功能就是保障我们的基本生活。昔日那些拥有雄心壮志的 401（k）计划投资者们也许会快速转变阵营，他们希望能依靠国家养老金或企业年金。

第 6 章

替代方案不是富人与名人的专利

养老金公式的一半与资产相关，所以如果没有在一定程度上把研究重心放在当下资产管理行业的基本趋势上，这将不会是一篇令人满意的关于养老危机的论文。在对养老金资产进行审查时，首先应该对投资管理行业进行全面的了解，但之后必须迅速对近来增长较快的投资方式进行评估，特别是对冲基金。（我也会将其他资产作为参考，如私人资本、风险投资、房地产等，但现在看来真正大势所趋的还是对冲基金。）

6.1 养老金资产及其向其他资产的转变

由于投资管理业（更不用说整个世界）变得对对冲基金较为关注，而且业界对对冲基金相对不受管制与操作神秘的特性也颇感兴趣，因此本章就以下这个问题进行解答：这个行业的现状到底如何，未来将走向何方？我们的目的是为了让读者对对冲基金领域有个大概的了解，比如对冲基金的组成部分是什么，参与者都有谁（经理、投资者、支持性领域和中介），如何评估对冲基金，如何衡量对冲基金本身及其选择的证券投资组合，投资者如何与对冲基金接触，以及这个产业面对的主要问题是什么。它逐渐成为一种与养老基金高度相关的制度性的市场。

我想尽可能地描绘投资环境的全貌，并且说明诸如 ERISA 的签订和共同基金的演变这些趋势，是如何改善待遇确定型养老金与缴费确定型养老金的管理，以及高净值投资和小额投资的框架。本章着力介绍和界定这些领域，并对它们的发展阶段进行了划分：从平衡投资基金演变为相对回报/类型箱，到现代投资组合理论，再到现在的阿尔法/贝塔分离的资产配置。

为了对对冲基金领域有一个全面的了解，需要阐述和界定它简短的发展历程史上的重要事迹。我们重在让读者们直观地了解谁是市场中的玩家，投资方式的历史与现状等。我们评估了对冲基金中投资者基础的形成与转变，及其对市场产生的影响。

我们需要花一些时间来讨论对冲基金的结构方面，让每个人都明白在合法的结构下，对冲基金可以作为相对不受监管的实体来开展业务，以及它们的业务如何迅速发生变化，从而直接影响到养老产业。一系列"后危机"的监管变化影响了对冲基金产业，而且在影响对冲基金不受约束的原始性质方面是相当惊人的。我们对对冲基金境内与境外的结构至少要有一个初步的了解。

　　投资者在评估对冲基金时面对的挑战是本书进行论述的重要主题。伯尼·马多夫和各种不同的支线基金，盲目地把投资者的钱投入到没出路的基金中，因此"简单"地依靠基金经理做出所有决策的模式被叫停。当众多的基金仍然在该领域进行惯性投资时，新时期的养老金管理人想搞清楚，也需要明白其自身的系统风险和非系统风险。因此，在本章中，我们必须对面临的挑战给予应有的注意，并着力介绍人们对评估对冲基金的尝试，以及投资者能够使用的所有重要的风险评估手段。投资者应能评估、选择并组建投资组合，将对冲基金与传统投资组合相结合，了解对冲基金独立与投资组合的动态风险，然后监测、重新平衡并披露投资业绩。这样既可以了解它们的风险所在，又可掌握对冲基金应有的预期回报，还可通过对投入成本的了解，知道对冲基金是否实现了阿尔法。

　　本章还探讨了对冲基金为大众投资者提供的投资方式，包括定价问题、结构与营销策略以及发展趋势。我们运用单一策略基金、对冲基金、对冲基金平台和更新的措施将对冲基金纳入私人股权的平台中（试点项目）。我们还讨论了新的 130/30 战略以及它们对对冲基金和投资者的意义。

　　本章最后评述了该行业的发展趋势以及思想领袖们对该行业未来走向所持的看法。

6.2　对冲基金大辩论

　　我们在第 4 章中简要地回顾了对冲基金的历史，历史告诉我们，尽管不受约束的投资和绝对的回报投资已经存在了几千年，但对冲基金的真正建立始于 20 世纪中期。在疯狂的 90 年代，它开始得到像索罗斯、罗伯逊和斯坦哈特这样的大投资者的密切关注，他们开始把大量的钱投到他们的对冲基金里面。

　　但是，直到 2000 年互联网泡沫破灭，一般市场崩盘，机构投资者（在养老领域超越了勇敢的耶鲁大学的大卫·斯温森）才开始认真对待对冲操作。之前由于只做多头且缺乏避险措施，这些投资者遭受了较大的市场损失，而且无法实现与市场不相关的收益和真正的投资多元化。在新世纪的前几年，机构投资者开始涌入对冲基金，首先通过一种母基金（fund of funds）进行投资，然后再逐步进入直接基金投资。就在这个时候，对冲基金的队伍由于各种原因开始变得庞大起来。结果，太多的基金出现在投资者面前，在基金列表上可供投资者选择的基金多达 9 000 种。

　　然后，在 2008 年秋季，当市场遭遇金融危机而变得惨淡时（我们将在稍后的部分以及下一章中谈到这个话题），许多对冲基金未能提供它们承诺过的各种回报，因为它们太以贝塔为中心，而且与一般市场的崩溃有关联。尽管有像约翰·保尔森那样优秀的经理（他因打赌美国居民住房会进入熊市而闻名），但在人们的谴责声中，对冲基金的时代结束了。对冲基金确实经历了规模上的收缩，但在它们垮掉后没多久，它们又回到了与机构参与者重建对冲基金的道路上，甚至比以前更强大，个中缘由比较复杂，我们将进一步探讨。

　　现在来看看图表6-1和图表6-2，这是由对冲基金研究公司（HFR）绘制的对冲基金资产表，资产表显示对冲基金资产规模已增长至2.1万亿美元。图表还显示了基金管理人的数量：7 600余位直接的对冲基金经理和另外2 600位母基金经理。

　　从图表6-3中，我们可以看到，随着对冲基金的不断创建与清算，对冲基金的总量是呈增长态势的，明白这一点非常有意义。

　　这个行业的本质是进行创业，大多数基金经理待在该领域中的平均周期是7年。然后大多数经理要么耗尽了套利，要么耗尽了雄心。

图表6-1　　　　　　　　　　　对冲基金资产规模的增长

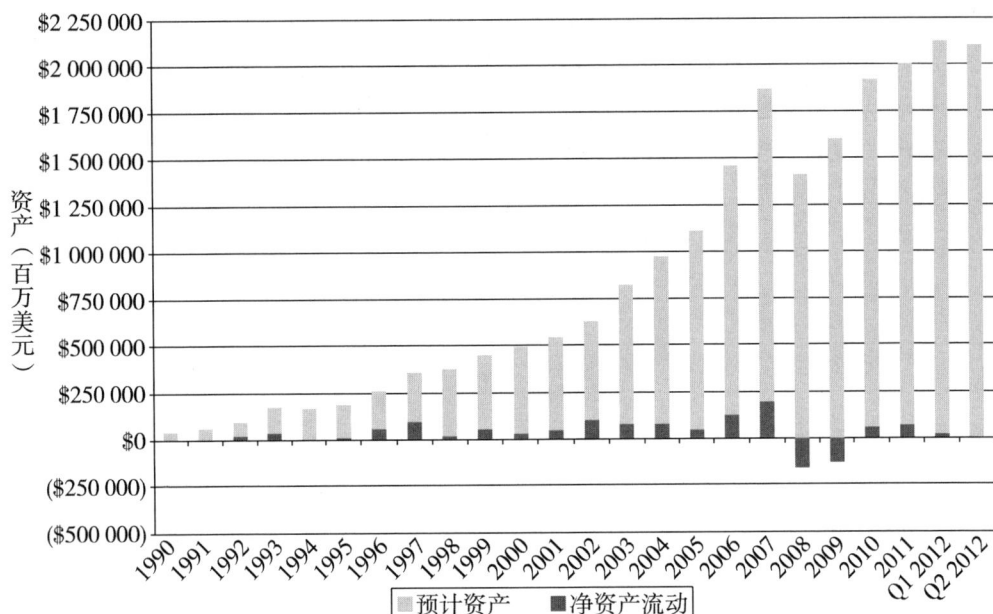

资料来源：HFR. 全球对冲基金产业报告——2012年第二季度［R］. 2012.

　　这些基金经理要么偃旗息鼓，要么变得非常富有，不再在乎严格的信托责任。很少有基金经理能找到一条成功的路径，在间接的且与个人无关的平台上赚得丰厚的收益（丰泽公司和欧吉夫资产管理集团是个例外，它们在上市之后表现得都很好）。这种情况的出现与比较业绩分析有关，因为失败的经理都是被自然淘汰的，所以幸存者并不意味着成功。这种现象被称为"幸存者偏差"。

　　如图表6-3所示，对冲基金的创办率与倒闭率近期都在上升，不过基金倒闭的增速远远高于创建的增速。这就是后金融危机时代这一行业的基本态势。

　　那么为什么会有对冲基金存在呢？有好几种重要的，但却不是很经典的理论可以回答这一问题，我把它们中的第一个称为达尔文和牛顿理论：

图表 6-2　　　　　　　　**在基金总数中对冲基金的增长**

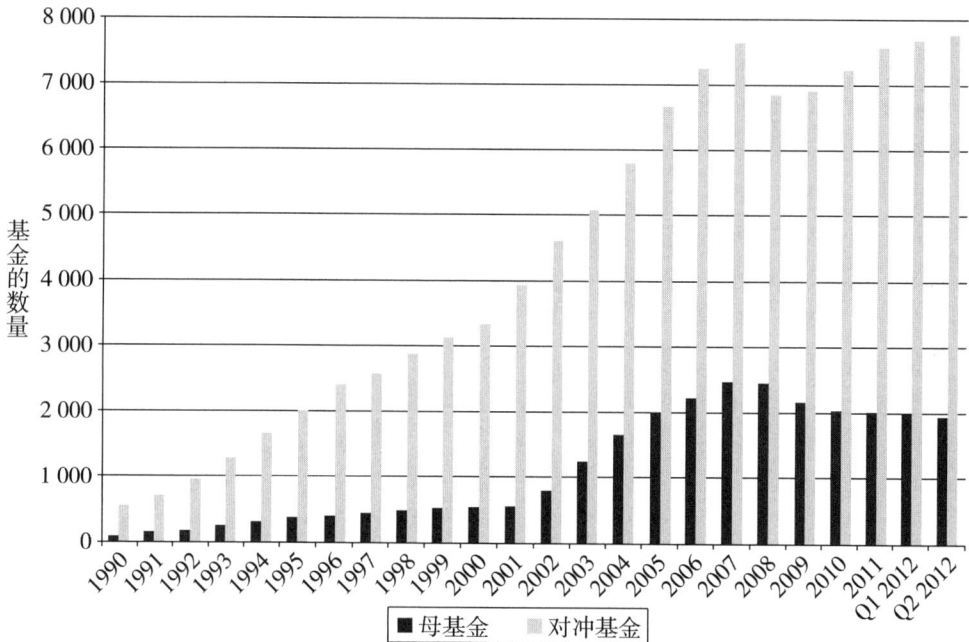

资料来源：HFR. 全球对冲基金产业报告——2012 年第二季度［R］. 2012.

图表 6-3　　　　　　　　**对冲基金的成立和废止**

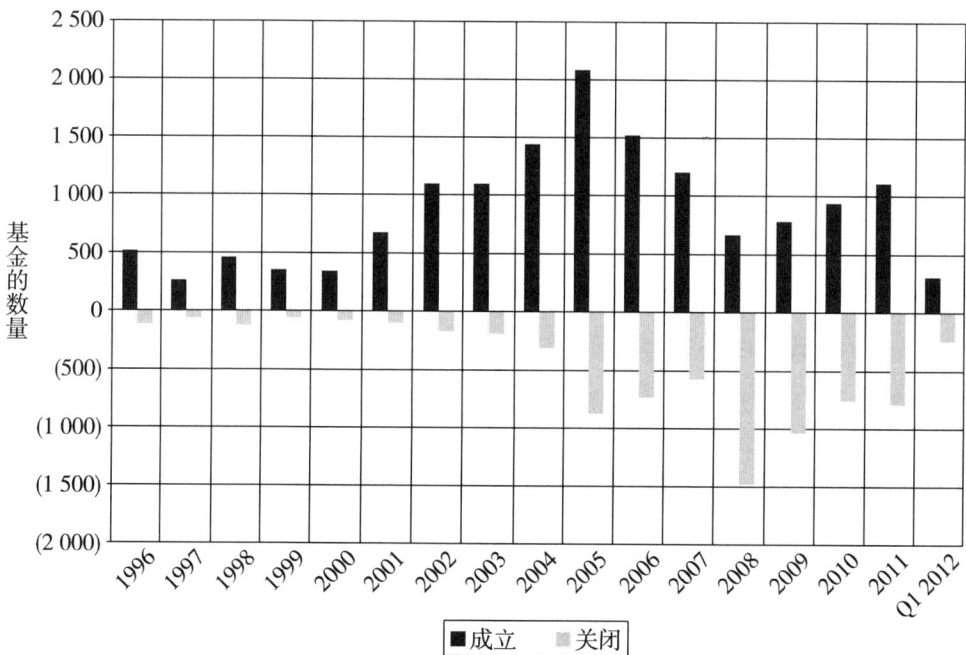

资料来源：HFR. 全球对冲基金产业报告——2012 年第二季度［R］. 2012.

■ 达尔文的推理基本上是关于适者生存的，所以很明显，在对冲基金允许的范围内，投资者们最想要的是什么：不受约束，能为他们直接带来大量的收益，并允许他们同时能管理自己的金钱（自食其力）。如果收益不错，他们便会陶醉在自己取得的巨大胜利之中，如果状态不好，他们（更可能是其他人）会继续前进。

■牛顿的思想是一种风险解析，我们在第4章讨论到衍生品的时候曾经谈到过风险解析。不同的人都曾坦言"粒子财政"能够解剖金融风险直至其初始状态，并能够持有价格低廉的资产，以及出售价格昂贵的资产。决定价值或者"廉价"的方式是运用风险/回报函数。在这方面，没有什么比用于投资证券的衍生品表现得更好，而对冲基金又比别人更善于运用衍生品。请记住，像共同基金这样受约束的投资者，一般使用衍生工具的形式较为有限。

正所谓实践出真知，要想对对冲基金的运作原理有所了解，就应亲身体会一下。当然，从1988年到1998年，很难说对冲基金没有比只做多头的投资者表现得更好。在疯狂的90年代末的一段时间里，资本市场曾高歌猛进，直到2000年才猛然下跌，但所有的达尔文和牛顿理论都无法弥补较差的业绩，所以保险地讲，对冲基金之所以存在，是由于它们在定期内大体上优于其他形式的投资（西蒙·拉克最近提出的理论反驳了这一观点，我们将对此进行讨论）。

再有就是绝对回报或不对称风险问题。这意味着什么？这意味着每个人都希望市场出现上升波动而不希望有下跌波动。在投资方面，有很多关于人的行为的研究，可以绝对公平地讲，个体存在风险偏好，所以如果能防止下跌，他们会放弃一点上升（回报）。如果你觉得这听起来像培养选择技术，那么你是绝对正确的。事实上，选择权是顶级的不对称性工具，在一般情况下，衍生产品市场的参与者最擅长选择技术。这使对冲基金经理最好能够采用不对称的风险配置，并将其作为绝对回报策略。这么做之后，最终会形成所谓的市场中性策略，在这种策略下，基金经理在没有市场风险的情况下实现了纯粹的阿尔法，从而可以始终超越一般的投资者——如果你能这么做，这倒是个不错的技巧。

现在个人投资者相比机构投资者更少关心风险的相关性，不过，他们总是通过机构资金大举进军对冲基金。对冲基金之所以存在，还因为只做多头的基金管理人在处理非相关风险时不如对冲基金做得好。如果对冲基金都能避开贝塔，钟情阿尔法，那这么说就完全没错，但它们没有。当2008年相关性市场崩溃的时候，非相关风险方面也进行了洗牌。正如沃伦·巴菲特喜欢说的那样，"只有当潮水褪去的时候，你才能发现谁在裸泳。"不过总体来讲，对冲基金还是可以更好地处理非相关性风险，这点基本成立。

最后，我们不要忘了对冲基金之所以存在的最重要的因素是：贪婪。戈登·盖柯在影片《华尔街》中说得很明白，"贪婪是有好处的。"在这种情况下，到处都存在贪婪。这是优秀的基金经理能够受益于他们的技能而劳有所获的最佳方式……他们能够得到很高的报酬。不过，钱总喜欢跟着钱跑，就像投资者都追求回报最大化一样。所以你可以轻松地把这种思想当作是达尔文思想的分支，但是我并不喜欢让贪婪跟着我。

现在让我们看下图表6-4显示的投资业绩。

图表 6-4

累积型长线对冲基金表现

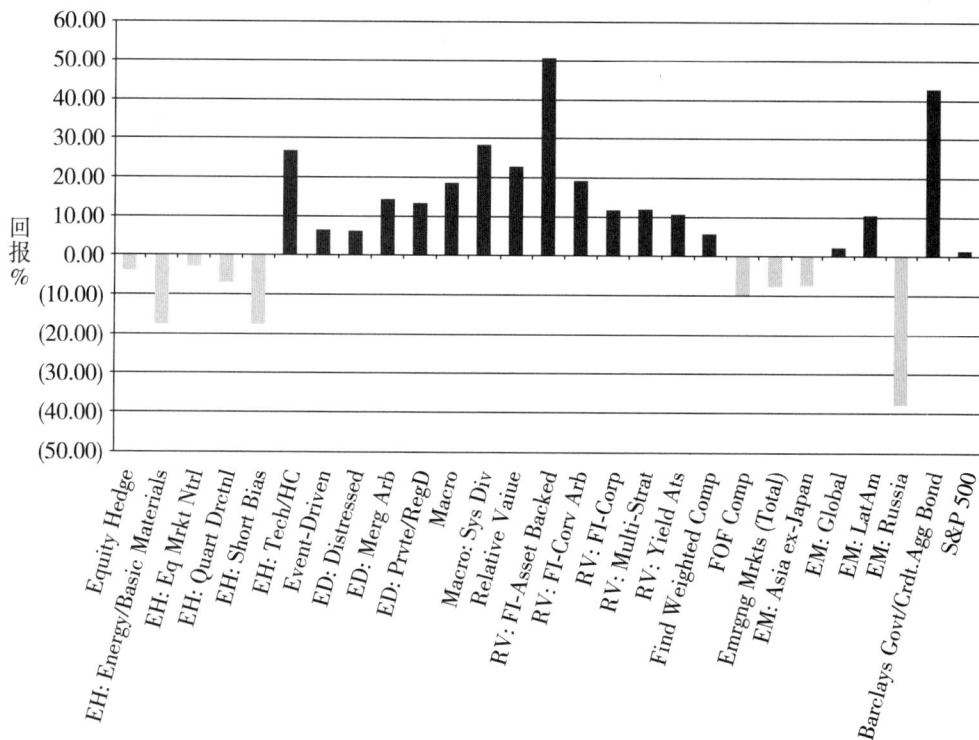

注：右边这些大多是对冲基金的名称，大部分名称都是缩写，而且没有既定的中文翻译，所以保留原文比较好。

资料来源：HFR. 全球对冲基金产业报告——2012 年第二季度［R］. 2012.

　　首先，让我们看看由 HFR 定义的对冲基金的 5 年表现。看到最后两个回报柱代表的是巴克莱综合债券指数和标准普尔 500 指数。现在看一下图表 6-5，它显示了更长时期的累积回报，使用的是 HRFI 基金加权指数，该指数是表现整个对冲基金业绩最精确的指数。

　　累积图在视觉上可能会歪曲最近的真实投资业绩，关于这一点，即使不是统计学天才也能看得出来。如果想看得深入与透彻一些，就让我们来观察一下图表 6-6 中对冲基金最近 12 个月的表现。

　　图表 6-6 显示了近一年，实际上是两年内的数据，对冲基金运用单一策略（相对价值—资产抵押）获得的回报比债券和股票指数高。

　　此时，西蒙·拉克，J. P. 摩根的前银行家，决定写一本书来揭开这个行业的神秘面纱，这本名为"对冲基金的幻象"的书于 2012 年由约翰·威立父子有限公司（也是本书的出版商）出版。在这本书中，他提出了一系列关于对冲基金的观点，他认为对冲基金投资表现比投资者了解的差得多。拉克在书中谈到，对冲基金的内幕其实是，在 1998 年到 2010 年间，对冲基金 98% 的收益都进了基金经理们或

图表 6-5　　　　　　　　　**长期累积的对冲基金表现**

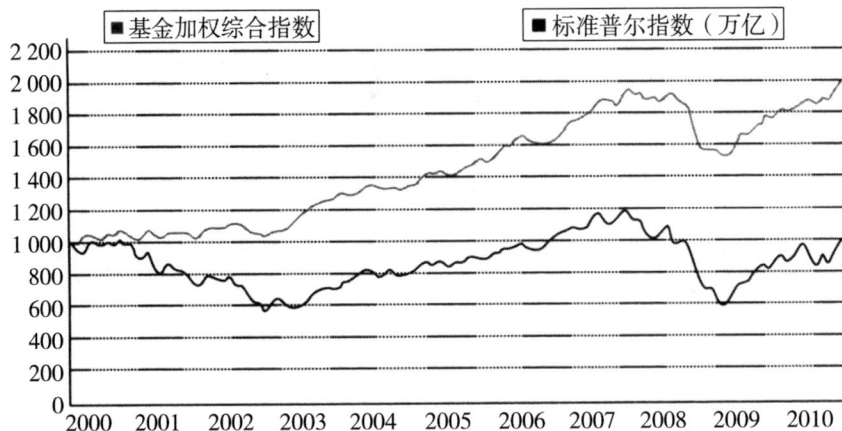

资料来源：HFR. 全球对冲基金产业报告——2012 年第二季度［R］. 2012.
　　　　标准普尔指数。

图表 6-6　　　　　　　　**一年期的对冲基金表现**（2011）

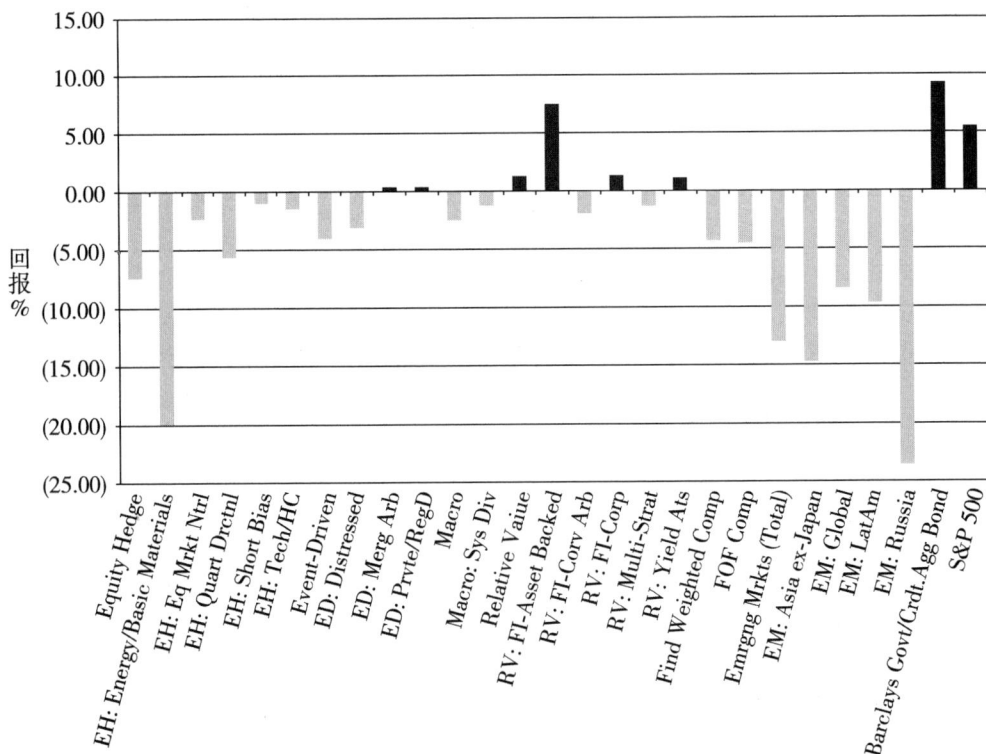

　　注：右边这些大多是对冲基金的名称，大部分名称都是缩写，而且没有既定的中文翻译，所以保留原文比较好。

　　资料来源：HFR. 全球对冲基金产业报告——2012 年第二季度［R］. 2012.

基金集中管理人（母基金的基金经理）的口袋，只留下 2% 的收益给投资者，而用于投资以及承担风险的资本却来自投资者。图表 6-7 显示了这一现象。

图表 6-7　　　　　　　　　　西蒙·拉克的对冲基金幻影

年度	人均对冲基金 * （BNs）	投资者真实收益 （BNs）	预计对冲基金费用 （BNs ** ）	预计母基金费用 （BNs）	总费用	投资者真实净收益 （BNs）	总利润的行业分享
			每人的费用				
1998	$ 131	$ 10	$ 7	$ 1	$ 7	$ 10	44%
1999	$ 166	$ 36	$ 14	$ 1	$ 15	$ 35	30%
2000	$ 213	$ 17	$ 12	$ 1	$ 13	$ 16	44%
2001	$ 279	$ 13	$ 12	$ 1	$ 13	$ 12	52%
2002	$ 414	$ 12	$ 13	$ 2	$ 15	$ 11	58%
2003	$ 666	$ 82	$ 36	$ 3	$ 38	$ 79	33%
2004	$ 1 027	$ 14	$ 27	$ 5	$ 32	$ 9	78%
2005	$ 1 295	– $ 6	$ 35	$ 7	$ 42	– $ 13	143%
2006	$ 1 537	$ 67	$ 66	$ 9	$ 75	$ 58	56%
2007	$ 1 925	– $ 11	$ 59	$ 11	$ 70	– $ 21	144%
2008	$ 1 797	– $ 448	$ 36	$ 10	$ 46	– $ 458	NM
2009	$ 1 506	$ 200	$ 30	$ 7	$ 37	$ 193	16%
2010	$ 1 624	$ 83	$ 32	$ 6	$ 38	$ 77	33%
总计		$ 70	$ 379	$ 61	$ 440	$ 9	98%

* 资料来源：巴克莱对冲基金。

** 假定没用奖励费用，2008 年后很多基金仍然低于全盛时期的业绩。

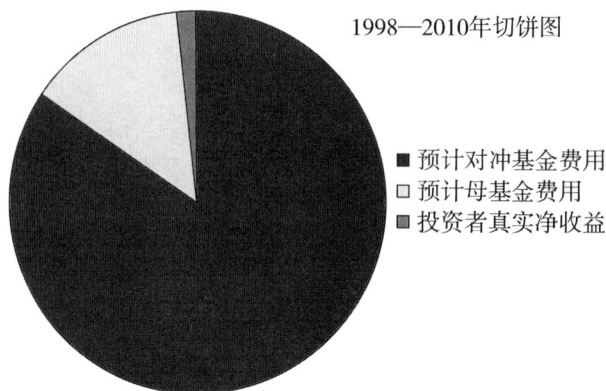

1998—2010年切饼图

■ 预计对冲基金费用
□ 预计母基金费用
▨ 投资者真实净收益

资料来源：HFR. 全球对冲基金产业报告——2012 年第二季度 ［R］. 2012.

西蒙. 对冲基金的幻象 ［M］. 新泽西：约翰威立父子出版社，2012.

对冲基金业以及专门的可替代投资管理协会（AIMA）对这本书做出的反应被总结到了一篇名为"对冲基金幻影中的方法论、运算学与实际谬误"的研究论文中。

这个问题的最大兴趣点不在于拉克或 AIMA 是否正确，而在于对冲基金的回报已经边缘化（长期性或周期性），这一现象已经引起了合理的争议。即便是布隆伯格也在图表 6-8 中指出了这一点。

当问题归结到人们是应采用美元加权回报（拉克）还是时间加权回报（AIMA）时，便意味着人们看好个体投资者（可以选择进入与退出基金的时间）而不是基金投资者，很明显人们希望获得的不再是对冲基金的整体收益。我相信每个人，尤其是拉克，会同意现在比以往任何时候，都更需要区分管理者实现的真正阿尔法与收取高费用却表现不佳之间的差别。

图表6-8　　　　　　　**对冲基金命运的逆转**

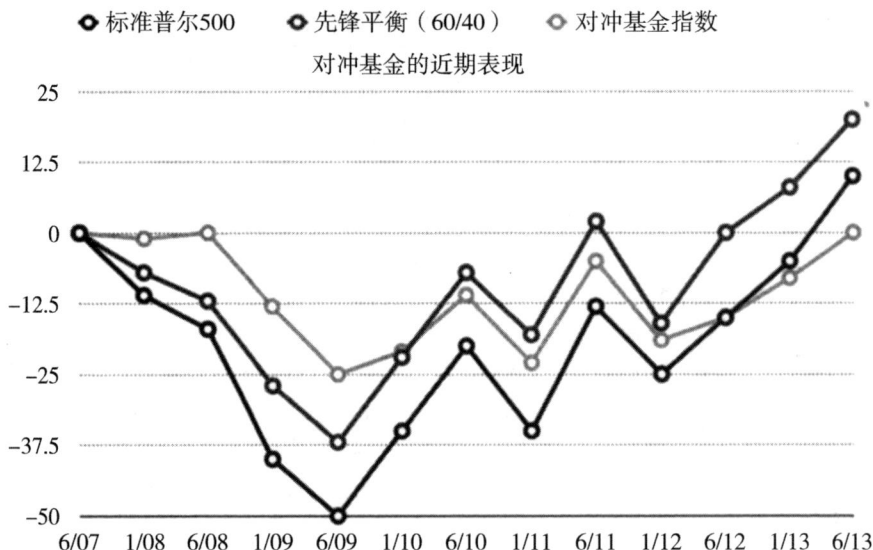

❖ 标准普尔500　　　❖ 先锋平衡（60/40）　　◇ 对冲基金指数

对冲基金的近期表现

6.3　对冲基金的制度化

　　尽管对冲基金近期的表现不俗，机构投资者都把目光放在对冲基金上，但他们却丝毫没有重新考虑投资对冲基金的意思。有一种观点认为我们描绘的"完美风暴"伴随着资金不足，波动性对养老金造成的影响也日益增加，如果养老基金已然远远落后于预期收益目标，那么它们就不得不开始追赶收益率的步伐，而债务驱动的方法是不可能使养老基金获得更多收益的（第8章对此有进一步的阐述）。图表6-9显示了机构大量涌入对冲基金，而图表6-10则显示了它们的来源。

　　这种消极式管理以及未来低迷的市场前景也许加剧了养老金的困境（尽管当我写这本书时，2013年我们正在经历一场反弹……）。在图表6-11中，我们可以看到消极管理的稳步增长与交易所交易基金（主要是消极的）工具。阿尔法对冲基金是在养老金信托董事会上经常被提到的议题。

　　不仅是养老基金投入到对冲基金中的资金在不断增长，捐献和基金会投入其中的资金也是如此（正如前文所述，这些活动由来已久），另外还有主权财富基金（见图表6-12）。

　　毋庸置疑，投入对冲基金的资金正在越来越多，然而在对冲基金进入一个糟糕的业绩周期后，当主要的市场争论集中在对冲基金的投资价值方面时，这种情况对几件事来说都是考验。首先，长期机构投资者市场是缓慢而稳定的。其次，对冲基金有着悠久的成功历史，即使在这个时期，对冲基金的表现也十分优异。那些投资者相信他们能够挑选出下一批优胜的对冲基金。

图表 6-9

机构对冲基金的流动

机构投资者把钱投入对冲基金（仅仅
是资产的流动——不包括其表现）

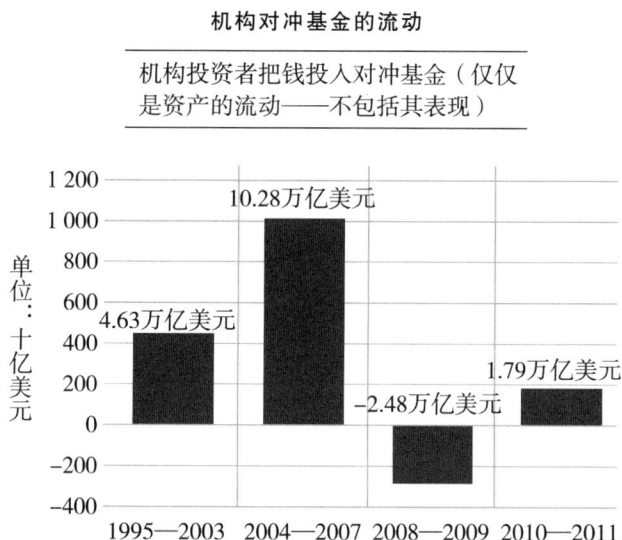

资料来源：花旗首席财务. 对冲基金中的机构投资：不断发展的投资组合的演变推动产品趋同 ［R］. 2012.

图表 6-10

机构对冲基金的分割

投资者按类型细分（按资产管理规模和数量）

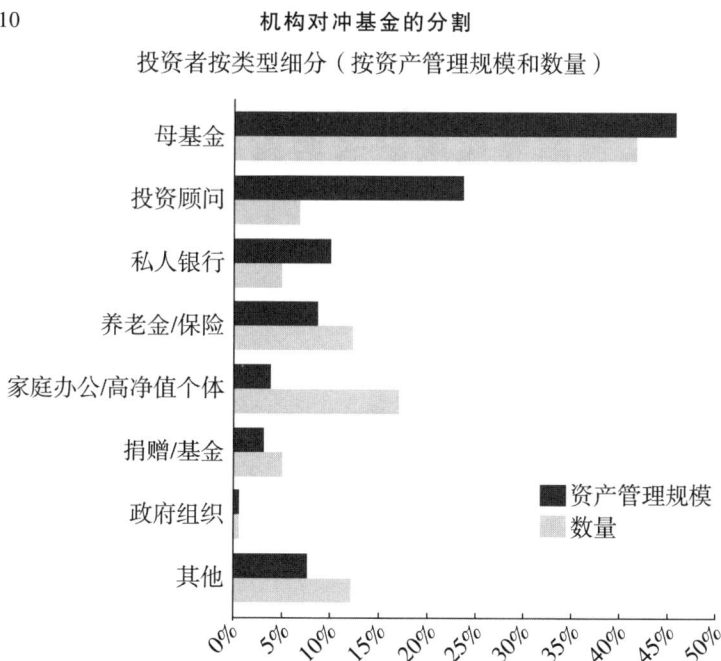

资料来源：德意志银行. 2012 可替代投资调查 ［R］. 2012.

　　其实真正需要问的问题是，大量涌入的机构资金将如何改变对冲基金市场。最明显的是，大量资金的涌入是否会在制度之外追逐回报和阿尔法，是否会迅速使基金经理们凭借寻找投资资金而建立起来的套利交易崩溃。我认为经理们对这一问题有着很高的自我警觉性，因为他们自己的钱很可能被摊薄到回报过程中，大多数掌

图表 6-11　　　　　**被动型指数基金和交易型开放式指数基金的增长**

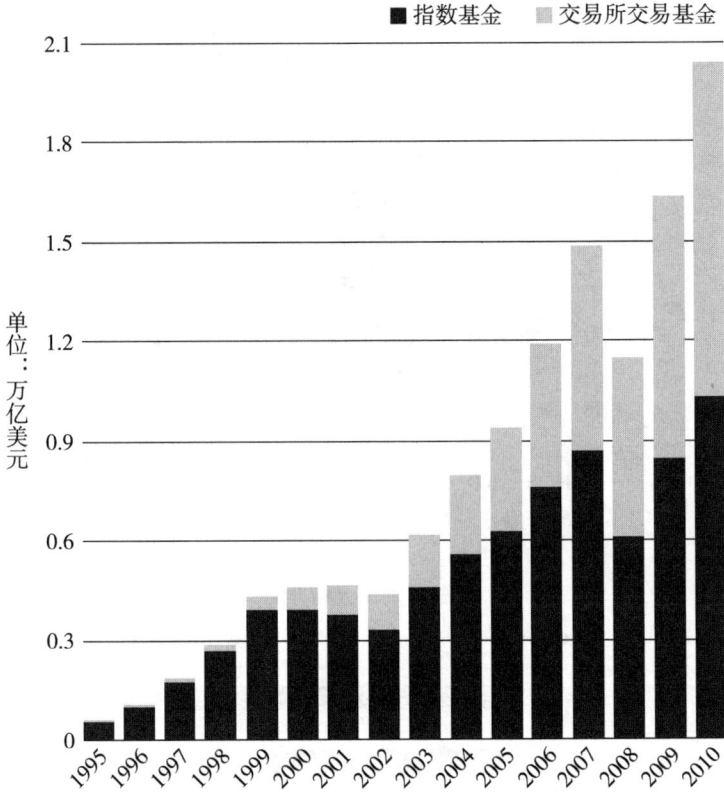

资料来源：花旗首席财务．对冲基金中的机构投资：不断发展的投资组合的演变推动产品趋同［R］．2012.

图表 6-12　　　　　　　　**机构对冲基金的分割**

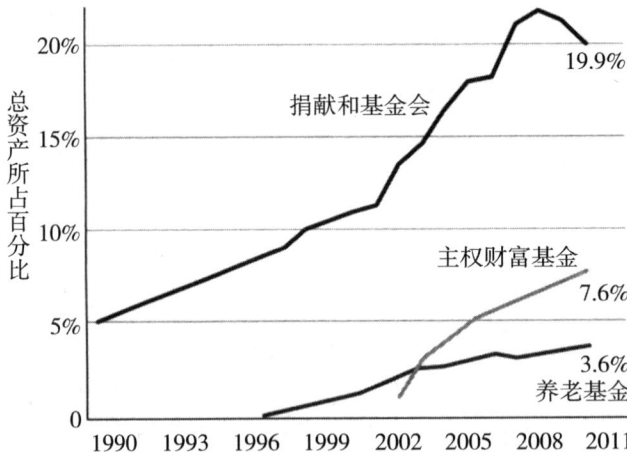

资料来源：花旗首席财务．对冲基金中的机构投资：不断发展的投资组合的演变推动产品趋同［R］．2012.

握大量资金的机构管理者都密切关注着市场容量的限制。

我认为这对对冲基金投资本身的商业模式有更大的影响。这种"无约束"的投资环境已使对冲基金变得像家庭作坊一样，并朝着后台管理系统和客户服务领域演变。有些变化是由新的、更严厉的监管环境造成的。自 2008 年以来，不仅有来自美国本土的监管，还有越来越多来自欧洲和亚洲（相对较少）市场的监管。图表 6-13 显示了监管对对冲基金造成的影响。

图表 6-13   **管制措施对对冲基金的影响**

你认为即将到来的管制措施对下列地区的全球性可替代投资增长会有什么影响？

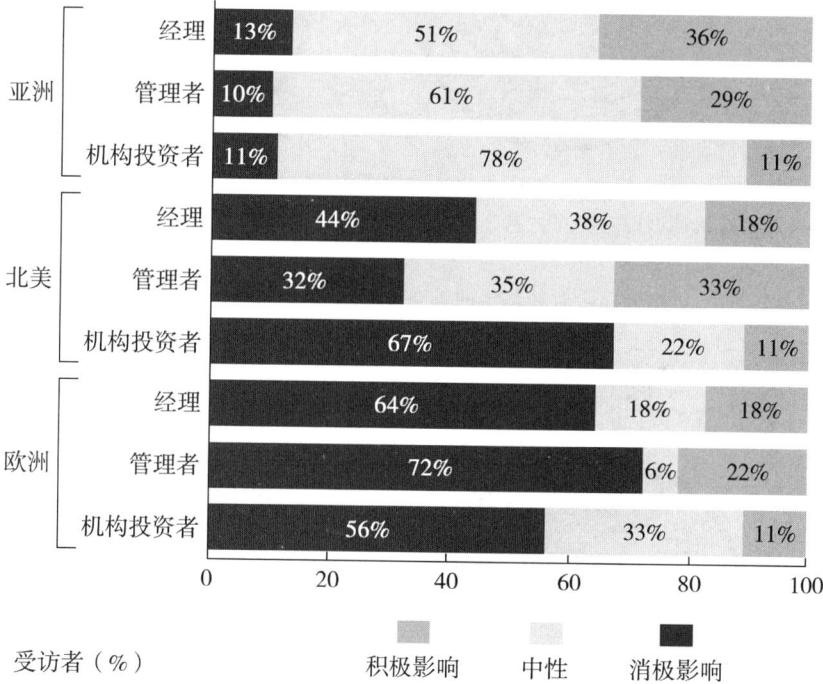

受访者（%）   积极影响   中性   消极影响

资料来源：德意志银行. 2012 可替代投资调查 ［R］. 2012.

让我们来看看关于机构投资组合中对冲基金所占份额的一些最新数据。花旗银行首席财务官展示了对冲基金在两个阶段中出现的增长（图表 6-14 和图表 6-15）。图表 6-14 显示从 2003 年到 2007 年，对冲基金所占份额从 2.4% 上升到 9.2%，而消极策略下的投资份额从 7% 上升到 10.1%（从而进一步证明了阿尔法与贝塔的分离）。

在图表 6-15 中，我们看到自 2007 年至 2011 年间，对冲基金所占份额从 9.2% 上升到 10.5%，而消极策略则从 10.1% 上升到 15%。图表 6-15 中的细微改进显示了从积极的股票固定收益中实现了进一步突破。由此，我们看到的不仅仅是人们将全部的资金转移到对冲基金，以及对积极股票的消极式管理的增长。事实再次告诉我们"完美风暴"带来的波动性影响，确实促使基金管理人采取了一些应对措施。他们从具有高波动性的股票投资中抽身撤退，他们打破常规，由传统的经理人转变为消极管理人/高度阿尔法经理人（中性市场中的波动性较少）。

图表6-14　　**机构分配给对冲基金的资金份额**（2003年到2007年）

2003年12月—8.7万亿美元　　　　　　　　2007年12月—13.5万亿美元

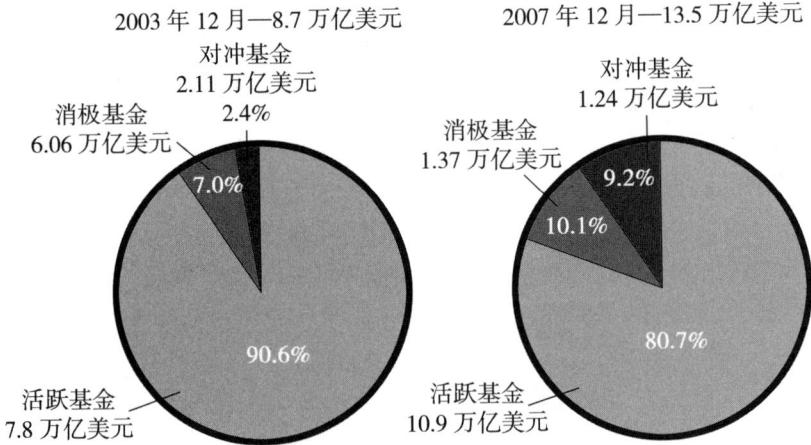

基于投资类型的机构资产管理池对比

　　　资料来源：花旗首席财务．对冲基金中的机构投资：不断发展的投资组合的演变推动产品趋同［R］．2012.

图表6-15　　**机构分配给对冲基金的资金份额**（2007年到2011年）

2007年12月—13.5万亿美元　　　　　　　　2011年12月—14万亿美元

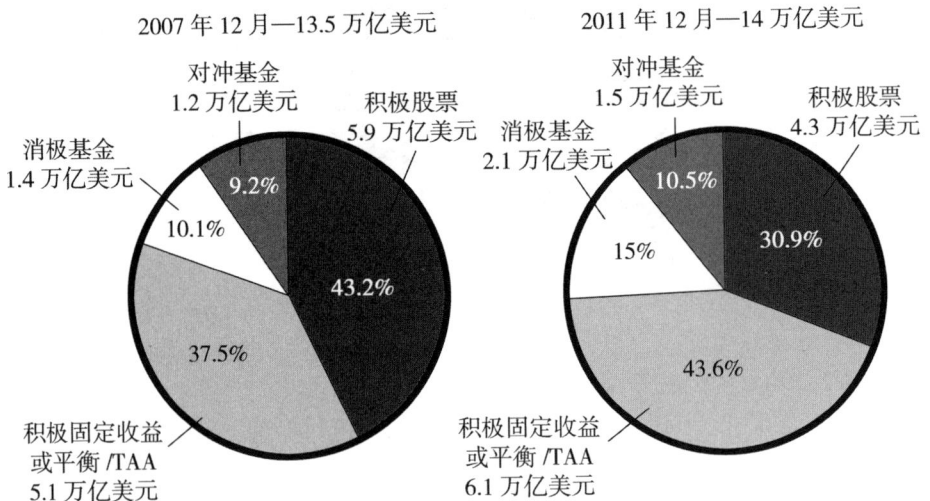

　　　资料来源：花旗首席财务．对冲基金中的机构投资：不断发展的投资组合的演变推动产品趋同［R］．2012.

　　在过去几年中，麦肯锡咨询管理公司，一个世界级的咨询公司曾做出过一个很有趣的投资建议。它们发布了一份名为"待遇确定型养老金计划市场即将洗牌"的报告，其中探讨了因世界上的待遇确定型养老金计划面临资金不足的问题而需要采用的投资替代方案。它们的构想是：为养老金计划设立一个矩阵。这个矩阵可以显示建立养老金计划企业的财务灵活性以及养老金计划的状态（冻结或解冻）。有趣的是，矩阵的结果意味着，这些公司的投资分配将由其在矩阵上的定位所决定。

那些具有创新意识的企业也许会注意利用自身的优势，依据上述建议改善养老金计划的财务状况，而那些财务上没有灵活性的企业，要么坐等与祈祷，要么掷骰子进行投资选择，并可能承担更多的阿尔法风险。至于处于中间地带的企业，要么采用债务驱动型投资的解决方案（LDI，第 8 章对此进行了讨论），要么继续执行计划直到终止（第 9 章）。这一分析的实际结果暗示，更多的养老金计划会寻求"万福玛利亚"，并且会更多更有效地投资在已有成功先例的对冲基金上。如图表 6-16 所示。

图表 6-16　　　　　　　　　　**麦肯锡公司解决方案矩阵图**

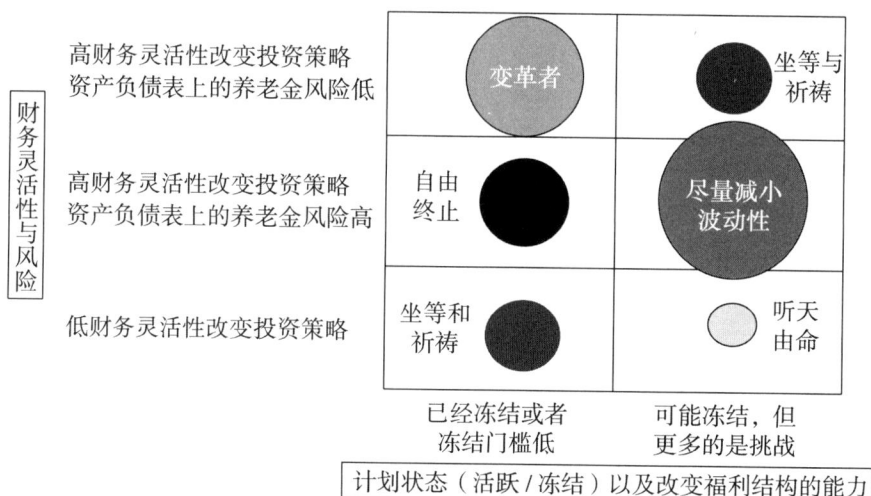

资料来源：麦肯锡咨询公司．待遇确定型养老金市场即将洗牌 ［R］．2007.

所以，当所有新的资金谋求更大的回报以填补资金不足的缺口时，你觉得哪种投资替代品可以得到最大的份额？如果你猜是对冲基金，那么你赢了。这份调查（图表 6-17）是德意志银行在 2011 年完成的，客观地讲，养老金计划的受访者对这份机构调查的回答与五六年前是一样的。

这确实是一个不错的投资替代品列表。房地产和私募股权是很抢眼的两个投资对象。列表上其余的项目是其他名称的对冲基金。对冲基金的类似产品都是有效的对冲基金，商品经常被打包为 CTA 对冲基金。UCITS 产品只是把对冲基金打包到欧盟管制下。当然，母基金是捆绑在一起的对冲基金。

现在让我们来看看当所有这些钱流入对冲基金后，会对对冲基金市场产生什么样的影响。一般来说，人们会认为这是唯一一点好处，但要牢记，相对于高净值个体和家族的私人理财机构来说——也许是捐献与基金会——养老基金对投资经理的指挥力度更大，因为养老基金投入了巨额的资金，而且他们设立的职责与信息跟踪的标准也更为严格。养老基金就像邻居家的大狗，如果你想与之玩耍，就必须得懂得"它们的游戏规则"。

图表 6-17　　　　　　　**可替代投资品的资金分配**

他们对哪些投资替代品增加了资金份额？

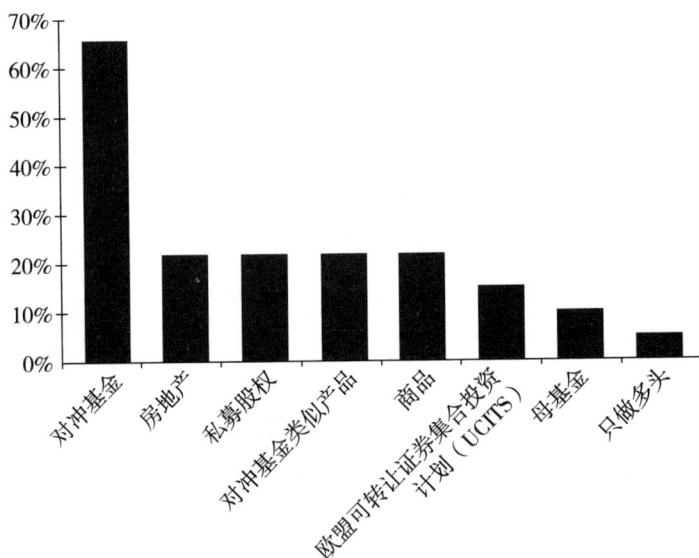

资料来源：德意志银行．2012 可替代投资调查［R］．2012.

"它们的游戏规则"是指通过一个更加可控、规范、透明、成熟的途径成长为一个小型产业。让我们先来看看投资者认为他们的基金经理如今面临的最大问题是什么。如图表 6-18 所示。

图表 6-18　　　　　　　**对冲基金经理面临的挑战**

你们的经理们未来一年内将遇到的最大挑战是什么？

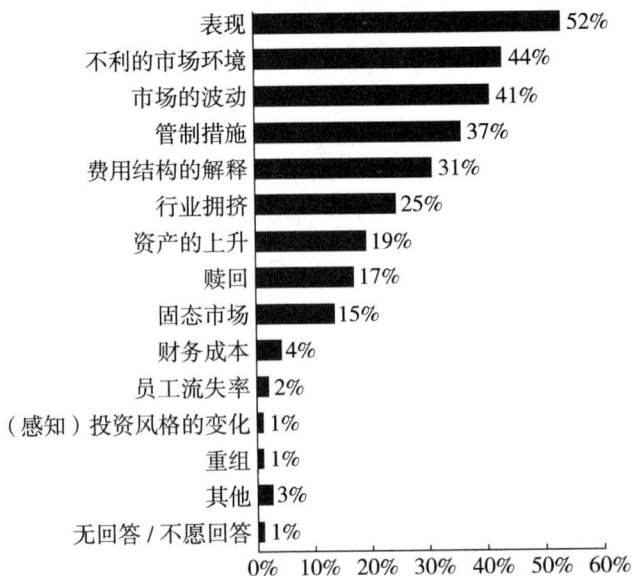

项目	百分比
表现	52%
不利的市场环境	44%
市场的波动	41%
管制措施	37%
费用结构的解释	31%
行业拥挤	25%
资产的上升	19%
赎回	17%
固态市场	15%
财务成本	4%
员工流失率	2%
（感知）投资风格的变化	1%
重组	1%
其他	3%
无回答／不愿回答	1%

资料来源：德意志银行．2012 可替代投资调查［R］．2012.

通过看投资者使用什么因素来评价经理是件很有趣的事，有的人认为这就是所有的表现和投资风格（如图表 6-19 所示）。

图表 6-19　　　　　　　　　　　**选择对冲基金的标准**

当评估一个对冲基金经理时最重要的因素是什么？

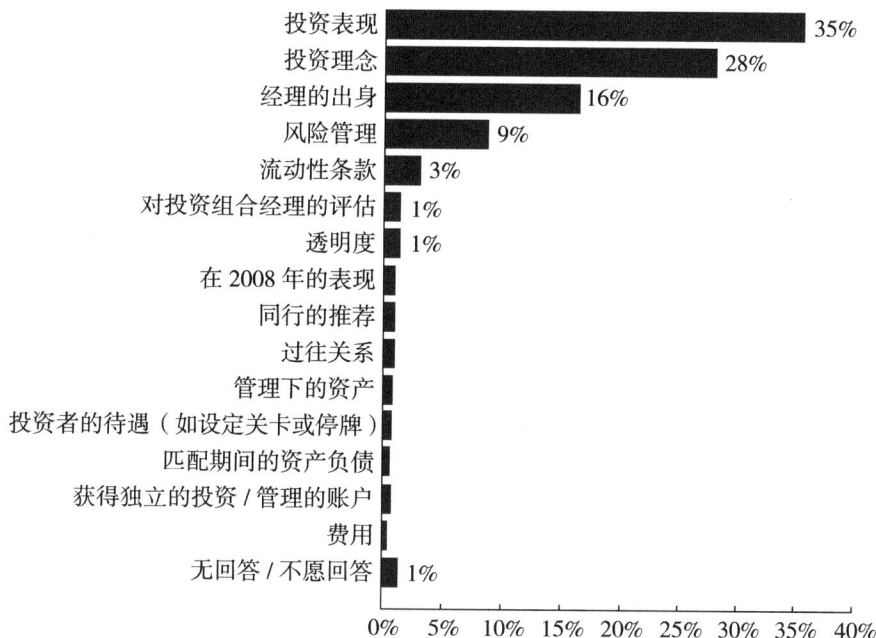

因素	比例
投资表现	35%
投资理念	28%
经理的出身	16%
风险管理	9%
流动性条款	3%
对投资组合经理的评估	1%
透明度	1%
在 2008 年的表现	
同行的推荐	
过往关系	
管理下的资产	
投资者的待遇（如设定关卡或停牌）	
匹配期间的资产负债	
获得独立的投资 / 管理的账户	
费用	
无回答 / 不愿回答	1%

0%　5%　10%　15%　20%　25%　30%　35%　40%

资料来源：德意志银行 . 2012 可替代投资调查 ［R］. 2012.

但是当你更深入地了解机构投资者（特别是养老基金）对他们基金管理人的严格要求时，你会看到他们一直要求基金管理人从根本上转变他们的商业模式。正如你在图表 6-20 中看到的，对冲基金经理喜欢通过创建多策略基金来转移他们的套利赌注并"漂向"获利机会。然而，位居投资者选择对冲基金经理人标准榜首的投资理念却并不清晰。管理人更喜欢在交易柜台上"动态"管理风险——并不是位居第 2 项的风险管理基础设施所要求的。管理人很讨厌去识别阿尔法的来源并将信息公开（第 4 项与第 6 项），因为他们向来秘密行事。至少双方都同意流动性条款——喔，投资者的资金如果具有更高的流动性，便意味着对管理人拥有更少的行动自由……赎回，费用等方面也是如此。所有这些附加的职责分离和报告制度都需要成本。告诉一位管理人他应该使用多少名一级经纪人是相当侮辱人的。

图表 6-19 和图表 6-20 中体现的观点就是，投资者基础的制度化对于制度化下的对冲基金业务模式产生了一定的影响。监管中规制的增多使得商业利润变薄，因此在某些情况下对管理人缺乏吸引力。不过不用担心，对大部分管理人来说还是有一定吸引力的。但很客观地说，这些机构性的因素限制了管理人的发挥，从而使管理人和投资者的回报都减少了。

图表 6-20   **对冲基金选择认证**

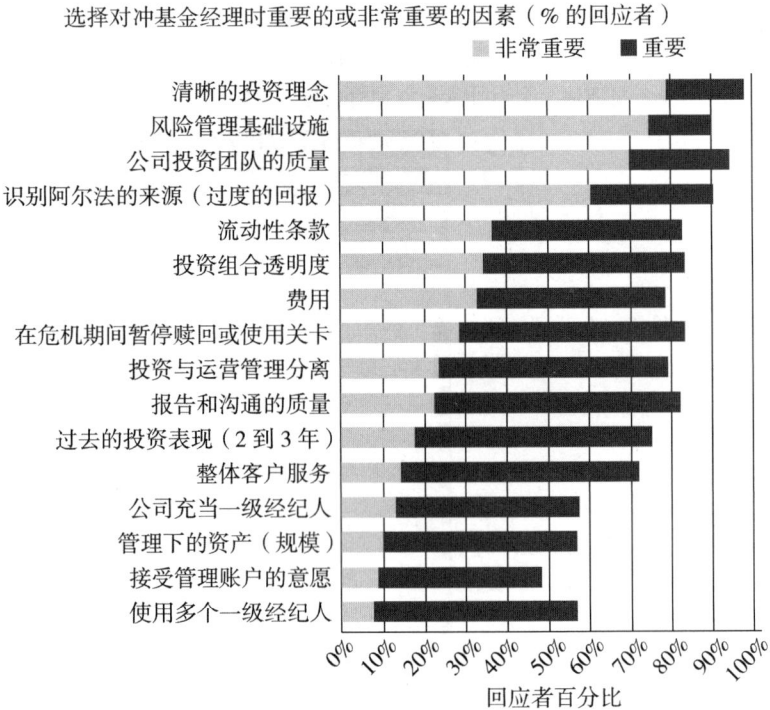

选择对冲基金经理时重要的或非常重要的因素（% 的回应者）

■ 非常重要   ■ 重要

清晰的投资理念
风险管理基础设施
公司投资团队的质量
识别阿尔法的来源（过度的回报）
流动性条款
投资组合透明度
费用
在危机期间暂停赎回或使用关卡
投资与运营管理分离
报告和沟通的质量
过去的投资表现（2 到 3 年）
整体客户服务
公司充当一级经纪人
管理下的资产（规模）
接受管理账户的意愿
使用多个一级经纪人

0% 10% 20% 30% 40% 50% 60% 70% 80% 90% 100%

回应者百分比

资料来源：德意志银行 . 2012 可替代投资调查［R］. 2012.

尽管如此，人们还是希望春日无限，如果我们看一下图表 6-21 中德意志银行的关于预期回报的调查结果，就会发现市场对对冲基金的期望依然很高——但是它们足以填补养老金的空账吗？

图表 6-21   **对冲基金选择认证**

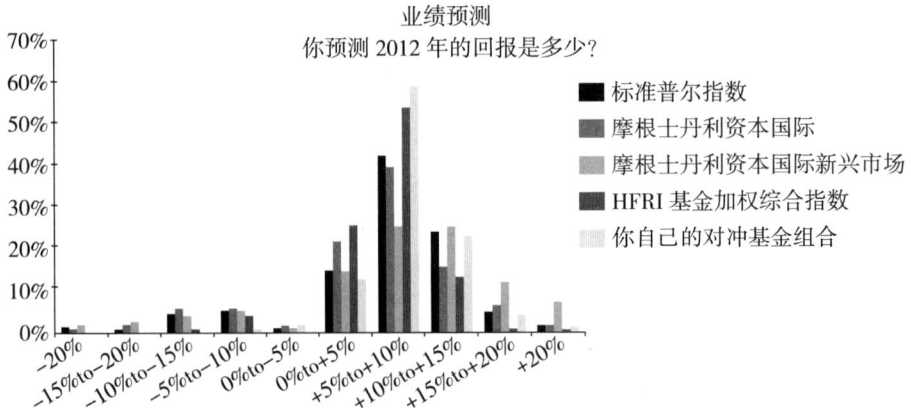

业绩预测
你预测 2012 年的回报是多少?

■ 标准普尔指数
■ 摩根士丹利资本国际
■ 摩根士丹利资本国际新兴市场
■ HFRI 基金加权综合指数
□ 你自己的对冲基金组合

70%
60%
50%
40%
30%
20%
10%
0%

−20% −15%to−20% −10%to−15% −5%to−10% 0%to−5% 0%to+5% +5%to+10% +10%to+15% +15%to+20% +20%

资料来源：德意志银行 . 2012 可替代投资调查［R］. 2012.

下一章，我们将讨论阿尔法操作、操作风险、证券借贷和比例借贷，除此之外，还将重点讨论对冲基金。

第 7 章

它有利有弊……相信我

证券市场与货币管理最有趣、最有利可图，但也是最有害的方面之一，就是以卖空和证券借贷为中心来发挥证券市场与货币管理的功能。由于各种养老基金逐渐深入资产管理池，它们开始接触到各类证券产品，高收益伴随着高风险，而这也是本章主要论述的内容。

本章将重点阐述资产管理产业的成功要素，但传统投资战略却未将这些要素包括在内。一般来说，风险有许多构成因素，其中很重要的一个因素就是操作风险。同样，收益也包含了系统或特定因素，以及阿尔法收益与贝塔收益。关于阿尔法收益与贝塔收益的解释还存在许多疑问，人们认为阿尔法收益有时更像奇异贝塔收益，而贝塔收益更像合成阿尔法收益。然而，就像操作风险可以增加或减少整体风险一样，投资过程中的操作因素可以增加或减少收益的重要价值。

那些可以增加收益的操作因素有很多种称谓，但有一点，你必须十分注意，千万不能称它们为"操作阿尔法"。我刚开始教课时，告诉学生如何通过经理的后台操作来实现阿尔法收益，并依据这个逻辑，将这门课程命名为"NBA 5470：操作阿尔法"，并将其作为我的阿尔法系列课程之一（"寻找阿尔法"、"操作阿尔法"以及"负债驱动阿尔法"）。几个月以后，康奈尔大学的法律部门找到我，因为它们收到了 KCG 股份有限责任公司的威胁信，信中要求我立即停止使用"操作阿尔法"这一名称，因为这一名称的专利权属于 KCG 公司。KCG 是一家知识产权股份公司，隶属于最成功的对冲基金之一，肯·格里芬的城堡投资集团。格里芬是世界最著名的对冲基金经理之一。事实上，公正地来说，格里芬与乔治·索罗斯、朱利安·罗伯逊、詹姆斯·西蒙斯、史蒂文·科恩、雷·戴利奥以及约翰·保尔森一样，都是伟大的对冲基金经理。

我非常惊讶这个词竟然已经被申请了专利，而且肯·格里芬还为此追究学术名词的侵权者。此后，我决定利用这个趣闻宣传一下这门课。现在我将 NBA 5470 这门课命名为"阿尔法的短板 *"，加上 * 号是为了说明，KCG 公司以及肯·格里芬认为"操作阿尔法"这个概念非常重要，所以他认为这是他的专属用词，别人无权使用……这一点很吸引学生，对学生来说，意味着这是个很值得他们学习的领域。

（我之所以在这里花许多笔墨解释课程名的重要性，是因为我的第三门课原本叫"转型时期待遇确定型养老金计划"。但这个名称只吸引了 7 名学生选课，后来，我把课程名改为"负债驱动型阿尔法（阿尔法系列的第三门课）"，现在这门课平均有 50~60 名学生。营销真的是无处不在。）

7.1　通过操作实现阿尔法

　　一个市场或投资战略越成熟，或者高收益越难获得，通过操作实现阿尔法就显得越重要。影响投资绩效的这个因素往往被忽略或误解。对冲基金与投资经理一般都让后台职员，或仅仅是一级经纪商来操作，但其实操作应该受到更大的重视。就养老基金而言，具体操作的工作常常都是由托管人或主要受托人来承担，可这完全是个错误，下文中我会谈到这一点。

　　资产管理（尤其是对冲基金业以及新兴的 130/30 基金）投资战略中包括卖空、资产负债率以及衍生产品等投资手段，而且在这些方面没有政策约束，但它们的基金经理的操作负担却比只做长线投资的基金经理的负担要大得多。为了满足投资战略需要，这些操作非常依赖证券融资。神秘难懂的证券融资，特别是证券借贷，在过去的 15 年中成为经纪商和经销商逐利的主要动力。而且 40 年来，它还大大促进了大银行的证券处理业务。在最近的金融危机中，没有哪项业务比股票卖空接受过更多的审查，而且饱受争议（更不用说被更多的人误解了）。其实，这种神奇的业务活动还有一个新的代名词，即"影子银行"。对基金经理、大机构投资者来说，3 万多亿美元是他们成功的投资战略中的关键因素。从美国证交会到欧盟，再到证券律师协会，这里的每个人都在为应对金融危机尽自己的绵薄之力。

　　证券借贷使一级经纪业务正常开展，进而让华尔街有利可图。证券借贷对卖空来说十分必要，它是对冲基金经理实现阿尔法收益的众多重要工具中的一种。证券借贷带来了托管收入，并产生了大量的证券处理业务。证券借贷增加了消极战略管理或指标化战略管理的利润率，并提高了大量传统基金经理、共同基金经理以及 ETF（交易型开放式指数基金，是近期的热点话题）经理的投资利润率。这意味着，证券借贷对金融产品零售市场或"机构个人（instividual，以机构名义持有基金的个人）"市场来说，是一个非常重要的投资工具的利润中心，而上述市场基本上是缴费确定型养老金与养老储蓄的核心投资领域。证券借贷已成为养老基金提高收益率的重要工具，同时也将是下一个人口阶段中世界经济发展的驱动力。

　　了解卖空、证券融资、再抵押以及证券借贷的运作时机与运作方式，是每一个从事资产管理业务以及养老金管理业务的人员都应该掌握的重要技能。在商学院，关于这类技能的讨论不多，老师教得也不深，因为只有极少数的专业人士才真正明白。然而，对于大批正在从事资本市场运作、营销与贸易，甚至是一般金融业工作

的人来说，抑或对即将进入上述领域工作的学生们来说，这类技能显得越来越
必要。

本章将阐述这种令人费解但又极其重要的金融功能的起因、实践、风险、收
益、参与人以及备受争议之处。

7.2 操作风险

在开始讲证券借贷之前，让我们先回顾一下操作风险在投资管理，特别是在对
冲基金管理中的重要性。正如前章所述，机构投资者要求可控制的操作风险能够更
加显性化，这对于一般的基金经理与投资者来说也是相当重要的。操作风险是导致
大多数大型对冲基金投资失败的原因之一。包括非流动性、误报以及过高的资本负
债比，或一级经纪商交易对手风险聚集在内的操作失败，是诸如 Granite、美国长
期资本管理公司（LTCM）、比肯山基金、贝优基金、马林资本（无关）、不落之花
基金、贝尔斯登高级基金（很不幸，非常相关）、马多夫基金，甚至英国曼氏金融
集团之类大型基金投资失败的主要原因。

当异常市场事件发生，并导致投资组合资产迅速缩水时，对冲基金往往会破
产。当杠杆作用发生时，随着保证金的追加和投资者赎回的增加，对冲基金不得不
清算投资组合，或者卖给其他公司。全过程几乎是一个自动完成的循环，但这并不
奇怪，因为阿尔法的来源是以下这些本身就有问题，且存在于不利境地中的因素：
卖空、对冲、再抵押、杠杆率、一级经纪商风险、限制赎回、暂停赎回、赎回锁定
期、赎回费，以及经理的技能或缺乏技能。具体流程如图表 7-1 所示，虚线突出
了生存下来与难逃一死之间的界线。

图表 7-1   **对冲基金的死循环**

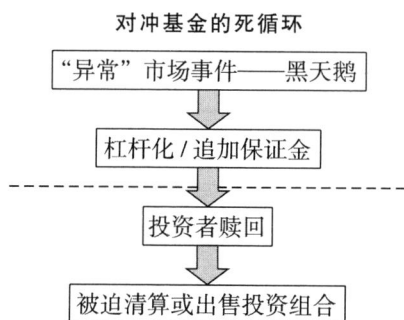

霍利·米勒是研究对冲基金操作风险的著名专家之一，她总结并列举了如下
10 大操作风险。我在她的列表中加入了相关事例，通过结合实践经验，使她的列
表变得生动易懂。

1. 自满。轻视并低估风险——美国长期资本管理公司（LTCM），以及其他更
多的公司。

2. 盲人骑瞎马。经理规模过于庞大，且缺乏专业资质——许多在岗的新任市

场经理都缺乏足够的盈利预测经验。

3. 新手、学徒、独行侠。岗位培训与交叉培训不足——许多岗位允许经理个人独自远程操作。

4. 管理不善。放手式管理——我发现在许多基金中，随着时间的推移与人事变动，操作程序与管理规程逐渐被忽视。

5. 技术依赖。自动化的负面影响——我们有测险公司，有对冲基金风险价值模型的评价体系，但当某些基金并不具备充分建模条件时，上述技术手段便英雄无用武之地。

6. 战术手册。工作流程记录——较为罕见。

7. 任务合并。职责分割——NewCastle 空头基金如今已经臭名远扬，它内部的职责分工互相冲突，模糊了交易与操作的界限，完全是一团糟。我们曾经指出这一点，并让其纠正，但后来发生的事说明，它们的态度存在问题。

8. 对账问题。错误的安全感——当经营 401 (K) 年金计划的业务时，未核对出的小错误往往是造成大麻烦的根源。

9. 疏于规划与反应时间。公司、交易场所以及监管环境都发生了改变——在抵押贷款证券市场上的失败案例中大多体现了这一点。

10. 看附加细则。了解你的法人实体——类似的例子很多，但最著名的就是优点基金的案例，负责人免责重叠违反了独立账户结构的分离规定。①

我们一般需要的是科学的程序与控制，特别是在至关重要的精确定价与估值方面。它不仅限于对及时报告、透明操作和风险管理的业务处理。他们的要求与上一章中提到的机构投资者的要求是一样的。因为有了管理周密的基金或者母基金后，他们便可以高枕无忧了。在马多夫基金级联式的风险情境中，它缺乏规范管理长达几十年，而像这样的事，以后不可能再发生了。

如今，当审视现在的对冲基金的特点时，我们看见新兴的衍生工具赋予基金经理更多的套利机会和获利杠杆。我们看见流动性差的证券投资在增加，同时关于套利的信息越来越多（伴随着内部交易的罪证）。我们看见不断发展的投资战略导致交易拥塞（特别是量化战略），看见套利相对值的减少，看见对冲基金在积极进行证券融资交易或在证券交易时更像经纪自营商。所有的这一切只说明了一件事：操作风险增加了。

7.3　证券借贷的历史

其实，当你不再考虑阿尔法的来源时，你会发现一个共同因素的优势。这个因素影响着证券融资与证券借贷。当人们利用有价证券进行质押融资时，交易对手风

---

① 霍利·米勒，Stone House 咨询有限责任公司。

险便暗藏其中。在雷曼倒闭，以及最近的贝尔、美林、美国国际集团相继倒闭之后，这一投资手段已经成为基金监管的重要内容。但四年之后，英国曼氏集团又重蹈覆辙，不幸破产。证券融资的世界就像华尔街的地下世界，幽暗不明，因此华尔街将其称为"影子银行"，而且在这神秘的领域，共同监管是十分混乱的。与以往不同的是，许多官员以及立法者并不了解这些复杂的金融产品或交易手段，有时甚至连监管机构也不太明白。

但是证券融资的奇特之处在于，它被华尔街的专业人士与管理者误解，只有真正从事过股权衍生品与一级经纪业务的人，才真正懂得证券融资。我甚至很讶异，竟然连商学院也很少教学生证券借贷的知识。我的学生在毕业后联系我时，常常说仅仅凭借我教给他们的那一点儿证券借贷知识，就足以让他们在市场上拥有独特的优势。这一切太奇妙了，我想这是因为它能产生巨大的利润，但华尔街却始终只让它处于阴影之中。

现在，证券借贷成为一项新兴业务。1976 年，我去美国信孚银行工作，我接到的第一项任务是关于东方投资集团的。我们负责东北的所有银行与保险公司。我被分到新英格兰组。我在外面的主要任务就是销售产品，将这些银行与保险公司的信托资产与投资组合资产带入一个新的无纸世界——证券的非物质化。现在这项业务是由像德同资本（译者注：一家风险投资银行）这样的受托人以及簿记系统来负责处理。过去那种把证券的纸质单据放在金库里的做法使得交易程序变得非常麻烦。这些银行与保险公司需要一个托管人来处理这些证券，即使这些托管人本身也不常处理这些纸质证券，但托管人可以帮它们办理交易手续，这让银行和保险公司感到很放心，因为有受托人帮它们看管这些资产。

我曾经让一家储蓄额特别小的银行指定美国信孚银行为它的托管人，结果它真的让一位从事证券业务的职员——70 岁的米尔德里德，拎着两个密码箱来到纽约。一个箱子里装的是各种证券凭证，而另一个箱子里装的则是证券票据兑现的授权文件。我得为米尔德里德照一张拎着两个箱子站在华尔街 16 家办公室前的照片。然后她坚持要把箱子拎到金库去。在轮到我去金库当值之前，我从没见过这个地方。我们所有的新职员都要轮流去值一周的夜班，给金库上锁。我努力跟她解释说，我们会用非常安全的押运车把这些证券单据送到金库去，但她还是坚持要亲自看一下。到了那儿之后，她很小心地把两个箱子卸下来，然后我和她得在每一张单据上签字。我们第二天要把大部分的单据（除了一些零散的市政股份与限制性股份外）送到德同资本，此后我们就只能在列表上看到它们。你一定想不到当她知道我们的做法后是多么的震惊。

我没告诉她的是，我们的成本会计系统其实不怎么先进，所以不知道在托管服务上，我们是赚钱还是亏本。对我们来说，这是一个全新的复杂领域，所以托管并不像它听起来那么令人惊喜。我们通常根据市场行情来确定服务价格（其他银行大概也是如此）。从事托管业的金融机构其实只有四五家（BT、摩根大通、道富银行、北美信托，以及一家倒闭的小机构梅隆，其已经与美国纽约银行合并）。我想可能没有哪一家机构能通过定价来盈利，因为大家都在拼命地抢占地盘，希望成为德同资本旗下的托管人。哦，对了，好在还有证券借贷。

进行证券借贷是我们当时能跻身竞争队伍的主要原因。那时对冲基金或股权衍生品还没出现，融资需求或证券借贷纯粹靠操作。其他的经纪商需要借入证券来弥补失败的交易（德同资本在这方面的问题越来越少），并进行少量的卖空——在那个年代，如果有监管机构的话，对此也是要进行监管的。我们永远都不会告诉可怜的米尔德里德，我们打算把她的那些宝贝证券借给别人。她的老板当时是这家乡村小银行的主席，现在已经退休回家务农。他只知道一件事：如果让我们进行证券借贷，那么将大大节省他们的托管费，所以他得告诉董事会，这种新做法会给他们省一大笔钱，包括米尔德里德到纽约来的火车票钱。

7.4　证券借贷市场

这的确是一个全球化的市场。全球大约有 50 万亿美元价值的股权，其中 16 万亿是可以考虑进行借贷的。16 万亿股权的借贷率常常达到 20%，也就是说，随时放出 3 万亿美元的证券贷款并不是什么稀罕的事。当然，这还只是股权，而用于贷款的债券比股权要多得多（尽管股权贷款的费用更低），是股权贷款的两倍多。不管用什么标准衡量，证券借贷市场都算得上是一个相当大的市场了。至于它们的全球性，虽然用于借贷的股权证券的 60% 以上都是美国股权，但欧洲与亚洲的证券也越来越强大。尽管战战兢兢，但每天都有新兴市场克服对卖空可能造成的可怕影响的恐惧，批准实行证券借贷。这个市场的中介性非常强，而且非常、非常不透明。

有意思的是，在那个时代，监管机构花费了大量精力去监管现金市场活动的经营轨迹，而办理证券借贷却无迹可循。基本上，只要市场能够承受，中介商就可以向市场收取或提取任何费用。此外，由于市场上的买卖双方都不太清楚中介商的收费标准（这些都是私人交易，且交易所不提供纸质凭证，因此买卖各方无法对比彼此之间的中介服务价格），所以买卖各方无法判断中介商是不是童叟无欺，给了自己一个公道的价格。令人惊讶的是，这种不透明性，与对冲基金在交易时，以及为养老基金服务时的复杂性如出一辙。关于这一点，我们稍后在本章做进一步的探讨。

我总是用大量的事实让学生们明白，证券借贷对华尔街来说是多么的重要。首先，让我们来看看一家大型的华尔街经纪商，它主要是通过它的一级经纪业务来连接证券融资市场。一级经纪业与普遍经纪业存在很大差异，它有 15 年的历史，其业务主要面向对冲基金。这是因为对冲基金的交易量更大，而且借贷的证券额比其他市场行业更多。大型经纪商的一级经纪业务带来的年收入额高达 110 至 120 亿美元（目前我尚未看到更新的数据，但仍然是百亿的规模）。像高盛、摩根士丹利，或贝尔斯登这样的大型银行，它们的一级经纪业务收入占银行整体利润规模的20% 至 25%。

在一级经纪业的领域，大家都明白证券融资是一项利润率超过 100% 的业务。这意味着经纪商为了确保证券借贷在所有业务中占主导地位，除证券融资外的许多其他业务都是无人管理的。（这听起来有点像 1976 年那个关于托管的老故事，对吧？）所以说证券借贷的收入占经纪商业务总收入的 20% 到 25%，是一点儿也不夸张的。

在对银行进行估价时，分析师想从交易业务（例如贸易或投行业务）中区分出年金业务（这些业务年复一年机械地产生利润）。根据经验粗算一下，年金收入出于某些合理的原因，大约是交易收入的好几倍，而这是贸易利润和投行收费所不能匹敌的。由此，我想到华尔街大银行的价值一半以上源自于证券借贷。想想 2008 年贝尔斯登迅速被摩根大通收购时，被估价的东西只有大型一级经纪业务以及公司大楼。哇，难怪它们想方设法把这一切掩盖起来，不让人们知道其中的内幕。

现在，让我们回到像道富银行、纽约银行、梅隆银行（两家已合并），以及北美信托这样的大型转交银行上来。你有没有注意到，过去几年的诉讼案件几乎都是针对这些银行的。这些指控集中在托管套餐产品的两个附属业务上。一是大家经常谈到的（因为非常好理解），对养老金客户使用国际证券交易中的场外汇率（FX rate）。外汇业务是这些转交银行一个非常重要的利润中心或托管业务。另一个就是托管人经营证券边缘业务，结果让养老金客户花了太多的钱。为了减轻罪责，托管人大多通过大笔现金结算，将上千万的美元放入短期投资基金中。但这一举动仍不能阻止一连串诉讼的继续发生。虽然诉讼案件很多，但却没有引起公众太多的注意，因为这些事件本身非常复杂，令人难以理解。

最后，但却最重要的是，看看那些大型投资管理人，特别是像贝莱德集团（全球最大的私募股权基金）、道富银行这样的管理人，他们既是消极管理人，又是被称为交易所交易基金（ETFs）这种相对新的交易工具的管理人。这两种管理方式都极大地依赖于证券借贷的收入以及其他一些业务（这些业务基本不会增加资产所有人的财富，反倒会给管理人带来收益）的收入，因此也越来越受到监管机构的打击与媒体的诟病。其实，贝莱德集团如今也因为它的证券借贷在 ETF 产品上出现问题，而成为养老基金大桩诉讼案的对象[1]……而且我猜，这一切才刚刚开始。再回到我在美国信孚银行工作的时期，那时我负责资产管理业务，如前文所述，信孚银行是第三大消极管理人。我记得当时投标一个普尔 500 指数授权的基

---

[1]　Steve Johnson and David Ricketts, "U. S. Pension Funds Sue BlackRock," Financial Times, February 4, 2013.

金，我们的投标价是 0 元。这可不是打印错误，我们的出价确实是这样，免费管理指数授权的 10 亿美元加拿大养老基金，而不是获得出借证券的权利并从中赚取费用。

稍等一下，请扪心自问，谁会非常、非常地依赖证券借贷。在 2008 年之前，一级融资、货币管理以及全球托管这三大业务相对独立，而不是互相融合。当然，现在情况已然不同。随着摩根大通公司并购贝尔斯登公司，摩根大通如今给自己的定位是重要的一级经纪商、货币管理人以及四大托管银行之一。这在很大程度上使摩根大通成为一个中介商，全方位地为对冲基金与养老基金服务，同时自己也管理对冲基金，并经营着介于两者之间的所有业务。这种情形很独特，也很有趣。作为一个分析师，我认为从目前证券融资的利润率来看，摩根大通具有较大的收入优势。但如果思维再开阔一些，它们也许会担心监管机构与市场交易各方会随时让它们把这不为外人所知的领域变得透明化（是的，透明化的进程已经开始了），之后，其中的利润可能就会蒸发了。关于退潮与泳衣，巴菲特会说什么呢？问题是，当透明化让潮水退去，这些业务模式会有什么变化呢？

这些大经纪商、大托管人以及大货币管理人如此高度依赖证券借贷，将其作为主要收入来源，而且总是悄悄地进行证券借贷，这其中一定有不可告人的秘密，并以牺牲某些人的利益为代价。那么，猜一猜，谁会高居牺牲者名单的榜首呢？没错，养老基金。对此，我们该好好地深入研究一下了。

7.5 证券借贷流、过程与技术

图 7-2 显示了一级经纪商的证券借贷流。

图表 7-2

证券借贷流

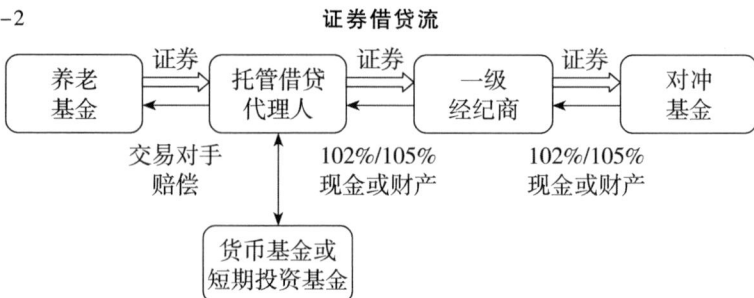

从左边起，是大规模的证券池，也就是所谓的受益人，受益人经常是养老基金或共同基金，但也不总是。其所持的证券一般都是闲置的，可以出借。有意思的是，我说这些资产闲置，是因为理论上这些基金投资于证券，履行其应尽的职责，代表受益人对息票利息、增长的股息、其他权利以及由市场产生的差价的所有权。但从另一层意义来说，这些证券是闲置的，因为它们可以用于证券借贷，在不改变其固有的代表受益人（除了不能代表投票权）的经济本质的前提下，为其他人的交易提供便利。

　　在图表 7-2 的右侧，对冲基金是证券的主要借款人，其主要目的是进行空头交易。空头交易的规则近来收紧了，规则要求那些进行卖空的券商，在空头交易的同时必须找到卖空标的。设置这一规则的原因很明显，监管机构和市场交易各方不希望人们投机性地卖空证券，并制造过度与负面的不稳定性，从而扰乱证券市场的秩序。这就像火灾保险，你不希望任何人去制定一项不利于你财产的保险政策，因为它可能会刺激人们不理智地希望财产被烧毁。正如保险公司会要求投保人提供具有保险利益的证明一样，证券市场要求股票卖空方能够证明他能借出股票，必要时也能买进归还。这样的话，就不会出现超出证券供应量的卖空。更具体一点地说，就是保证证券的充分供应与顺利出借。

　　所以，对冲基金希望借入证券，而养老基金与共同基金恰有证券可供借出。这时中介商就出现了。这是个高度中介化的市场，也就是说，中介商严格控制了一切：证券流、技术、数据，更不用说价格发现程序了。代表借款人或对冲基金进行借款的中介商是一级经纪商。当一家对冲基金想要借入 XYZ 证券时，它会告诉一级经纪商，然后经纪商立该告诉对冲基金是否能找到 XYZ 证券的借出方，接下来，一级经纪商很快地就会帮对冲基金办理好借贷手续，为卖空做好准备。之后，一级经纪商会与托管机构（假设他们还没有 XYZ 证券的头寸）取得联系，寻找 XYZ 证券的借出方。这个现代化的全自动流程可以找到许多证券的借出方。但对于一些比较难找到的证券，则需要更多的"手动"操作。一级经纪商必须及时了解他们对冲基金客户的需求，并且知道在哪儿可以找到那些难寻的证券的出借方。

　　托管人也是中介商，他们一般与受益人打交道。托管人与养老基金以及共同基金签订协议，成为其证券借贷代理机构。因此，托管人与其现有的客户之间是一种长期的业务关系。这些协议规定了收入分成的比例，即收入的 15% 至 20% 属于代理银行。此外，根据美国证券借贷市场的规定，现金抵押的金额应达到出借证券市场价值的 102%（抵押将根据证券的市场价值逐日计算），而且各方应一致同意将抵押的现金用于资本市场的投资。在证券借贷的收入中，有很大一部分来自于抵押现金再投资的收益，尽管还有部分收入是来自借出人的费用返款。重要的是，你得明白中介商为受益人提供的服务包括发放证券贷款以及管理借款人抵押的现金。大多数的代理银行认为这两项业务是密不可分的，但实际上它又确确实实是两项独立的业务。代理银行的另一项中间业务就是为受益人提供充分的交易对手风险赔偿。这项业务的功能非常重要，尽管借款人会给予现金抵押，但这项功能可以进一步为养老基金与共同基金借出证券扫清障碍。此外，代理银行每日都要贷出证券，回购证券，而且还要将抵押的现金进行广泛的投资，所以该项功能还可以保证这类频繁操作业务的顺利进行。

　　图表 7-3 突出了过去五年中我们目睹的证券借贷市场中的一些不协调因素，同时也在某些重要方面，为养老基金提供了投资路线图。

图表 7-3　　　　　　　　　　　　**证券借贷市场的扰动**

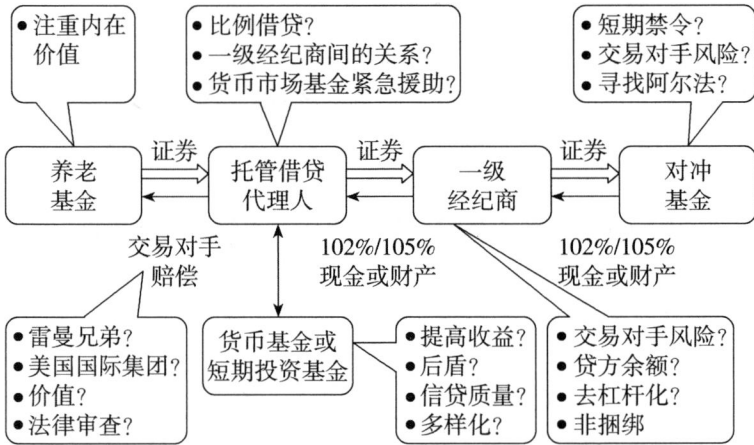

对冲基金

2008 年证券借贷市场引起了监管机构的强烈反应，导致卖空交易被禁止，从而阻止恐慌性抛售或掠夺性卖空。禁令主要是针对大部分金融机构，考虑到当时迅速对信用度进行了限制，所以卖空对杠杆性机构的影响可能会更大。好在我们有一个非常了解资本市场的财政部长（不论你是否是汉克·保尔森或布什政府的粉丝），美国很快就取消了卖空的禁令。但英国就没这么好的运气了，卖空禁令在英国持续了很长一段时间，而且当时据说卖空会被永久禁止，如果真的这么做了的话，此举将完全摧毁英国作为世界金融中心的地位。

值得关注的是，连私营企业的反应都很强烈。当摩根士丹利的约翰·麦克被卖空团体重创后，摩根士丹利的信用违约互换率冲破极限，公司眼看岌岌可危（谁也不知道哪个是鸡，哪个是蛋），麦克重拳回击了掠夺性卖空摩根士丹利股票的对冲基金。此举对摩根士丹利的大宗一级经纪业务有着直接而重要的影响，因为公司没有给予重要客户以支持。

对冲基金一方面不断地从一级经纪商那里借入足够的证券，以满足空头交易的需求，但另一方面也非常担心面临交易对手风险。将业务过度集中于一两家经纪商会对对冲基金产生潜在的负面作用，将其现金平衡置于风险之中（那些亲身经历或目睹了贝尔斯登、雷曼兄弟先后倒闭的人对此深有体会）。此外，信用的收紧也会导致经纪商只将证券借贷给他们最具有价值的对冲基金客户。

一级经纪商

至于一级经纪商，他们也有麻烦需要解决。在经纪商群体内部以及在与对冲基金客户打交道的过程中蕴藏着大量的交易对手风险（每个主体都有可能突然面临倒闭的威胁）。在此之前，他们可以自由地实现对冲基金客户的现金平衡，保证其投资（后来更多的是再抵押）的资金需求。但由于对冲基金认为银行比经纪商更靠谱（25 倍的杠杆效应比 35 倍更安全），现在对冲基金开始与银行达成协议以保持信用平衡，一级经纪商逐渐面临资金短缺的问题。

在这当中，一级经纪商本身的信用评估也遭遇了冬天，因为每个经纪商的信用等级都有所下降。正如前文所述，对一级经纪商来说，与对冲基金的交易所得是其主要的收入来源，由于银行用显微镜来查看一级经纪商的损益，因此，交易变得冷清显然不是什么好事。与此同时，多个一级经纪商遭受了接连不断的打击，且业务不断被分拆（不仅是现金平衡，其他服务也是如此），一级经纪业务承受着越来越大的压力。

托管银行

主要的托管银行的最大客户并不是养老基金，而是一级经纪商。如果一级经纪商遭受创伤，那么托管银行便会一损俱损。然而在金融危机期间，虽然空头交易的数量有所下降，但证券借入规模却达到顶峰，从而总体上获得了可观的贷出收入。

当真正的借贷费用业务通过消除利差（如图表 7-4 所示，注意当金融危机来袭时利差的波动）而出现转机时，利润更高且更重要的现金再投资却亏得很惨。你可能会想起依据恒定估价与每日收益来进行预测的货币基金业务，这项业务也出现了大问题，开始"跌破 1 美元"，这意味着，它们的价值下跌到出现了价值评估问题。为什么会跌破 1 美元？人们突然发现 AAA 级证券竟然低于其面值，所以其并不真的算 AAA 级。这些结构性的产品是建立在资产证券（抵押债券的别名）的基础之上，在 2007 至 2008 年间，与房价一起经历了暴跌。当借入方将证券归还时，所有的现金抵押都必须还给借入方，而此时用于抵押的现金却要么在再投资中贬值了，要么无法变现。好在还有损失赔偿制度……除非再投资的损失不在赔偿的范围之内。

图表 7-4

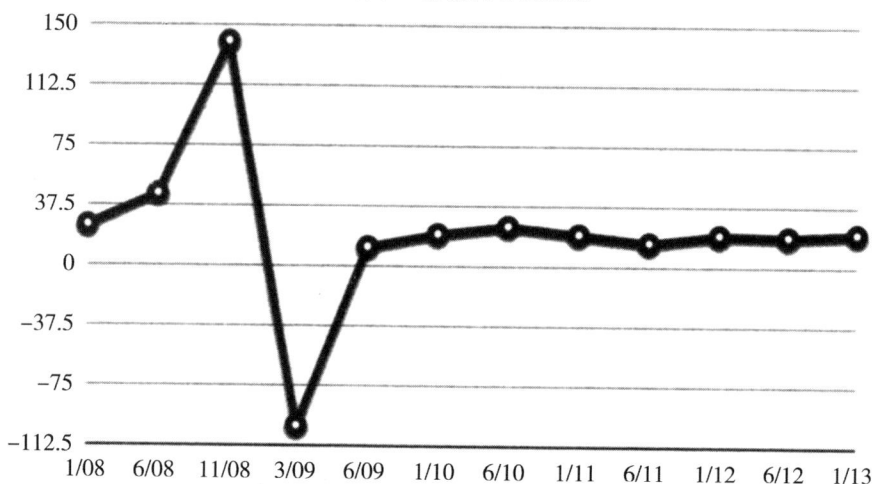

标准普尔证券借贷利差指数

　　证券借贷为代理银行与一级经纪商带来了巨额利润，却只为借出证券的受益人带来了小额的收入增长。受益人只有在急需提高投资回报时才会借出证券，因为这是风险最小的做法。但有个问题需要问清楚：这些自吹自擂的托管人是否在选择证券与进行交易时，只是尽量使他们自己的风险最小化，而让养老基金与共同基金客户承担大部分的风险？而且在这些交易中，受益人得到的投资回报远远小于中介商。让我们看看图表7-5中的蛋糕是如何被划分的吧（由于证券借贷业务的不透明性，只能根据经验进行估算）。

图表7-5　　　　　　　　　　证券借贷中内在价值分配模式

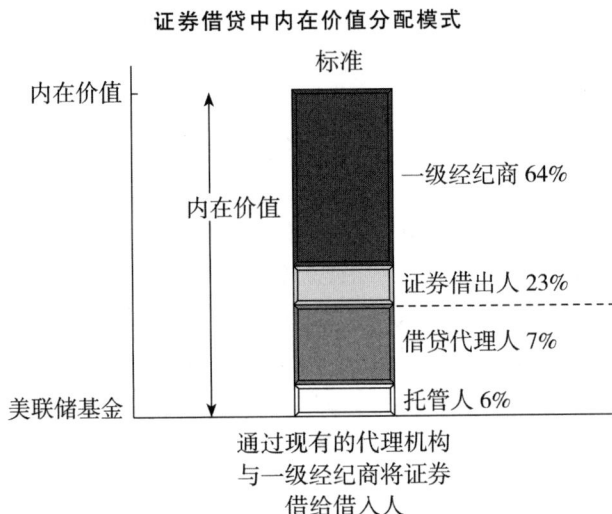

据图表7-5所示，在证券借贷的内在价值中，只有23%的增值部分归受益人所有，其余的77%被各种中介商拿走。由于中介商并没有公布具体的数据，所以上述比例只能根据个人的经验估算得到，而无法通过实证来加以证明。但这些数据非常接近实际值，因为它是基于总贷款额、一级经纪商的利润率以及主要托管银行的证券借贷利润这些已经公开的数据来进行估算的。那么，就养老基金与共同基金承担的风险来说，怎样的分成比例才算合理？显然，仁者见仁，智者见智。但在我看来，至少分成比例应该如图表7-6中所示，并且如果借入方不通过中介商直接进行市场交易，可以节省下依靠一级经纪商或对冲基金本身的费用（一些对冲基金已经开始这么做了）。

　　如果按照图表7-6那样调整比例，借出方的收益值就会翻倍，这样借出方的风险与收益之间的比率就较为合理了。至于深灰色部分代表的32%的收益到底应该归一级经纪商所有，还是直接归对冲基金，还需要进一步考虑。其实不必为对冲基金感到难过，反倒是有越多的养老基金投资对冲基金，对冲基金在证券借贷市场上就会越活跃，像城堡、帕瑞这样的对冲基金以及几家风险套利基金就是如此。中介商正是瞄准了其中巨大的套利空间，然后在信息披露制度不完善的情况下获得高额利润。我相信这一切很快就会有所改变，但在金融服务业的多事之秋，华尔街与托管机构（更不用说ETFs，即交易所交易基金的货币管理人了）就像窗帘上的猫一样，不愿放弃这项收入来源。

图表 7-6

本文提出的内在价值分配模式

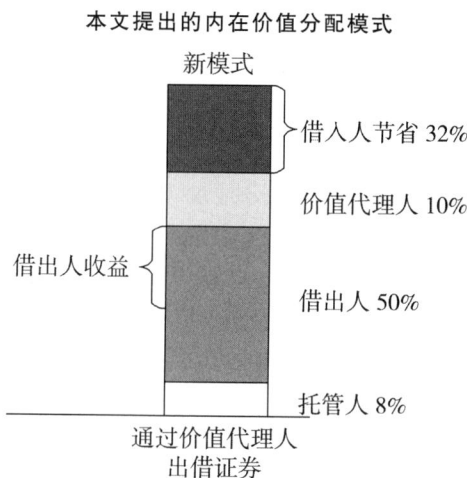

受益人

要是一切还是老样子，对冲基金、一级经纪商以及托管银行（都谙熟证券融资）照常赚取高额利润，那么这些只是想把投资回报提高一点儿的可怜的养老基金和共同基金会怎么样？如果说深不见底的资产管理池充满了危险，貌似有点儿老生常谈；如果说受益人被迫进入深水区，又貌似有点儿耸人听闻。但这些话其实都是大实话。因此，我通过两个例子——定额贷款与再抵押，来证明此言非虚。

7.6　比例借贷

首先，让我们看看这个等式有害的一面。假设托管人有一个合作愉快的长期客户——中西养老基金，按规定托管人会将其证券贷给其他金融机构。这可能是个存在支付危机的养老基金，希望尽一切可能增加投资收益。去年，这个客户借出了资产组合中 15% 的证券，得到了 100 万美元的投资收益，这对养老基金来说，算是一笔不小的数目。由于代理借款方可以在投资总收益中提取 25% 的份额，因此托管人赚得了 250 000 美元。但是等一下，托管人还要将抵押现金投入到自己为养老基金设立的短期投资基金中，这也是托管人投资活动的一部分。按照最少 102% 的现金抵押比例，托管人管理的抵押现金的平均规模为 6 250 万美元。假如托管人可收取 10 个基点（即 1% 的 1/10）的管理费，那么他们将得到额外 62 500 美元的收入，加上前面的收益提成，托管人总共可赚取 312 500 美元。因此，养老基金与托管人之间实际的收益分成比是 76∶24，而不是协议中明确规定的 80∶20，不过，我们暂且当它没有对养老基金产生不利影响吧。

现在，假设有一位聪明的 MBA 学生（比如我的那位能力有余而德行不足的学生）去托管机构从事证券借贷工作，公司要求他提高证券借贷的收入（记得吗，这是银行业务中利润率最高的，补贴了整个托管业务）。他的想法是提高现行 15%

的证券贷款额度。他对证券借贷的暗箱操作很在行，而且发现投资组合中的许多证券被认为是"一般抵押品"，并且市场对其的需求量并不大；而一些所谓"难借入"的证券对那些想给对冲基金客户留下好印象的一级经纪商而言，却非常有价值。因为，如果一级经纪商能想办法借入这些证券，客户就可以更轻松地进行卖空，这样在客户面前，一级经纪商便充分地展现了他们的能力。（比如比尔·阿克曼及其旗下的潘兴广场对冲基金卖空康宝莱的股票。）

于是，这个 MBA 学生想到了一个绝妙的办法：为什么不把康宝莱的股票与一般抵押品股票捆绑在一起，然后让一级经纪商来竞拍？这样借入康宝莱股票越多的经纪商，借入的一般抵押品股票就越多。这么做其实也花不了一级经纪商多少钱，因为一般抵押品证券的贷款费用是很低的。既然费用这么低，一级经纪商会赶紧借钱缴纳现金抵押，然后从托管人那里以返款的形式获得大部分的押金收益。现在，ABC 一级经纪商取得了借贷资格，同时，这位 MBA 学生将一般抵押品证券与康宝莱证券的捆绑比例设为 10∶1。如果养老基金拥有 1 000 万美元的康宝莱股份，那便意味着养老基金不仅可以借出这些康宝莱的股票，还可以借出其他 1 亿美元的一般抵押品股票。

从表面上看，你可能会说，对养老基金而言这样也不错啊，即使在费用降低，增加的 5 000 万美元贷款只能净赚 1/10 的收益的情况下，通过捆绑借贷还多赚了20 万美元的收益，而且其中 16 万美元归养老基金所有，4 万美元归托管人所有。MBA 学生从中得到的分红并不多……但是请等一下，我们忘了算那 1 亿美元股票的管理费了，托管人可以通过收管理费再赚得 10 万美元。现在，养老基金总共赚了 116 万美元，托管人共赚了 452 500 美元。双方收益分成比例变为 72∶28，但养老基金比之前多赚了 16 万美元，托管人比之前多赚了 14 万美元。照这样，再多做几个"难借入"证券的捆绑借贷，MBA 学生就可以赚到更多的利润和分红，养老基金也很开心，因为它们也比以前赚得更多。所有人皆大欢喜。

但稍等一会儿，要知道世界上没有免费的午餐（商学院的第一堂课就告诉了学生们），风险在哪儿？风险全部转移到了养老基金的身上。现在养老基金用于再投资的抵押现金规模是 1.625 亿美元，而不是 6 250 万美元，但相对应地，养老基金增加的收入却只有 16 万美元。为了便于理解这其中的风险，我可以举个例子来说明。只要 16 个基点（即 1% 的 16/100）"跌破 1 美元"就会抹杀这些风险带来的养老基金收益增长，这取决于与该养老基金相关的短期投资基金（STIF）面临的 AAA 级资产证券化的风险程度。而托管人的利益，很显然，不会受到任何影响。

我描述的这种操作手法其实有个名称，叫"比例借贷"，托管人以委托客户的名义增加高风险交易（一般抵押品交易），进而扩大由托管人负责管理的抵押现金的规模。这也许是托管人利用受益人的最恶劣的例子。由于托管人承担的只是交易对手风险，而非再投资风险，因此比例借贷完全是欺诈性的行为，因为它会使托管人受益，而使受益人遭受损失。

　　如果比例借贷是一个故意进行欺诈的案子（我的那位 MBA 学生深知如何在证券借贷中赚钱，这件事就是他干的），那么我要讲的下一个案例就更糟糕了，它对深陷绝望之中的养老基金的损害更大，而且同样也是由托管人和货币管理人这些受利益驱使的中介商造成的，不过他们却是出于无意或疏忽。他们跟随投资的大趋势，区分阿尔法或贝塔，对对冲基金管理进行指数量化，无视一级经纪商、证券借贷以及证券的再抵押带来的危害。如果你不明白这些意味着什么，那么你得小心了。

7.7　再抵押的两部曲

　　假如还是这家中西养老基金，它们想找一个靠谱的管理机构为它们管理基金，每年支付给管理机构 6 万美元。它们仔细地挑选着托管人与受托人，而且认真地研究了资本市场。它们喜欢消极性的投资管理，所以它们让托管人把资金投到一家保管费低且收益平平的指数基金中。这样它们就可以高枕无忧了。

　　托管人与货币管理人（所有的大型托管机构都会同时选择成为货币管理人，因为如果不充分利用客户的委托关系，那就太愚蠢了）决定，除了指数基金之外，他们还应该基于这些指数基金，开发、分析并提供一些产品，在增加风险的同时也提高收益。在指数的世界里，这些产品以"倾斜式"指数基金的形式出现，并最终形成 130/30 的模式。130/30（这个比例是随意确定的，也可以是 120/20 或140/40）的意思是，进行指数证券组合，并选取不超过 30% 明显适合卖空的证券，然后通过证券组合的杠杆效应以及选取另外 30% 的多头头寸，来进行直接投资。因此，你有 130% 的投资用于做多，并有相对应的 30% 用于做空。这样就构建了一个多多少少比较"平衡的"或市场中性的证券组合。它要求管理人运用选择技巧，加倍持有明显最强势的证券，卖出最弱势的证券。从构建一个证券组合的角度来说，这种做法在一定程度上提高了追踪指数误差的可能，显示了其积极的一面，并创造了积极的阿尔法因素以增加贝塔指数。

　　这是一种非常合理的证券组合构建技术，只要在规定的操作边界内，它便可以保障证券选择过程与投资结果的成功（以积极的阿尔法来衡量）。它就是这样卖给我们的朋友中西养老基金的，而且这种技术看上去确实很不错。当然，为了执行投资战略的卖空计划，托管人虽然理论上可以自己寻找想要卖空的股票（托管人必须保管好受益人在证券借贷池中的股票），但他们并不想使其最大的客户——一级经纪商难过，所以托管人还是选择与他们并肩战斗，让一级经纪商来寻找卖空的股票。也许他们双方都会告知养老基金他们的卖空计划，也许都不会，但无论如何，养老基金都可以高枕无忧，因为托管人受其委托对其资产实行围栏式的隔离保护。

　　什么是资产隔离？养老基金之所以将其资产交给托管人进行信托管理，是因为它们的资产可以通过隔离而免于承担由投资失败或托管失败带来的风险。逻辑上是这样的。养老基金得确保，如果发生预料之外的事，或托管银行倒闭，它们的资产会被隔离开，从而免于被清算。这就是信托关系，也是信托银行的基本信条。

但市场上正在上演滑稽的一幕。当托管人把证券借给一级经纪商时，养老基金的资产就不可避免地失去隔离保护了。一级经纪业务协议（这份文件大多没有经过养老基金的同意，或根本没有向养老基金出示）的基础就是要求经纪商，在现行经纪商管理条例许可的范围内，能够处理所有交给其管理的基金资产。在美国，经纪商可以对证券进行再抵押（借贷的巧妙说法），从而获得现金，而这从理论上说，需要为养老基金先借入证券，然后进行卖空才能得到。这是一种行之有效的办法，130/30 基金通过杠杆作用，把做多的头寸增加到 130%，并将 30% 的头寸用于做空。这样，一级经纪商就会借出证券组合中大约 30% 的股票，换得所需现金后再购入 30% 的证券做多，同时借入证券并卖出其中 30% 做空。鉴于这个市场的快节奏、经纪商缴纳 102% 现金抵押的要求，以及追加保证金的紧迫性，相关规定允许一级经纪商如有必要，可以再抵押（借出）客户 140% 的证券。在这个例子中，借出证券组合的 42% 就可以充分利用客户的证券。（边注：在英国，虽然没有140% 的再抵押上限，但允许经纪商可以再抵押客户 100% 的证券。）

图表 7-7　　　　　　　　　　　**再抵押的两部曲**

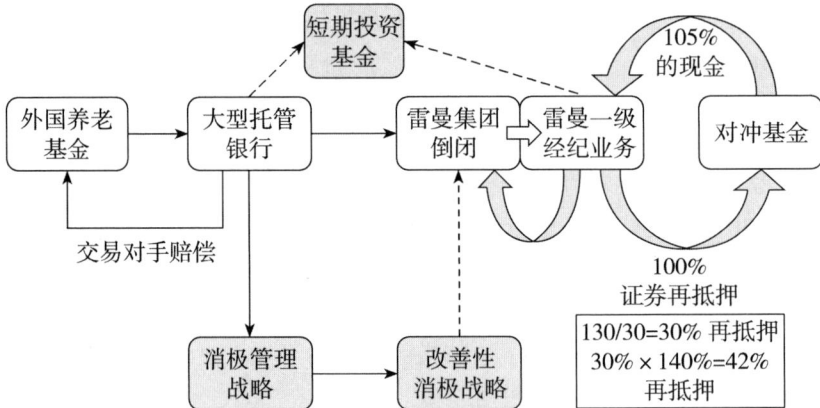

让我们看看图表 7-7，并体验一下其中的奥秘。一开始保守消极的战略现在变成了"改善性"消极战略（当然是对托管人、货币管理人改善了，但对养老基金客户来说却没必要）。一级经纪商需要代表最新改善的基金进入证券借贷交易，而这种改善则需要一级经纪商的加入。这与养老基金决定进入证券借贷市场以求得收益增加的初衷是不同的，除了能得到交易对方赔偿。但实际上，养老基金是在不知情的情况下进入证券借贷，而且对可能承担的风险浑然不知，当然更不会要求得到交易对手赔偿。如果养老基金知道这些，它们是绝不会参与的。养老基金所知道的只是它们会需要一个经纪商，但具体做什么，托管人却没有告知。此外，托管人让养老基金面临的一级经纪商的信用风险，高达证券组合的 42%。除非一级经纪商将账户转移到其在英国的子公司，在那儿，所有的证券组合在经纪商的债权人面前都一览无余。

　　让我们停下来回顾一下导致贝尔斯登（一家大型的一级经纪商）被收购以及雷曼兄弟破产的事件。在这两个案例中，一切都非常清楚，这些一级经纪商把客户的现金（虽然这么做是合规的）借给自己用于一般的公司业务。在最后的日子里，这些业务变得非常极端，所以把账户转移到英国是一个非常有诱惑力的策略，因为在那儿，经纪商可以全面掌控所有的现金。这是不是让你想起了最近的一件事？美国曼氏似乎是采取了类似的策略，从其英国的子公司进行再抵押，得到总计 16 亿美元的客户资产现金，并用这些资金来满足濒临破产的经纪商急切的业务需求。调查影子银行的人很快就会明白，英国金融业中的漏洞其实是最大的，而且整个阴暗的证券融资业已经千疮百孔，客户资金就这样流失于其中。

　　在我们的这个中西养老基金的案例中，简单而又消极的基金管理战略浑然不知地被加入了据说是风险更高的因素，将养老基金资金置于隔离保护之外。养老基金同意一级经纪商管理资金后，基金就被转移至英国。养老基金完全不了解基金所承担的风险，也不熟悉英国当地的情况，而托管人（证券借贷领域的专家并熟知对手风险）本应非常了解，也应该告知风险，至少应该提供交易对手赔偿。这就像玩蹦极的人身上会系好安全带，但当有了过山车，蹦极变得没那么受欢迎之后，连安全带也一并解除了。坐过山车的人不仅不明白坐到尽头会有蹦极等着他，还对安全措施深信不疑，以为身上系着安全带。许多这样的案例现在尚在诉讼之中，而托管人却在养老基金客户的支持下巧妙地应对着。

　　通过以上的案例分析，我们明白了，当养老基金面临支付压力时，会不惜采用更高风险的投资方式（对冲基金阿尔法投资、证券借贷等等），结果这些方式变得越来越复杂难懂，而此时养老基金也逐渐进入了鲨鱼出没的深水区。

第 8 章

债务驱动型阿尔法

债务驱动型投资（LDI）是养老金投资的一种形式。这种投资方法以债务为基准，通过对计划资产进行投资，达到与债务相匹配的收益。这种投资方式看上去似乎很合理，但实际上却与许多现代机构的投资理念背道而驰。也许最主要的原因就是，大多数养老基金的债务管理（由精算与养老金顾问负责）与资产管理（由投资管理团队与投资顾问负责）是互相独立的。养老金计划肯定存在支付债务，管理人也肯定会将雇主的养老金缴费投入资本市场获取收益，以满足债务支付的需要。然而，在五年之前，投资回报不理想是司空见惯的事。此后，他们就决定要增加投资风险。他们遵循的是典型的"万福玛丽亚"式的消极投资模式。

我把这种投资模式称为债务驱动型阿尔法，这个名字也是来自于课堂。当我规划这门课的时候，我希望通过教学使约翰学院有更多的投资管理专业的毕业生能更深入地了解养老金市场。我原本想重点讲如何终止待遇确定型养老计划。2008 年时，这门课的课程名称是"转型中的待遇确定型养老金计划"。正如我在第 7 章中提到的，这个精彩的课程名只吸引了 7 个学生来听课，而当我把课程名改为"寻找阿尔法"后，学生人数增加到 50 人。现在对养老基金来说，很难像对冲基金一样战绩辉煌，但它们其实也没必要自寻烦恼。所以我将课程名又改为"债务驱动型阿尔法（据我所知，这个名称还没有任何人对其进行专利注册）"。自那以后，选这门课程的学生超过了 50 人，不过课程主题却多多少少是一样的：这都是课程营销的功劳。

假定有一个养老金计划发起人连续 3 年的投资回报率低于 7.5% 的预期回报率。（边注：大部分养老金计划设定的预期回报率都是不切合实际的，这一话题此处暂不讨论。）那么，这个计划发起人该怎么办？这让我想起了那部电影《摇摆者》，片中文斯·沃恩与约翰·法夫罗坐在 21 点的牌桌前，边上坐着一个浑身散发着难闻气味的摩托车手，一个醉醺醺的女人，一支烟接着一支烟地抽着，还有一位长得像猫头鹰一样的老女人，是个 21 点的大玩家。每个人都下了注，约翰·法夫罗（迈克）抽到了一张 A。文斯·沃恩说："翻倍叫停……你总是在 11 点时翻倍叫停。"但他要了牌……结果拿到一张 3，而庄家拿到了 21 点。

资产管理者就是一直这样应对养老金缺口的。当养老金的支付缺口扩大时，管理者就会增加对投机性与非流动性证券的投资，从而使风险升级。不幸地是，不是每个人都是星期一早上的英雄，而且现在养老基金面临空账、极度不稳定性，以及公认的越来越高的非流动性等问题。

为了真正理解债务驱动型投资（LDI）为何对养老基金投资如此重要，我们需要先回顾一下与之相关的几项标志性的立法。2006 年的《养老金保护法案》（PPA）常被认为是《雇员退休收入保障法案》（ERISA）的补充，该法案旨对养老金计划受益人（基于意向，而非有效性）提供进一步的保护。它的主要内容包括：

• 提高计划的债务偿还水平，实现全额债务偿还（100% 的债务偿还），在七年的时间内分期填补空账部分。[①]

• 对存在空账的养老金计划实施经济惩罚。[②]

• 减少业绩修匀。[③]

• 最重要的是，它决定了具体的用于贴现养老金债务的公司债券率。[④] 债券收益与三段独立的养老计划时期相对应。[⑤]

与监管有关的第二个重要法规就是《美国财务会计准则》（FAS）第 158 号文件（译者注：《雇主对待遇确定型养老金和其他退休后计划的会计处理》）规定，待遇确定型养老金计划的发起人必须在其资产负债表上报告已支付或未支付的债务，医疗保险以及养老保险的成本[⑥]。

PPA 与 FAS 158 号文件极大地改变了养老金计划的建构、支付义务的波动性以及成本管理。由于全球投资环境的不景气，上述这些方面都曾经给企业造成特别沉重的负担。《养老金保护法案》与 FAS158 号文件都是 2006 年颁布的，前者于 2011年分阶段实行完成。FAS158 号文件中的规定十分严苛，为了确保完成养老金的支付义务，该准则要求企业提供最终收益表，不过这条规定尚未实行（主要是由于最近严峻的环境）。

8.1　绘制最新的养老金风景图

2007 年 8 月，资本市场开始崩盘，美联储在之后的五年内逐步降息，直至无限期地徘徊在零利率的水平。当美国联邦基金利率与贴现率下降时，用于贴现养老基金债务的公司债券利率也应声下降。所以，即使雇员的数量没有发生改变，工资

---

①　"CRS Report for Congress," CRS-3, RL33703 www. worldatwork. org/waw/adimLink? id=15322.

②　Towers Watson, "PPA Establishes New Rules for Multiemployer Plans," Endangered and Critical Status, www. watsonwyatt. com/us/pubs/insider/showarticle. asp? ArticaleID=16628.

③　Scott J. Macey, "An Emerging Assesment of The Pension Protection Act（June 2009），" www. aon. com/attachments/pension＿ protection＿ act. pdf.

④　Segments 1, 2, & 3, Corporate Bond Yield Curve：www, gpo. gov/fdsys/pkg/PLAW-109publ280/pdf/PLAW-109publ280. pdf.

⑤　Pesion Protection Act 2006, 20, www, gpo. gov/fdsys/pkg/PLAW - 109publ280/pdf/PLAW - 109publ280. pdf.

⑥　"Appendix F：pp. 139 - 141," www. fasb. org/cs/BlobServer? blobkey = id&smp；blobwhere = 1175820923452&bkibgeader = appliation%2Fpdf&blobcol = urldata&blobtable = MungoBlobs.

水平保持平稳，退休人员的预期寿命不变，养老金的债务却似乎在一夜之间暴增了。所有人都在担心全球金融体系会崩溃，人们认为只要远离证券，就能保证养老金相对的安全。如果没有那么高比例的证券投资，养老基金就必须被迫降低其预期回报率。养老基金债台高筑，投资的预期回报率却大幅下降，与此同时，旨在提高养老基金债务偿还水平的新会计准则已开始实行。此外，许多公司现在举步维艰，而且附加资产负债表的波动性（直接收益表的波动性）加剧。

那么，你希望养老基金的管理者们采取什么措施呢？他们需要做好以下三件事：

1. 减少财务报表与养老金债务的波动性。

2. 提高养老金债务的偿还水平。

3. 保证计划资产能够直接依据债务水平进行配置，或者保证有充足的计划资产实现养老风险的转移（在下一章中会谈到）。

以上三项举措的重点在于增加计划资产，减轻债务效应。这类举措被称为"负债保值"以及"追求收益"。[①]

为了理解债务驱动型投资（LDI），你必须首先明白 LDI 与其他每一个投资计划都是不同的。LDI 不仅仅只是将股票投资转到长期的债券中，具体做法比这要复杂得多。所以，在实行 LDI 战略之前，每家企业需要分析各自养老金计划的资金支持情况，然后再有针对性地定制 LDI 项目。每家企业需要明白收益表与资产负债表的过度波动会给日常业务带来多么高的成本。每家企业还需要基于现实的回报预期、政府债券分段贴现率，以及最新的精算预测，来分析实际的资金支持比例。

基于上述分析，企业可以决定"负债保值"与"追求收益"的合理分配。那么基本上它们想在多大程度上降低波动性，另一方面，又想在多大程度上保持投资业绩呢？养老金投资顾问与精算师有可能在这一阶段是不可或缺的角色，他们要为养老基金提供更多的常规性咨询服务。在利率与投资回报率小幅变动的情况下，有必要重新平衡证券投资组合，并降低投资风险。上述这些变化应该有利于实现养老金计划的各项目标。是 100% 偿还养老金债务的目标吗？也许养老金计划想要通过养老金收购来降低风险，并且要控制财务报表在短期内的波动性。这些想法会限制 LDI 项目的运作范围。

最起码，LDI 将债券的期限与养老金计划的债务到期日相匹配，标志着养老金计划对固定收益类产品投资份额的增加。看起来 LDI 是一种谨慎的投资方式，特别有助于实现养老金计划债务的全额偿还的目标。但是，万事都要付出代价。养老基金很难从固定收益类的投资组合中获得理想的回报，特别是当利率接近于零时，情况尤甚。目前的形势正是如此。

---

① Matthew Nili, "Capital Efficiency Matters," BlackRock Multi-Asset Client Solutions, https：//www2. blackrock. com/webcore/litService/search/getDocument. seam? contentId = 1111134370&Source = EARCH&Venue = PUB_ INS.

8.2　风险

养老金计划必须结合目前的状况，通过更精确的途径来解释整体模型中的利率风险、债券风险，以及追求收益风险。下面将对这三种风险进行详细的解释。

利率风险

当利率发生改变时，计划的债务值也随之改变。实行 LDI 应以抵消或尽量降低短期利率风险与长期利率不确定性对计划造成的影响为目标。资产与负债中均存在利率风险。在负债方中，利率对回报会产生一定影响。当利率下降，债券价格上升，典型的固定收益类投资便会遭受损失。至于证券投资组合的损失程度，则视不同养老金计划的具体情况而定。养老金计划可以通过以下几种途径来解决这一问题：首先，养老金计划可购买到期日与受益人预期领取养老金时间一致的固定收益类产品。然后再通过购买利率掉期应对利率的变动，来提高未来利率的可预测性，锁定利率，并预测一个合理的贴现收益率曲线。[①]

债券风险

如前文所述，2006 年颁布的《养老金保护法案》基于公司债券率，规定了具体的养老金债务三个不同阶段内的贴现率，即 0 至 5 年，5 至 15 年，以及 15 年以上的贴现率。[②] 这个风险是翻倍的。首先，LDI 中的任何变动会导致不同到期日的政府发行与公司发行的债券投资的增加。所以，最明显的风险就是公司债券的价值随着利率的波动而变化，从而影响证券投资组合的价值与波动性。然而，更关键的风险/机会就是三个阶段的养老金债务贴现。当以公司债券利率作为基础，人们用贴现率来计算未来养老金债务的现有价值时，就会直接影响养老金计划的资金状况、以固定收益类产品为主的投资组合的收益，以及养老金的缴费额。养老金计划可以利用债券掉期及对应的票面期限来应对风险。养老金计划还可以通过期权利用利率上涨的机会来获利。

当本·伯南克建议不要上调利率时，随着美国经济的走强与失业率的下降，利率最终还是上调了。随着美联储利率的上调，那些公司债券的利率也随之上涨，养老金计划便希望趁此机会获利。还记得吗，从短期来看，对养老金计划而言最重要的是消除波动性，并保证资产与债务的匹配，但这往往是以降低投资回报为代价的。当公司债券利率上涨，用于计算养老金债务的贴现率也随之上涨。养老金计划

---

① Jan Baars, Leah Kelly, Petr Kocourek, and Epco van der Lende, "Liabilit Driven Investing: Hedging Inflation and Interest Rate Risk," Global Asset Management: Multi-Asset Solutions Research Papers, November 5, 2012, www.cfsgam.com.au/uploadedFiles/CFSGAM/PdfResearch/121116_ MAS_ Research_ Paper_ 5_ Liability _ Driven_ Investing. pdf.

② www.gpo.gov/fdsys/pkg/PLAW-109publ280/pdf/PLAW-109publ280.pdf.

现在可以持有定期的投资产品，以及使用金融衍生工具保持稳定，也可以利用利率上涨的机会，通过卖空期权来获利。债券风险大多会对"债务保值"有直接影响。

追求收益风险

当债务驱动型投资标志着投资重点转向固定收益类产品时，证券投资组合便不会再变成单纯的债务证券。事实上，其他的资产类别对于需要保持长期稳定性与（或）可转移性的养老金计划来说也是极为重要的。[①] 但使用其他类别的资产也会受到 LDI 投资目标的影响。例如，股票依然在美国养老金计划"追求收益"的部分中扮演着至关重要的角色，对空账严重的养老金计划来说，股票投资尤其重要。养老金计划的投资越偏向固定收益类产品，短期内的计划缴费率可能就越高。如果计划出现空账，而且已经努力地在减少资产负债表上的"未支付债务"项，那么就更需要保证足量的股票投资，但必须以 LDI 的方式进行投资。首先，我们看到有越来越多的资金投入到多种形式的股票中：美国跨国股票、新兴市场股票、全球股票，以及股票的衍生产品。不过，股票收益与利率环境没有直接关系，利率代表了机会成本以及为美国企业借入资金的成本。所以人们对低廉的全球股票与美国跨国股票的投资会有所增加。因而，有必要将阿尔法（提示：高风险调节收益）从贝塔（系统市场风险产生收益）中分离出来。在一定的市场指数下，不同板块的全球股票都可以以低廉的价格购买到。养老金计划通过寻找阿尔法以及获得便宜的贝塔，将有希望看到股票组合的升值空间。管理人还可以采用简易的阿尔法战略，在承担股票风险的同时提高投资回报；与此同时，卖空做多头寸的工业/板块/市场的市场指数。这将创造一个事实上的市场中性策略，而这种策略可以充当某种建立在成本收益基础上的投资战略。

8.3 LDI 的基本方针

养老金计划还保留了其他的资产类别与投资工具，包括对冲基金、私人股权以及房地产，但决定投资行为是否谨慎的审查机制必须遵循 LDI 的基本方针。时间表、预期回报率、风险分析以及适应性，对债务的到期时间非常敏感，而波动性则对债务所处每一个时间段都会产生影响。LDI 会杠杆化固定收益与债券/资产的匹配期限，但它也会显示出其他资产类别和工具投资。

所有的 LDI 投资都必须依据成本与计划目标进行。为了更完整地理解本章的内容，请谨记以下四项指导方针：

1. 评估：尽管我在书中细述了 LDI 的优势，但 LDI 并不是一个放之四海而皆准的良方，而且所有的 LDI 的投资方式都存在差异。我们首先要分析计划的债务情

---

① https：//institutional. vanguard. com/iam/pdf/Paul_ transcript. pdf.

况、能够用于偿还债务的资产情况，以及财务报表波动性对企业的影响。

2. 决定各自对债务保值与追求收益资产的需求。对于一些大型的养老金计划而言，由于有充足的资金，它们只需降低投资的波动性，因此它们更重视债务保值以及固定收益投资与债务到期日的匹配。而对于一些小型的或资金不够充裕的养老金计划来说，它们则更注重追求收益的资产。基金管理人需要综合考虑波动性、回报以及成熟的 LDI 投资方式这些因素，为这些养老基金量身定制投资策略。但不管是哪种规模的养老金计划，最后都会重点关注计划的债务并限制投资波动性，而不是单纯地追求收益。高阿尔法与低贝塔的投资战略会越来受欢迎，而其他的投资策略则要求对流动性与透明性更敏感。

3. 定期再评估、再测量、再分析！养老金资产与债务在不断变化之中。因此，资产管理人、会计人员、精算师以及养老金顾问需要经常监督投资回报的预期、期限、避险头寸以及风险。

4. 考虑风险！利率风险、投资风险、债券风险、股票风险、其他风险等。这么做很谨慎，也很必要，而且仔细分析风险才是实现阿尔法的重要条件。人们可以通过合理的风险分析提高投资回报，同时降低风险。

债务驱动型投资也许是今天管理人能够用于管理养老金的最佳工具。它最突出的特点在于将债务需求与资产收益需求很好地统一在一个投资战略之中。它注重控制波动性，因为波动性已然成为养老金管理人最头疼的问题（多亏了监管人、会计人员以及普通市场的监督）。对于资金相对充裕的养老基金来说，LDI 是一种极容易使用的投资工具，但对那些筹资困难的养老基金而言就难得多了。不过，LDI 传递的理念对所有的养老基金都是有益的，而且在锁定养老金债务并最终共同转移风险这一必然进程中，LDI 让你迈出了第一步。养老金计划投资模式向 LDI 的任何一点转变都是有利于计划参与人的明智之举，因为它提高了人们退休收入的安全性。

第 9 章

获取养老金的强大工具

　　现在我们已经花了不少时间来概述导致全球养老危机的问题。很显然，它们是真实存在的紧迫问题，它们不会自行消失，也不会因为简单的政策调整而消失。我们已经重点解释投资技术在攻克这个问题上的重要性。事实上，在简单的资产和负债层面，如何管理你的资产是解决眼前问题的关键。当然，前提是当谈到责任义务时，你不想成为修正主义者。最近我被问及关于养老金负债的腐败和欺诈行为方面的问题，一切都显而易见，特别是公共基金在某种程度上因上述问题而受到侵蚀，具体表现在允许工龄较长的员工在他们工作的最后一年巧妙利用制度的某些规定，使退休收入最大化。而像虚假工作和获取多种退休金这类的行为就更加恶劣了，更有甚者，还悄悄地虚报过去几年中的养老金给付水平（或者是提高，或者通常是延长时间），目的是为了提高养老金的平均给付水平。我承认，这加剧了问题的严重性，但是我认为这并不代表超过 10% 的计划拥有良好的监管，也不代表可能20% 的计划存在腐败的管理。

　　关键是，除非你确实准备打破也许早在 40 年前就订下的社会契约，违背养老金给付承诺，否则解决问题的唯一途径就是通过某种形式增加养老保险的缴费，或对资产进行更优质的管理。事实上，养老金计划的收支平衡更多地取决于收益流而不是缴费，但我想重点强调一下后者，因为在退休周期的后期阶段，由于储蓄太晚而不能借用复利之力，所以增加缴费往往是剩下的唯一能解决问题的工具。

　　如果我们都认可上述观点，那么很有必要花时间阅读一下第 4 至第 8 章，看看如何通过新兴途径应对资产负债表中的资产问题。当然，还存在其他一些重要的工具也可用来解决问题。我把它们称为"动力工具"，不是因为它们比复利（也许是除了重力之外最让我们感觉到脚踏实地的力量）更强大，而是因为它们不是普通的工具，甚至养老基金管理人对其都不能拥有充分的自由裁量权，尽管它们都是对养老基金造成重要影响（现在或未来）的工具，但它们往往具有外部性。

9.1　养老金担保公司

　　养老金担保公司（PBGC）是为美国那些疾病缠身的养老金计划，通常是那些已经破产的公司而建立的医院。它是《雇员退休收入保障法案》框架下的一家联邦公司，旨在保障私人退休金计划参与者的基本利益。

养老金担保公司目前负责保证近 27 000 个退休计划中的 4 400 万美国工人的基本养老保险待遇。养老金担保公司旨在促进私人养老金计划的运行（理论上），当企业不能维持计划的运行并提供养老金给付时，它会想办法给予企业一定的激励。正如养老金担保公司对自己的描述：

养老金担保公司是依照 1974 年出台的《雇员退休收入保障法》的规定而建立的，它鼓励企业延续并维护私营待遇确定型养老金计划，及时并不断地提供养老金给付，且将养老保险费控制在最低水平。[①]

这个任务有点矛盾（也是值得称赞的），因为保费不断上涨，而且基金管理的规定越来越严格，对私人固定收益型养老金计划的延续不利。自 1974 年以来，养老金担保公司担负了 4 300 个失败计划中的 150 万人的养老金给付义务，它大约要支付 260 亿美元的养老金，而且担保公司未来还要为其所保障的计划支付 2 270 亿美元的养老金。作为一个机构，它面临着持久的挑战。

养老金担保公司有三个总体战略目标：

1. 保护计划并保障养老金计划参与者的利益。

2. 及时、准确地支付养老金。

3. 保持高标准的管理和问责制。

养老金担保公司不是一个"美国政府完全授信的机构"，也不在政府的预算范围之内。当然，它的运作是依靠那些受到保护的且建立了待遇确定型养老金计划的公司缴纳保险费来实现的，而且担保公司是计划资产投资收益的受托人。偶尔，它们也会对建立了养老金计划的破产公司采取一些措施，以补充自身资金的保有量，在某些情况下，担保公司会允许企业清算资产或进行并购。有意思的是，虽然担保公司得不到国家的财政支持，但担保的保费率却由国会决定。由于养老金担保公司确实不是一个政府机构，如果让我就美国政府如何远离索赔的风险提出建议的话，我会提议改变目前的做法。然而，私人养老金计划的安全与稳健太过于重要，是联邦政府劳动部工作的核心，因此对于联邦政府而言，正如它们自己所说的，当祸延己身的时候，这个叫做养老金担保公司的"独立"实体很可能并不比房利美（FannieMae）和房地美（Freddie Mac）更加独立。

养老金担保公司与政府的另一层联系在于，它的董事长是由总统任命，并由美国参议院确认。董事会负责政策监督，但由于董事会成员由劳动部（主席）、财政部和商务部共同组成，所以可以很肯定地说，这个公司短期内是个准政府实体，但未来将变成政府机构。

---

① 　www.pbgc.gov/about/who-we-are.html.

9.2　担保公司保险计划的影响因素①

根据养老金担保公司自己的战略计划，以下四个因素对其项目的影响最大：

1. 人口：美国人的平均寿命不断增加，而劳动力却在迅速老龄化。在接下来的五年中，退休人员规模将增加，因为出生于 1946 年至 1964 年间的超过 7 600 万的美国人——婴儿潮时期出生的人——将进入他们的下一个人生阶段。这还是一个十分保守的估计。

2. 经济：经济衰退和缓慢复苏对养老金担保公司的资金状况会产生直接的影响。这是另一个十分保守的估计。

3. 待遇确定型养老金计划：参与待遇确定型养老金计划的雇主更少。庞大计划的终止，计划的冻结，计划关闭以拒绝接受新参与者，在成熟的计划中死亡人数超过了新进入者，符合一次性提取养老金的工人数量增加，这一切导致计划覆盖的参与人数下降。全球待遇确定型养老金计划的情况基本都是如此。

4. 长期风险：我们对未来 10 到 20 年的情况进行了预测，预测结果显示更多的计划失败了，并出现更高的赤字。预测还显示综合雇主养老基金计划项目大约有 30% 的可能会在 20 年内用光所有的钱。

这让我想起了关于恐龙大会的老笑话，与会者发言说道："女士们、先生们，前景不好；全球气候正在发生变化，植被在不断消失，流星的冲击也越来越频繁……我们都有一个核桃大小的大脑。"

新情况——据报道，养老金担保公司的财政年度赤字从去年担保的 260 亿美元大幅跃升至 2012 的 340 亿美元。我们从图表 9-1 中可以看到，过去十年，没有谁向担保公司那样出现 30% 的赤字增加，并达到 340 亿美元的高峰，受到担保的计划越来越多，同时投身于计划的参与者规模也越来越庞大。

图表 9-1　　　　　　　　**养老金担保公司赤字和统计数据**

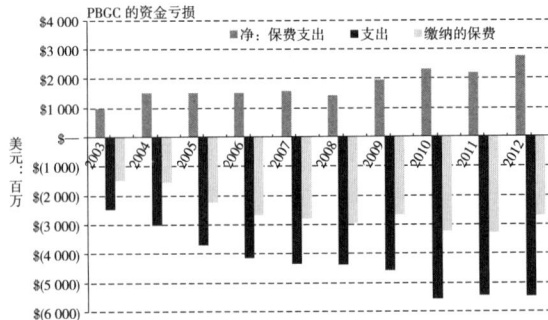

资料来源：养老金担保公司。

---

① Pension Benefit Guaranty Corporation Strategic Plan FY 2012 – 2016，www. pbgc. gov/Documents/2012 – 2016strategicplan. pdf.

9.3　计划终止

养老金担保公司依据 ERISA 法案第 6 条的规定控制着养老金计划的终止和转移，而且渐渐地，这可能成为它在全美最重要的功能。根据养老金担保公司"手册"①，雇主可以自愿要求正常终止其养老金计划，也可因资金困难而要求终止。如果是正常终止，那么该计划在终止之前，必须有足够的钱支付所有的累积权益归属，不管是不是既定的。工人们可以一次性领取雇主承诺的养老金，也可以通过保险公司（合格的保险公司）年金的形式领取，此时担保公司的担保义务也随之结束。如果是因资金困难而终止，计划没有足够的钱来支付养老金，雇主必须拿出严重资金困难的证明——比如计划如继续运行将迫使该公司关闭或破产的可能。在这种情况下，担保公司会先替雇主支付养老金，然后由雇主和/或法院向担保公司偿还资金。

2006 的《养老金保障法案》（PPA）中的一些条款会对担保公司产生一定的影响。这些措施包括，所有准备终止计划的雇主必须每年为每个计划参与者缴纳 1 250 美元的"终止保险保费"，共缴纳三年；从计划发起人（雇主）破产之日起"停止对终止计划养老金权益的累积"，从破产之日起的五年内可提交关闭厂房的申请，这一条款导致保险费上涨，并再一次明确了养老金担保公司只负责保障待遇确定型养老金计划，缴费确定型计划不是其保障的对象。还有，计算终止成本，确定债务是以贴现率为基础的，这点非常重要。在 PPA 条例出台之前，企业可以同时使用公司债和国债的收益。现在它们只能单独使用企业债这一项收益，这么做的净效应是降低了计划本身的负债，因为公司债的收益一般要高于国债（如果美国利率继续下降，情况可能就不是这样的了！）。

养老金担保公司和其他国家的机构一样（英国的养老金保障基金）是养老保险制度的重要组成部分，它为退休者提供收入保障。只要有私人养老金计划和私人公司存在，就会出现资金不足的情况（计划设计方面的原因或者偶然因素所致），从而会有公司倒闭，留下"孤苦伶仃"的计划参与者，雇主向他们承诺的养老金无法兑现。虽然这是养老金担保公司的一个非常重要也非常基本的目的，但我想指出的是，也许在未来它会扮演一个更重要的角色，那就是美国企业的看门人。我的意思是，现有的建立了待遇确定型养老金计划的公司将来在很大程度上会受控于养老金担保公司。没有养老金担保公司的批准，这些企业不能合并、分立或兼并，甚至在履行担保公司规定的养老金支付义务之前不得清算或稀释公司股份。企业建立的养老金计划所带来的金融风险已经超过了企业本身的资本规模，随着越来越多的公司寻求控制养老金风险的途径，它们冻结计划，转移风险，并最终完全终止养老

① www.pbgc.gov/about/how-pbgc-operates.html.

金计划及其伴随的义务的行为，都必须得到养老金担保公司的批准。一旦所有的公司都使用缴费确定型养老金计划而不是待遇确定型养老计划（至少现在还有此种计划），受制于养老金担保公司的企业就会少得多，但现在，一大批公司（超过27 500份计划与4 400万名参与者）还处于养老金担保公司的管控之下。正如我所说的，在下一节中你会进一步看到，由于养老保险基金管理人能够用来实现债务处理及资产增长的金融工具种类日益减少，养老基金管理人转移风险的能力逐渐成为一个相当重要的问题。

9.4 养老保险风险转移

接下来的内容将具体阐述养老保险风险转移技术类型的细节。

风险的减轻

计划经理管理责任的能力是非常有限的。许多公司因此越来越倾向于把债务转移给第三方公司。然而，在企业建立这样一个高成本且受严格监控的养老金计划之前，它们会先确定好成本以便能保证养老金的给付，然后再运用每一种可能的形式来实现风险减轻策略。从本质上讲，企业将需要减轻养老金的支付义务以及投资对它们各自的资产负债表、费用水平和流动性的影响。为此，企业将实施我们在第8章中所谈到的名为债务驱动型投资（LDI）策略，这一策略主要是使用固定收益投资来实现养老金资产与养老金负债的匹配。由于安全的持续时间与相应的债务部分重合，因此LDI可以减少波动，使雇主每年必须缴纳的费用更加具有可预测性，并限制了其对财务报表的影响。养老金计划可以采用便宜的贝塔与昂贵的阿尔法策略来补充固定收益分配的适当回报。

图表9-2提供了一张"小抄"，我把它用在我的养老金课程中，其有助于学生更轻松地了解养老金的经济力量。

图表9-2展现出了一种概念，即私人养老金计划与将其建立起来的公司在金融和经济场景方面有着千丝万缕的联系。以经济增长和通货膨胀这两种常见的场景作为中轴线，你会看到四个象限的结果或多或少符合养老基金或企业所面临的真实情况。每个人都可以在高增长、高通货膨胀的情况下胜出，或者相反地，在低增长、低通胀的情况下也可以胜出。但我却更倾向于认为养老金计划在高通胀的环境下会非常繁荣，而这种环境往往建立在债务贴现的层面上。值得注意的是，建立养老金计划的母公司的增长可能会推翻上述观点，因为养老金计划的资金总是在很大程度上受到企业拥有的资金资源的影响。同样，在FASB和PPA新的"完美风暴"环境下，尽管债务在低利率环境中的非正常增长使得前景不错，但母公司还是很容易就被其养老基金拖累。我认为公司战略的规划者应该比以前花更多的时间来考虑一下退化的养老金计划将如何改变公司的现状与未来。

图表 9-2

养老金经济情景矩阵

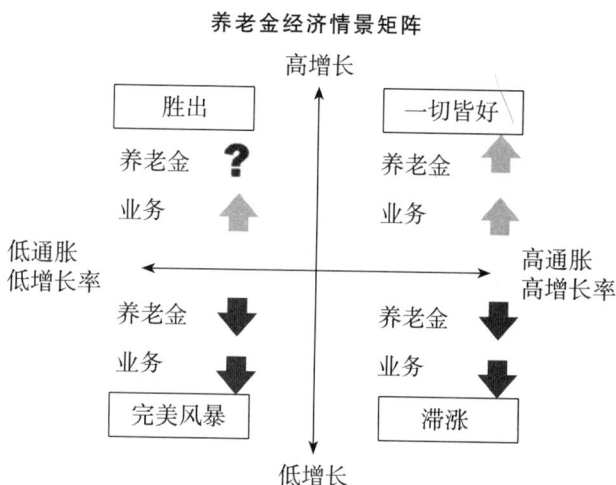

冻结

正如我们在第 5 章中讨论的那样，在终止一个养老金计划之前应先将其冻结。事实上，如果要确定哪些计划将被终止，你应该先看看最近被冻结的计划。决定计划冻结的因素有很多。在准备冻结计划时，企业主要会考虑与其竞争地位以及行业内其他企业的做法所相关的一切事情。尽管待遇确定型养老金计划在吸引和留住人才方面的作用已经大不如前，但企业对其还是比较重视，尤其是在竞争激烈的市场中。第二个非常重要的问题是冻结行动的成本，以及计划冻结对企业的现金状况产生的潜在危害。

在计划冻结情况下，判断财务困难的情况主要是看以下这些方面：资金不足的水平或程度（这决定了需要填补的空账的大小），计划的精算负债与现有负债占企业总市值的比例，计划的现有贷方余额占该公司净收入的比例，对贷款合约的影响，以及在所有预期的计划终止行动中存在的交易对手的潜在信用风险。

冻结的困难程度超越了单纯的财务考虑。一方面需要看在职、退休与离职的计划参与者在整个计划中所占的比例。另一方面我们需要考虑员工团结起来进行集体谈判的情况及其可能对企业产生的不良影响。

一旦你决定冻结计划，那么冻结的确切性质可以有很大的不同。新郎法律团（Groom Law Goup）是 ERISA 事务的专家，它们认为一个计划可以：

- 屏蔽新进入者，而已经在计划内的参与者则继续累积收益（通常被称为软冷冻）。

- 停止所有在职参与者的收益累积，但允许参与者的收益随工资增长而增长（有时也被称为软冷冻）。

- 依据年龄、工龄、岗位分类或工厂的位置停止某些人的收益累积，而不是所有参与者（通常被称为部分冻结）。

　　■ 停止计算所有在职参与者收益累积，所有在职参与者都不再获得收益。资产仍保留在计划中，等参与者退休或离职时再全部支付给参与者，但参与者的收益不随服务年份的增长而增长（俗称硬冻结）[1]。

终止的国家

　　对于许多企业来说，待遇确定型计划很难维持，而对于其他企业来说，缴费确定型计划更具吸引力，也更加实用。但是，如果一个企业已经建立了待遇确定型养老金计划，它必须在将同一群人的养老金计划转变为缴费确定型计划之前，启动待遇确定型计划的终止程序。我们在上文中解释过，计划终止有两种主要类型：正常性终止与资金困难性终止[2]。

　　在正常性终止中，建立计划的企业必须有足够的资产，满足其养老金计划的所有给付义务。企业会一次性将计划资产支付给退休人员和现有受益人，或者将计划转移给保险公司——它们将代替企业每月支付养老金。基本上，计划终止后就中断了未来所有的收益（尽管它保持了现有的收益与既定的收益），然后通常为新员工与无既定收益的员工提供缴费确定型养老金计划。

　　在资金困难性终止中，建立计划的企业无力向受益人支付养老金，并陷入严重的财务困境。事实上，它必须在破产法庭上作出认定，即企业不能解决养老金的债务困境[3]。资金困难性终止后，企业的养老金债务由养老金担保公司来承担，受益人可以从养老金担保公司那儿获得养老金，而不是原来的企业。然而，应该指出的是，养老金担保公司也有支付额度的最高限制，所以应该得到巨额补偿的员工其养老金待遇可能会被大幅削减[4]。基本上，只有拥有充分信心和信誉的企业才能保证为参与者提供足额的养老金。

　　除了这两个终止类型之外，还有一种非自愿终止，这基本上是在养老金担保公司介入后主动采取的行动，大多是在不利的情况下消除自己的责任。

　　最近，穆迪（Moody）瞄准了洛克希德·马丁公司（Lockheed Martin）、波音公司（Boeing）、诺斯罗普公司（Northrop）以及艾克斯力斯公司（Exelis），将它们作为计划终止的可能目标[5]。这些公司还没有证实终止的意图，但由于它们的养老金债务占公司市值的比重已经存在问题，所以穆迪认为这些公司是合适的候选对象[6]。直观地说，这种判断是有道理的。如果一个企业的养老金债务规模大大高于

---

　　① David N. Levine and Lars C. Golumbic, "Freezing Defined Benefit Plans," Groom Law Group, Chartered, www, groom. com/media/publication/733_ Freezing% 20Defined% 20Benefit% 20Plans. pdf.
　　② www. pbgc. gov/prac/terminations/html.
　　③ www. pbgc. gov/prac/terminations/distress-terminations, html.
　　④ For a detailed explanation of maximums, visit: www. pbgc. gov/wr/benefits/guaranteed-benefits/maximum-guarantee. html.
　　⑤ www. bizjournals. com/washington/blog/fedbiz_ daily/2012/08/moodys - predicts - termination - of. html? page = all.
　　⑥ www. bizjournals. com/washington/blog/fedbiz_ daily/2012/08/moodys - predicts - termination - of. html? page = all.

企业本身的市场价值，那么它就已经开始使企业无法专注于核心业务，从而偏离发展轨道。

现在让我们看一下实证数据，这些数据显示了什么是金融高管们最关心的有关缴费确定型养老金计划的问题。图表 9-3 中的数据来自美世公司最近的报告。报告包括了 192 位高级财务主管的回答——88% 的高管就职于年收入超过 10 亿美元的企业，其中 60% 的企业待遇确定型养老金计划的资产超过 10 亿美元[①]。

图表 9-3　　　　　　　　　**美世关于养老管理问题的调查**

你认为，在未来两年中下面哪些因素对贵公司
DB 型养老金计划的决策影响最大？

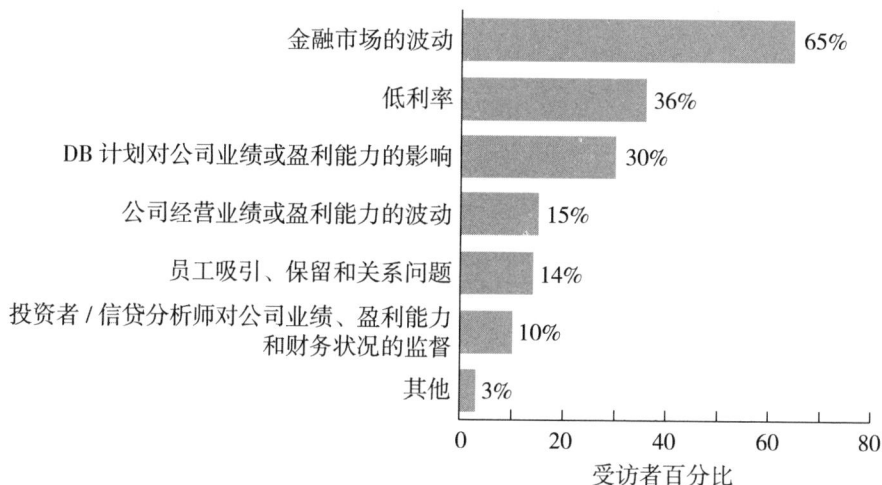

注意：要求受访者最多选择两个选项。由于多个回答，比例总数不足 100%。

资料来源：美世 . 在动荡经济下重新定义养老风险管理［R］. 2011.

金融市场的波动性是影响这些高管考虑待遇确定型养老金计划最重要的因素。这正如我们在第 5 章中解释的那样，流动性成为管理待遇确定型养老金计划时的决定性力量。这与待遇确定型计划逐渐终止的趋势是一致的。第二个最重要的变量是低利率对待遇确定型计划产生的影响。这第二个领域的敏感度的影响更加微妙。当利率较低时，养老金负债则会很高（利率和负债之间存在负相关关系）。对一些计划来说，终止的成本相当高，要终止计划必须向参与者一次性支付所有的既定养老金待遇，或者购买年金保险用于支付养老金待遇。随着利率在零点附近徘徊，当它无处可去后终归是要上升的。所以，有些计划就在等待利率上升。利率上升后，相应的养老金贴现率随之上升，反过来养老金的负债则会降低。同样，由于负债的减少，企业就可以一次性支付更少的养老金待遇给员工和退休人员，从而可以更容易地将计划类型转变为更灵活的缴费确定型计划。

---

① Mercer, "Redefining Pension Risk Management in a Volatile Economy," 2011.

由于成本的原因，公司是不能诱发计划终止的，或者它们会等待利率的调整使计划终止变得更具吸引力。无论哪种方式，它们都表明利率对于待遇确定型计划的决策是相当有影响力的，尤其是在利率上升的时候。

图9-3中还有一个有意思的地方，那就是只有14%的高管认为，吸引和保留员工是在实行待遇确定型计划决策时需要考虑的最重要的因素。这是第二次世界大战结束以来的一个根本性转变，那时的养老金计划都是着眼于雇员的忠诚性与终身性，这一目标在很多美国大公司的发展战略中处于核心地位——这和我们的分析是一致的。

养老金买入

除非之前就签订了合同，否则养老金买入与债务驱动型投资有异曲同工之效，养老金的买入通常是由保险公司经手的。它们的优势在于覆盖面广，不需要破坏现有的资产配置。在有保证的基础上，它们让养老金摆脱了几乎每一类风险负担，其中包括死亡/长寿风险（这就是为什么人们找到保险公司要求其提供此类工具的主要原因）。这通常是在消除养老金债务过程中的下一个步骤。因为它是可撤销的合同，虽然它没有资格参与养老金计划的最终结算，但它仍然是一个过渡阶段，在最终结算方面，它着实为增加的债务敞开了大门。

买断养老金

买断养老金已成为包括通用汽车公司、威瑞森通信公司、福特汽车公司和纽约时报公司在内的一些美国最杰出公司的前沿做法和中心任务。

在买断养老金的过程中，养老金计划的主办企业，要么一次性支付给受益人一笔钱，要么为他们提供了由保险公司发行的年金保险，或两者兼而有之。计划主办企业想降低待遇确定型计划对它们财务报表的影响，并将退休规划固有的风险转移给第三方保险人或者受益人/退休人员。

如果主办企业选择提供年金保险，它们就会与保险公司取得联系，将部分或整个既定养老金债务转移给保险公司。在这类交易中，保险公司将接管相关养老金的支付义务，并成为计划受益人养老金待遇的新的提供者。不过，年金持有者现在只能与保险公司打交道，计划主办企业对雇员和退休者不再负有养老金的给付责任。这些养老金计划完全倚靠保险公司的信用，养老金担保公司不再对其负有责任。2012年10月17日，威瑞森公司通过从保诚保险公司购买一组年金合同，发起了部分买断计划[1]。这项交易最终批准仍悬而未决，但此合同有望缓解威瑞森公司300亿养老金规模中的75亿养老金的负担[2]。

---

[1] www. pionline. com/article/20121017/REG/121019896.

[2] http://www22. verizon. com/investor/news_ verizon _ to _ transfer _ 75 _ billion _ in _ management _ pension_ plan_ obligations_ to_ prudential_ 10172012. htm.

　　这项交易使威瑞森养老金伤口有所愈合，并且可以化解其一部分即将要支付债务的风险。养老金风险转移应被纳入企业战略规划的各个方面。例如，部分的养老金计划买断对一些建立了待遇确定型计划且想借此来吸引和留住人才的企业来说可能是适当的。与在债券废止中利用低利率对债券进行预偿相似，买断部分计划可以用来化解一笔特定的养老金债务风险，同时对待遇确定型养老金计划进行改进，使其变得更实惠。

　　另一种买断养老金的选择是让主办企业一次性向计划受益人支付养老金。计划参与者通常可以选择是否接受一次性给付。支付给每个参与者的给付金额根据最终工资、预期寿命以及利率来测算。当选择一次付清时，有几点需要仔细考虑、分析。首先，待遇确定型养老计划的一个关键优势在于，计划参与者不必承担投资风险——而且有确定的待遇承诺。然而，一次性给付的计算的实质是假定收益率。也就是说，如果收益保留在计划中，那么参与者得到的收益将是经过修正后的现值。因此，养老金计划的主办企业投资的目的是满足其受益人的给付需求。然而，如果参与者选择一次性给付，那么每个参与者的行动将直接带来投资风险。一次性给付养老金资产虽足以满足退休者现在的需要，但投资并管理养老金的责任就完全落在参与者个人而非主办企业身上。纽约时报公司为大约 5 200 名退休人员提供了一次性给付的养老金，从而化解了部分养老金的责任风险①。

　　随着利率的上升，购买年金保险的成本下降，同时用于适应越来越复杂的监管环境的成本不断升高。计划的主办企业可能会综合运用这些选择来实现养老保险的风险转移。为实现这一目标，通用汽车公司标志性地实行了混合式的政策，既提供了一次性给付，又购买了年金保险。通用公司已经为 118 000 名退休者签订了集体年金合同，而且还为大约 42 000 名已退休人员提供了选择，他们可以在新的年金和一次性给付之间作出选择②。基本上，选择年金的退休人员，他们每月将直接从保诚保险领取退休金。养老金担保公司不再负有担保责任，每月的养老金给付将依靠保诚保险的充分信誉来保证。不过，如果人们选择一次性领取养老金，那么他们会收到一张支票，每个参与者的支票金额都经过具体计算，退休后，参与者不再能够每月领取养老金。

　　通用公司的处理办法体现了两个关键的亮点：

　　1. 越来越多的企业将面临养老金风险转移的问题，它们将使用新办法和新的保险结构来应对规模庞大的养老金负债。

　　2. 计划参与者需要更好地了解个人利益和养老金风险转移，特别是针对那些面临多种给付选择的群体。

　　让我们通过一个例子来说明受到养老金风险转移影响的个人不得不考虑的问

---

①　www. businessinsurance. com/article/20120914/NEWS03/120919917.
②　http：//ljpr. com/files/GMLumpSumOfferWhitePaperLeonLaBrecque，pdf.

题。2012 年 7 月 18 日，《纽约时报》刊登了一篇题为《通用汽车退休人员养老金的买断》的文章①。该文介绍了一个具体的退休人员约翰·马修斯的情况。他是通用公司的职工，大半辈子都在通用公司工作。马修斯可以一次性领到818 000美元的养老金给付，或者每月 4 854 美元的永久年金。现在我们来做三个简化的假设：

1. 约翰的身体状况还不错，他有望活到 83 岁。

2. 这意味着，在一个纯粹的原始数据的基础上，约翰要考虑将今天领到的 818 000 美元用来覆盖将来 240 个月的支出，或每个月领取 4 854 美元的养老金。仅供参考：818 000/24 = 3 408。

3. 在买断养老金时，有很多的变量被用来计算受益人每月领取的养老金金额或者一次性给付的金额。其中主要包括：在公司任职的时间、最终薪金、预期寿命，等等。然而，为了更好地理解个人决策的依据，我们要使用一个隐含的增长率来描述今天的货币与从今天算起 20 年后的货币之间的区别。再次，虽然这些计算不同于通用公司养老金计划中的精确计算，但更重要的是了解问题的概念，而不是去简单记忆它的死亡率指数和公司债券使用的基准。

如果你只是简单地用 4 854 美元乘以 240 个月（每年 12 个月，63 岁至 83 岁之间的 20 年），那么约翰将在他退休时获得 1 164 960 美元的名义累积养老金。如果约翰接受 818 000 美元的一次性给付，然后把钱放在非计息的账户中，那么他在退休后的 20 年中，每月只能领取 3 408 美元——死后仅仅留下一个完全耗尽的账户。如果你的分析只能到这一程度的话，那么你可能没有仔细阅读这本书。相反，我们需要作出一定的收益假设。

让我们假设约翰选择了 818 000 美元的一次性给付，在 20 年的 240 个月里，每月提取 4 854 美元（模仿年金选择）。他将所有的养老金都用于投资，投资回报率达到每年 5%。正如所预测的那样，约翰生活了整整 20 年，但当生命走到尽头的时候，他的投资账户还余下了 214 575 美元。要是他当初选择年金，他的房产并不会产生更多的收益。因此，选择一次性给付，他的生活会比较宽裕。同样，如果他的投资账户每年的收益率达 6%，最后的账户余额将是 451 529 美元。但是，要是他每一年仅仅取得 3% 的回报，约翰的钱只够支付 218 个月，在最后剩下的 1.83年里，每个月无钱可用。如果他在此期间只得到 2.5% 的年收益，那么他的钱只够用 207 个月，最后的 2.75 年中没有收入。很明显，在这个例子中许多固定的假设是虚构的，但它为我们提出正确的问题提供了框架。

问题的变化

以下几页的评论只是简要地对刚刚介绍的约翰·马修斯/通用的例子中一些问

---

① www. nytimes. com/2012/07/19/business/retirees – wrestle – with – pension – buyout – from – general – motors. html？pagewanted = all&_ r = 0.

题的变化进行解释。

比预期活得更久或死得更早所带来的影响

如果约翰在退休才 15 年、10 年，甚至 2 年之后就不幸去世了，他将不能再领取年金，他和他的家庭就会失去大量的潜在利益，所以他有理由活得更久。相反地，如果约翰吃麦片，活到 98 或 100 岁高龄，那么约翰在年金与一次性给付之间会做出什么样的选择呢？他的家庭成员会依靠约翰的月收入生活吗？约翰想要把来自于待遇确定型养老金计划的累积财富传递给未来几代人吗？现在重新考虑一下之前的困境。如果他只能活着拿到 5 至 10 年的年金，约翰是应该选择一次性领取818 000 美元还是每月领取年金呢？

年金保险人的风险

在通用汽车公司的例子中，如果约翰选择了一次性给付，他收到一张经过一定概率计算后的支票。保诚恰巧是在养老金风险转移中拥有一定技巧且非常稳定的公司。然而，如果保诚都破产了，约翰每月领取的年金将岌岌可危。记住，一旦养老金负债出售给保险公司，养老金担保公司将不再对受益人负有任何担保义务，年金的支付完全依赖于保险人的信用。

投资的额外风险——以防不测

除了以上总结的投资风险之外，人们还必须未雨绸缪。特别是随着人们年龄的增长，不可预见费用的发生越来越频繁。比如说五年后，约翰需要 40 000 美元的手术费，但这却不在他目前参加的医疗保险的支付范围之内。没错，他的账户余额就这样减少了，而且在 20 年的退休时间里，他还失去了这部分本金可能产生的重要的投资回报，以及回报累积之后带来的回报。计划内支出的小幅增长可能会大幅改变整体的盈利潜力，这种影响通常在支出之后的几年里最为突出。当人们规划退休的时候，必须为意外情况做好准备。我们都是事后诸葛亮，并很容易在给定的一组条件下认为自己的选择是非常正确的。然而，现实的情况是，参与者必须向自己问无数个问题，而且每出现一个新的变量，就得修正这种迭代分析。

我曾经与一个关于制定各种解决养老金风险转移方案的团队一起工作过，这个团体是一个名为笔桥（Penbridge）的咨询公司，由史蒂夫·基廷领导，他把他的一生都献给了翰威特公司（Hewitt Associates，一个大型的养老金咨询公司）和拉扎德公司（Lazard Frers，富有传奇色彩的投资银行）。他在图表 9-4 和图表 9-5 中描述了各种风险转移解决方案的取舍。

图表 9-4 **待遇确定型养老金计划的风险转移**

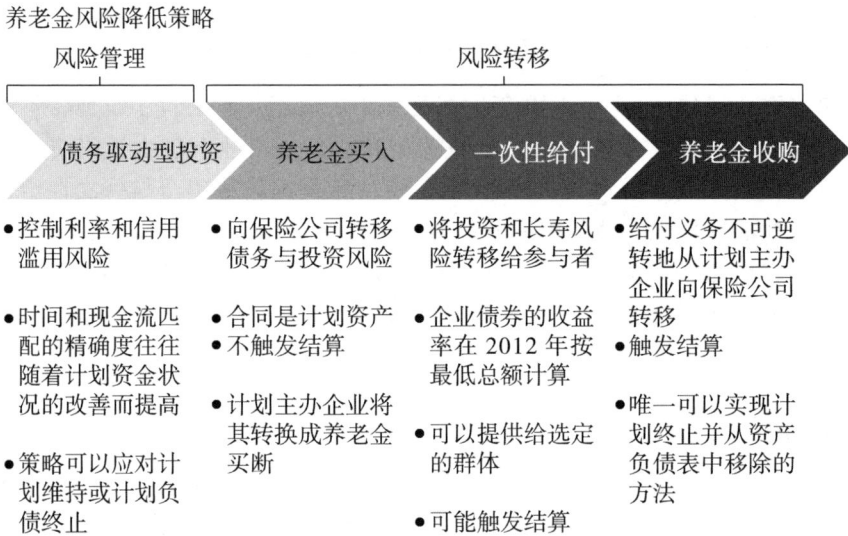

养老金风险降低策略

| 风险管理 | 风险转移 |

债务驱动型投资	养老金买入	一次性给付	养老金收购
• 控制利率和信用滥用风险 • 时间和现金流匹配的精确度往往随着计划资金状况的改善而提高 • 策略可以应对计划维持或计划负债终止	• 向保险公司转移债务与投资风险 • 合同是计划资产，不触发结算 • 计划主办企业将其转换成养老金买断	• 将投资和长寿风险转移给参与者 • 企业债券的收益率在 2012 年按最低总额计算 • 可以提供给选定的群体 • 可能触发结算	• 给付义务不可逆转地从计划主办企业向保险公司转移 • 触发结算 • 唯一可以实现计划终止并从资产负债表中移除的方法

资料来源：笔桥咨询公司。

图表 9-5 **待遇确定型计划的风险缓解比较**

养老金风险降低策略

		债务驱动型投资	养老金买入	一次性给付	养老金收购
风险因素	利率 / 信用风险	Y	Y	Y	Y
	债券的违约风险	N	Y	Y	Y
	长寿风险	N	Y	Y	Y
	利益选择风险	N	Y	Y	Y
其他因素	结算债务	N	N	N	Y
	参与者承担风险	N	N	Y	N
	保险公司利润差价	N	Y	N	Y

| 正 | 负 | Y= 是 | N= 否 |

资料来源：笔桥咨询公司。

9.5 合成共同基金

合成的共同基金是一个极好的概念，它是由我最有创意的华尔街朋友彼得·弗罗伊德发明的，那时他在芝加哥第一银行工作。作为银行的代表，他在 2002 年提出了专利申请，2009 年获得认证（美国专利 7606756）。彼得正在实现他的发明。

该过程可能还需要一些时间，因为它在许多层面上是非常具有地震式的破坏性作用，他必须很细致地进行。它或许是人类历史上最伟大、最持久的套利，嵌入在这个概念中是非常令人震惊和敬畏的。现在有一个非常大胆的断言，请注意，可能有一天，有样东西的特征将会是，货币化的阿尔法中的阿尔法。

问题

资产管理的最重要的事实实质上还是一个秘密。在过去的 29 年中（自 1984 年起），国内积极管理的股票共同基金的货币加权综合收益每年至少落后于标准普尔指数 6%。如今，市场无效资金总额每年高达 2 600 亿美元（6%×4.4 万亿美元）。这显示出无与伦比的创造巨大风险调整收益的机遇。

同时，零售资产管理是不断变化的，就像制度管理，通过指数的获得来介入管理。交易所交易基金（ETF）是主要的指数工具，如股票上市交易，这些指数工具正在迅速地增长。基金分销商逐渐被迫以所谓的开放式体系结构为导向，这意味着他们得从多个管理者那里得到并提供多种产品而不是专有的产品。缴费确定型养老计划的主办企业在为参与者提供福利时，再次寻求成本效率的改进，而这种行为又是优先于品牌。这对共同基金流量产生了很大的影响。然而，共同基金公司仍然是非常有利可图的和有价值的，因为在其管理下伴随的是 30% 到 40% 的营业毛利，3% 到 4% 的管理资产估值……至少要等到这个机会来临。

美国投资者仍持有价值 4.4 万亿美元的积极管理的股票共同基金。大多数共同基金公司并没有为散户投资者提供较好的服务（至少不是在这个领域）。约翰·伯格与其他人经常指出，摩擦成本与基准指数的跟踪误差平均为 1.5% 至 2%（包括费用、开支、保管等）。在达尔巴、茨威格/晨星以及其他一些专家看来，积极管理下的股票共同基金的货币加权投资回报率，滞后于标准普尔额外 4.32 个百分点或更多，这可能是错误的市场时机而引起的。

理念

通过一个大型基金平台推出一个合成基金（SFs），这个平台属于一个信用级别较高的基金发起公司。该基金将定位于占领所有市场领域，包括零售基金——共同基金的替代品，"机构个人化"——为待遇确定型养老金计划设立的混合基金，以及机构和高净值——产生高阿尔法的传输机制。它将使基金发起人在提供低成本零售基金的同时，还能实现高附加值阿尔法。它将为基金发起公司提供一个高度稳定和适销的资金来源，这一来源建立在基金制的基础之上，该制度表明了这一概念的重要性（如图表 9-6 所示）。

解决思路

合成基金——与基金绩效相关联的评级最高的结构性票据——为投资者提供了

图表 9-6 　　　　　　　　　　　　　**合成基金流**

在过去的几十年里，积极管理下的股票共同基金（MF）的美元加权平均回报，落后于一般市场 600 bps / 年。

主体	回报
重要投资人	投资共同基金（MF）+50bps
养老基金	以避险为基础的交易：标准普尔 – 共同基金——300bps（预期利润：300bps）
发行人	50bps 的费用
出资人	资金成本：伦敦同业拆借率（LIBOR）——200bps

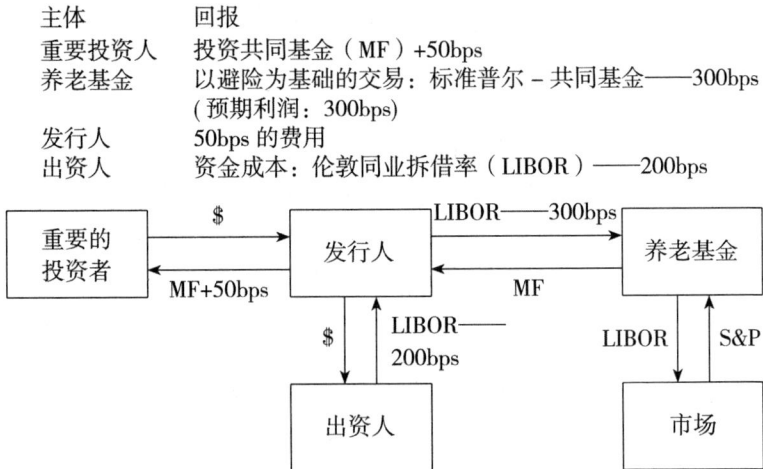

与目前拥有的基金同样的选择，但其收益却更大也更确定。投资者会为特定的共同基金选择（可能在所有积极管理的共同基金中选择）市场风险，但每年可以得到相应的基金份额 0.5% 的收益，同时享有相同的流动性，并可以避免风险发生变化时的费用。

发行人通过销售、套期保值和管理累积的风险的方式来承担本金风险，利用网络及其关联性，有效地承销不断累积的类似于衍生品业务的风险。因为几乎没有边际成本，发行人可以为投资者提供所有的共同基金的市场风险，通过套期保值，市场风险可以综合产生一个庞大并非常稳定的资金量，约等于实际上的管理资产，而且可以用于其他用途。

产品如何运作

这个概念的一个关键方面是减少投资者和经纪人的行为变化。投资者可以用发行人的高级别的票据代替正持有的（活跃的股票）共同基金的股份，目的是多赚取 0.5% 的回报。它与发行人将为投资者提供一站式购物，并模仿几乎所有积极管理的股票共同基金（后来的分支超越了股票）。这种便利对于投资者来说是不可小觑的。所有的状况都可以在单一的报表上进行管理和报告，或被纳入到经纪人的报告系统中。发行人将能够在每月的报表中追踪并报告投资者所赚取的额外回报。

有的监管所需文件较少，只要一个招股说明书就可以了，对经纪人/顾问的激励与共同基金相同。流动性和费用与作为参考的共同基金一致，再加上更高的回报和零成本的基金转换，合成基金将在市场上为共同基金投资者提供最好的价值选择。

一个引人注目并且独特的机会

这是个巨大且具有全球性的机会。它包括了从散户到机构以及所有介于两者之间的投资者。

美国国内目前投资于积极管理下的股票共同基金的资金有 4.4 万亿美元。合成基金发行人只要抓住 10% 的市场份额，就能拥有十分巨大的基础贸易额，而且损益报表的波动对所有的企业来说都是致命的。另一方面，由于养老基金着眼于长线投资，对它们来说，承受规模庞大头寸的波动性并没有那么痛苦，尤其是在任意的多年期里预期收益较高而风险损失非常低的情况下。

机构投资者最近已经认识到，无相关性资产可以在没有日益增加的风险的前提下，让他们获得增量收益。无相关性资产的承诺解释了对冲基金资产快速增长的原因。多头或空头的仓位正可以说明这一点，那么：

1．是不是与其他资产也不相关？

2．这种不依赖于"黑盒子"或交易者"短期持续性"的战略对投资者来说容易理解吗？

3．对投资者来说完全透明，且不需要复杂的定价模型吗？

4．不同于其他大多数对冲基金的投资策略，它能保持长久的盈利吗？

5．具有巨大的可扩展性吗？

6．允许养老基金在不花费大量宝贵资本的前提下占据庞大有利的位置吗？（养老基金将累计从套利中获得 150 个基点，这些套利在历史上曾经超过 300 个基点。）

我们需要创造一个零售分销渠道，以便使现有的分销系统实现杠杆化。现有的分销系统本身可能存在某些冲突或备受敌意（基金出售，而非买入）。采用新渠道的风险（特别是来自缴费确定型养老金计划的主办企业）得了解不断变化的市场认知与产品定位。合成基金与共同基金其实根本就是同一种产品，只不过形式不同罢了。共同基金行业将会对合成基金进行抵制，并且可能会惩罚那些分销商以及促进合成基金发展的人。

总结

我所描述的这种已被申请为专利的合成基金技术（简称 SynFund），可以为出资企业的资产负债表带来两大竞争优势，这两大优势都有望带来可见的变化，并且成为重要的策略：

■ 一个巨大的、持续的阿尔法来源，并促进以下事物的发展：

• 具有巨大的利润和非凡的竞争优势的新生公司的资产管理特许经营。

• 以全面的、简化的、流水线式的以及更具成本效益的措施，来支撑公司的退休服务。

- 一个几乎具有无限能力的、高度稳定的、长期的和低成本的专有资金来源。
- 两个主要发行人的利益是来自两个低效市场的套利差价（又名阿尔法）：
- 75％来自于共同基金投资者选择的错误市场时机，这是由长久以来一直不变的具有遗传性的行为习惯所造成的。
- 25％是共同基金的摩擦成本。

交易在没有差价的压缩下拥有无限的能力，这是因为积极管理下的股票型基金的资产价值高达4.4万亿美元。它的风险/回报非常具有吸引力，在过去的29年中复合回报率达到6％，同时：

- 没有负凸性（negative convexity）。
- 没有灾难性损失的风险。
- 从未出现负的三年滚动平均回报率。
- 回报与金融资产弱相关。

作为一种资金来源，由于合成基金可以综合对冲，发行人不需要拥有自己的证券，从而可以不受大多数流动性事件的影响。

一般来说，管理资产具有"粘性"，而合成基金资产将是最具"粘性"的，因为它们为所有积极管理下的股票型基金提供了投资者最看好的投资对象，即使是非常严重的流动性危机也没有引起积极管理下的股票基金资产大面积赎回。

9.6　养老基金的角色

养老基金可以运用几种方法来充分利用合成基金。它们很可能提供最独特的机遇直接或以对冲基金为风险交易对手来进行掉期交易，而这正是发行人需要做的。此外，合成基金将会成为非常吸引待遇确定型养老金计划与缴费确定型养老金计划的投资平台。

为了抓住共同基金投资者投资的无效性，发行人必须保持能够带来基础风险的多头/空头头寸（长期标准普尔与短期合成基金投资者的回报）。如果发行人捕捉哪怕是一小部分积极管理下的股票基金的资产，那么世界上没有哪个公司的资产负债表可以大到足以吸收损益的波动。

为了消除损益的波动，发行人将与养老基金以及其他长期投资者分享阿尔法的一部分。发行人将支付优先收益给养老基金掉期交易对手，他们将获得标准普尔，同时发行人向实际的合成基金投资者支付回报。养老基金会将它们的阿尔法替代品与发行人基于套利（长期标准普尔与短期合成基金投资者的回报）的掉期进行比较，这种套利着眼于市场的无效率，方便理解且易于解释，而且是完全透明的，不会遭遇模型的风险或资产的主观价值，无门槛，无侧袋风险，不需要任何特殊的资产管理技能或"黑盒子"，而且可以在没有差价压迫的情况下极大地促进管理能力的增长。

此外，该结构有利于改变多头头寸（如标准普尔），允许交易对手通过动态调整他们长期风险来增加价值。

如前所述，它的回报与其他金融资产呈弱相关关系，没有负凸性，没有灾难性损失的风险，从 1983 起（最早的有效数据），三年期滚动收益从来没出现过负值。这意味着，它在套利的基础上每年支付 1.5 % 的回报，自 1983 年以来，产生的复合非杠杆回报率每年超过 6 %，而且在可预见的未来将继续产生相似水平的回报。养老基金的交易对手可以提前 30 天终止掉期交易，而无需担负任何赔偿，如果还未实现收益最大化，交易对手也可延长掉期交易。与对冲基金投资不同，这只需要很少的资本（即只是边际），且不需要扣除费用，也无需收费。虽然结构的目标不是为了避税，但国内收入署（相当于中国的国税局）1 260 条款的规定，可以防止合成基金掉期交易双方从 LT 资本中赚取的利润比虚拟交易中产生的更多。

美国缴费确定型养老金计划资产［401（k），403（b），457 等］的规模约为 5万亿美元，这可能对于合成基金的分销来说是最好的初期目标，因为它对于待遇确定型养老金计划和缴费确定型养老金计划来说都是很有价值的。（在这些账户方面，合成基金对那些改变市场风险的投资者特别有利，因为改变头寸并不需要付费，而且在基金赎回之前不用纳税。）合成基金可以在以下方面帮助公司解决一些燃眉之急：

■ 员工在高费用和摩擦成本下的郁闷/愤怒（特别是低投资回报率导致的痛苦）。
■ 有限的交易机会。
■ 有限的投资选择。

合成基金可以是促进基础设施批量再造的关键性驱动技术，这些基础设施为散户投资提供多方面的支持，这些基础设施包括：401（K）计划、证券交易以及用来支持公司退休投资的基础设施。标准化以及合成资产的风险将大大降低行政成本和交易费用，并可以简化系统和用户界面。

9.7　耶鲁模式（非流动性溢价）与全天候的模型

在我的"寻找阿尔法"的课堂上，一次偶然的机会，我结识了一位来自该校其他专业而非 MBA 的学生。通常情况下，旁听的学生可能是一位毕业的工程师或来自商学院的一名大学生。但最近我却高兴地认识了斯科特·莫尔纳，他是康奈尔投资机构的首席投资分析师。斯科特在投资与对冲基金方面是非常博学的，决不逊色于听过我的课的任何一位学生。这是一个向他请教所谓耶鲁模式实际操作情况的绝佳机会。耶鲁模式因其分配方式而在戴维·斯温森于 2000 年出版的《先锋投资组合管理》一书中为人们所熟知，他把现代投资组合理论（MPT）的多样化与相关性理论，与较少流动性类型中的一般激进资产分配结合起来，这样做大概是为了寻找非流动性溢价。斯科特想写一篇关于耶鲁模式的学期论文，并觉得这是一种实用的模式。由于许多养老基金都已经跟随耶鲁大学的脚步迈入资产配置的深水区，我发现看一看养老行业的从业者在经历了相关性断裂、估值降低和极端非流动性之后做何感想是非常有指导意义的。正因如此，经斯科特同意后，我将他的文章转摘到这里：

耶鲁模式有明天吗？[①]

在 2008—2009 年金融危机的顶峰时期，市场流动性蒸发了，传统的多元化也无法保护机构投资者。日益增加的非流动性和不断上升的资产关联性挑战着斯温森背后的假设，以及美国大学捐赠基金高层领导相对保守的投资策略。直到危机发生前，像哈佛、耶鲁、康奈尔这样的学校每年的投资回报率一直保持在 15% 之上，但在 2008—2009 财政年度，事情却发生了巨大的变化。2008 年 6 月 30 日，常春藤联盟的捐赠基金暴跌 25% 至 30%，引起众多学校削减开支并延迟校园扩张计划。人们开始质疑因耶鲁大学首席投资官戴维·斯温森而闻名的耶鲁模式的有效性。在他逝世后的 20 多年里，没有哪一年的回报是不理想的，他的模式比标准的 60-40 消极投资组合模式为大学多赚了 140 亿美元。耶鲁模式的魅力已经消失了吗？如今，大学是不是应该放弃该模式而另辟投资蹊径呢？

耶鲁模式下所有投资收益都降低了，原因在于以下三个因素之一：资产配置、市场时机的把握，以及对安全性的选择。根据斯温森捐赠基金的要求，资产配置是最重要的。只要与传统的股票和债券投资组合保持较低的相关性，加入非常规资产将有助于降低风险、提高收益……现代资产组合理论的基础。

不幸的是，这个基本假设促使大学捐赠基金强调高回报与低流动性，比如像私人股本、房地产以及对冲基金这样的资产。正常情况下，大学的基金资产保持较低流动性是没问题的，因为现金流足以满足资本需求。大学在金融危机期间面临的问题不是出自现代投资组合理论、资产分配或耶鲁模式，而是因为捐赠基金政策规定持有的现金量与未来的资金需求相比过少。事实上，该投资组合定位于错误的有效边界上，而且在现金与流动性资产方面的投资太少，同时没有进行许多替代品的投资。

不断增加的非流动性妨碍了学校在短期内的支出，但从长期来看，耶鲁模式仍然是可行的，这也是该模式发展遵循的基本框架。倚重于现代投资组合理论的耶鲁模式包含五个关键原则：

1. 投资股票。
2. 持有多样化的投资组合，不做短线波段。
3. 投资于那些具有不完全信息和非流动性的领域以便增加长期收益。

---

① Scott A. Molnar, Pricipal Investment Analyst, Cornell University Investment Office, "Has the Yale Model Seen Its Day?" November 2012.

4. 使用外部经理人。

5. 将资金分配给投资公司，投资公司为委托人所有，并受委托人管理，从而避免产生利益冲突。

在资产类别、预期收益、风险、流动性以及相关性等因素的基础上，机构根据委托人愿意承受的风险以及其他约束规定（流动性，集中性……），确定最优投资组合的有效边界的影响。

然而我们不可能对最优投资组合进行精确匹配，因此，创造有效边界与决定理想资产配置的过程，对于理解投资者的风险容忍度以及资产类别的差别具有非常重要的价值。

该模型的每一步都是一个被广泛接受和理解的投资理念，它经历了时间的考验，并将继续在长期内发挥作用。大型机构面临的问题是，捐赠基金背有短期负债，这种短期负债表现为未履行的资本承诺以及运营学校所需的费用。从历史上看，这些费用一般都由当前的收入、现有的基金分红以及新增的捐款来支付。在金融危机期间，这场完美风暴使捐赠大受打击：因收益下降而导致当前收入大幅下降、股票获利减少；经理人无法平仓获利而导致停止分红；慈善赠予活动减少导致捐款减少；流动性证券减少使捐赠基金将资金过多地分配给非流动性资产。事实上，大型捐赠基金打破了短期负债下长期资产融资的重要投资规则。规模小一点儿的学校没有遵循耶鲁模式，因为捐赠来源有限且对捐赠的需求较大，不过，它们的投资业绩却更好，因为它们在使用投资替代品方面的风险更小，而且资金更多地投入到传统的固定收益型产品中。

当短期资产开始萎缩，并且大学面临流动性问题时，大学并非没有选择。学校像臃肿的公司一样，经常性开支总是大于有效运行下实际需要的支出。要解决短期资金的问题，它们可以从给学校的捐赠中削减开支并减少费用。此外，学校最大的资产往往没有被充分利用——学校的高信用评级和资产负债表。大学拥有大量的房地产和其他资产，而这些资产都没有资本化，像康奈尔这样的学校拥有 Aa 的信用评级，因此可以充分利用信贷市场。为了解决资产负债不匹配所发行的债务，大学开始发行债券，其中哈佛 15 亿美元、普林斯顿 10 亿美元、耶鲁 8 亿美元、康奈尔 5 亿美元。虽然在外人看来，耶鲁模式被打破之后，发行债券是一种绝望的行为，但其实它是一种稳健的资产管理工具，类似于以营利为目的的公司延长债务偿还的时间，并将债务向外转移。随着债务偿还时间的延长，短期内对流动性需求消除了，耶鲁模型可以为有耐心的长期投资者所用。

在牛市的岁月中，捐赠基金的蓬勃发展归功于超高风险的股票类资产。而风险证券在金融危机期间急剧下降，投资者唯一能做的最糟糕的事情就是在市场崩溃之后离风险资产远一点儿。耶鲁模式侧重于股票证券，避免进行短线波段操作，但当投资者在不同层面进行交易而不是基本估价时，它不能阻止投资者增持或减持资产类产品。对股票的重视解释了大学为什么将大部分资金投资于非流动性的私人股权以及其他投资替代品中，但在投资回报显著下降后，大学面临的股票风险也随之上升。当估值标准化后，大学捐赠基金降低了过高的风险，并重新定义资产配置，以便更好地平衡资产持续时间与负债（资金的要求，支出……）之间的关系。从本质上讲，对耶鲁模式进行调整并没有消除对资产的新要求，也没有消除资本市场出现的新情况。较高的相关性使投资多元化更加困难，也更加重要。此外，高相关性并不是一种永久的状态，当某种资产的回报与其预期的风险呈负相关时，高相关性就会存在于这种极端事件发生的时期。这种时期一般出现在某类资产受到冲击之后，但持续时间很短，高相关性会随着市场的规范而消失。大学与其消除耶鲁模型的基础假设，倒不如积极寻找新的替代策略，因为新策略会带来差异化的风险、较低的相关性和更高水平的预期阿尔法。

最后，大型机构效仿并管理与诸如"极端的黑天鹅"事件相关的风险，但却不能像往常那些去投资。由于担心不断发生的极端事件，投资者们不得不进入高安全性与低风险的国债领域，这将导致投资组合实际价值在长时间内的显著下降。在牢记风险的同时，大型捐赠基金继续将资金投资于具有非流动性和较高回报率的产品中，从长期来看，这些产品的表现更好；然而，它们依据现代投资组合理论和耶鲁模式调整它们的假设，将更多的资金投入到具有高流动性的短期证券中，以便满足对资金的需求。尽管短期证券中的资金配置更多，但另类投资将继续在具有良好结构与多元化的机构投资组合中扮演重要的角色。不管短期绩效如何，大型投资机构不会放弃耶鲁模式，并将继续基于该模式在长期内产生更高回报。

在许多方面，投资的耶鲁模式都可算作是 50 年来投资研究的巅峰，代表着"涡轮增压"式的现代投资组合理论。奇怪的是，最成功的对冲基金经理之一，目前正运行着世界上最大的对冲基金——全球宏观基金桥水公司（Bridgewater）的雷·戴利奥，提出了一个替代配置的方法，他把这个方法称为全天候（All-Weather）方式。它与现代投资组合理论完全相反，人们将其称为后现代投资组合理论（PMPT）。耶鲁模式在为其支持者服务的这些年中表现良好，而戴利奥的后现代投资组合理论在最近的金融危机中，以及之后的几年里，表现得非常出色。当养老基金管理人从 2008 到 2009 年都在舔着自己的伤口时，他们并没有在养老基金市场上从人们的视野中消失。

为什么全天候风险平衡方法能够经受住 2008 年的力考验[①]

全天候的资产配置方法利用杠杆化提高了低风险资产的收益，同时降低了高风险资产的收益，因此投资组合中所有资产的预期回报和风险是相同的。这种资产配置的方法可以比传统的投资组合方法产生更高的风险比例回报，其中原因很简单：那就是优质多元化使风险下降的幅度比增加杠杆作用而使风险增加的幅度要大。

杠杆化本身不是问题，原因如下：第一，杠杆化一般用来在低风险资产中制造

---

① Ray Dalio, "Engineering Targeted Returns & Risks, a. k. a. Risk Parit," Bridgewater Associates, 2004.

波动性，低风险资产在杠杆化的情况下形成的多元化比在无杠杆的情况下更有效。例如，如果我把我一半的资产拿去投资无杠杆化的国债，另一半投资股票，那么在我的投资组合中占主导地位的是股票，因为股票的波动性更大；然而，如果我通过杠杆化使债券具有和股票一样的波动性，那么我的投资组合的多元化是更有效的，在金融危机期间我就可以面临较低的风险。第二，全天候方法并没有使用太多的杠杆。它采取的战略是大约两倍的杠杆率，这个杠杆率小于一个一般的大型公司在标准普尔 500 指数中所采用杠杆率，这个杠杆率大约是美国银行使用的平均杠杆率（我们认为太多了）的十分之一。第三，杠杆化一般是通过一系列高流动性的产品来实现的，如果资产价格下跌，可以重新对资产进行平衡和清算。最后，在那些交易对手是杠杆源的地方，我们努力限制资金出借人的风险，并努力选择那些最可靠的出借人作为资金来源。因此，在整个金融危机时期，杠杆本身并不是一个能影响全天候战略绩效的问题。

错误关联假设同样也不是一个问题，因为我们在加权处理时不使用它们，因为它们是不稳定的。相反，我们的加权资产是基于对贴现经济条件都反映在资产定价上这一问题的理解之上，并确保资产组合风险在不同的环境中保持平衡，最重要的是，与上升或下降的增长率和通货膨胀率保持平衡。该框架在危机时期支撑住了。那些相对于预期回报而言，在增长率下降时表现不佳的资产（例如股票），在这次的危机中果然表现很糟糕，但糟糕的表现却被那些在增长低于预期时表现良好的资产（例如国债）所抵消。通过杠杆化调整债券的风险，使债券与股票的风险相当，这些头寸可以相互平衡；但假如不使用杠杆，就无法实现相互平衡。相比之下，传统的投资组合的绩效更加集中于股票，所以当增长不理想时，它的表现就会十分糟糕，当遭遇危机时它的表现就更令人失望。

看到这种战略资产配置的做法越来越受到欢迎，我并不觉得惊讶，相反我感到非常高兴，因为 14 年前我们就开始发展它，而且它已经历了 85 年的应力考验，一切都证明了这种方法的有效性。我相信，随着这种做法被越来越多的人采用，它会对资产配置产生更加深远和积极的影响，它会像传统投资组合理论一样被人们广为接受，并获得同样重要的地位。

有的人支持现代投资组合理论，而有的人则支持后现代投资组合理论，而我很矛盾不知自己更青睐哪种理论。一方面，我相信非流动性溢价会为养老基金带来它们急需的非常重要的投资优势。我相信，有了交易现金需求的适当评估（应用凯恩斯主义的差别），养老基金就可以投资流动性小的产品并可期望得到溢价。但让我感到难过的是，在房地产市场（养老基金投资的三大非流通类产品之一），比较房地产信托投资基金（REITs）和私人房地产基金（RE）的研究表明，负流动性溢价接近 42%，这确实令人难以忽视[①]。

　　另一方面，我们很难忽视现代投资组合理论和潜在关联性理论在 2008 年的惨败，当时正是人们最需要这些理论的时候。如果灭火器在火灾中灭不了火，那这个灭火器还有什么用？有人认为这只是极端事件，用黑天鹅事件来测试多元化方法并不合理，但其实这种想法是不理性的。我认为灭火器在火灾中必须能发挥作用，而且不允许出现失败。戴利奥的后现代投资组合理论具有防火测试的优点，因此它的贡献在于让我们质疑账户的资金情况。出于个人经验，也许更令我担心的是杠杆化的方法。我担心在不利的市场中，特别是当已选择的资产毫无先兆地突然变得缺乏流动性的时候，那些看起来高度可靠的融资可能会变得难以控制，这种事情常常发生，多得我都记不清了。正如第 7 章中所讲，图表 9-7 显示了我是如何向学生解释这一切的。

图表 9-7　　　　　　　　　**对冲基金的崩溃**

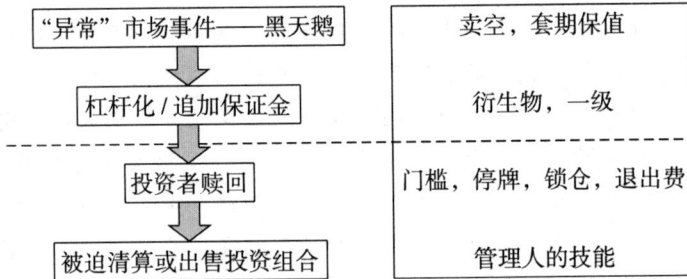

当异常市场事件导致投资组合迅速贬值时，对冲基金开始倒闭。当需要追加保证金，同时投资者赎回也增加时，对冲基金就被迫清算投资组合或被另一个公司收购。

　　接下来，让我们从全球的视角来看看发生了什么，然后根据我过去在信孚银行工作的经历来做一个案例分析，这也许能为我们带来一线希望。

① Brad Case，"The Illiquidity Premium Myth," April 1, 2010. http：//wealthmanagement. com/review-deletion/illiquidity-premium-myth.

第 10 章

国家的贫困（向亚当·斯密致歉）

我们在第 2 章中花了很多时间回顾，人口和养老金水平对这些国家在未来 40 年填补养老金缺口前景的影响。数学让我们的水晶球对于任何人来说都不是神秘的。最重要的是，进行评估还需要基于未来 40 年退休人员的数量。有了各国人口的统计与每一个国家长寿的标准，要了解退休人员的数量就变得相当容易。在这里，养老金需求是简单地以该国退休前收入水平的 60% 来计算的。这样算可能够也可能不够，但这种估计方法比较公平。假设我们可以完善地且不太费力地把那些退休周期的资产组合起来，然后我们把对养老金的未来要求折算成当前需要的资产现值，然后把算出的结果与我们已有的储蓄额进行比较，其差值就是养老金的缺口。

下一步很重要，因为决定养老金缺口会变得可控还是会成为严重问题的关键因素是这些国家生产经济的不断发展。我们使用的老年抚养比估计，包括了联合国的人口增长预测，并给出我们近似预期的人口规模，随着时间流逝，这些人口必须担负起填补养老金缺口的任务。这种负担程度显然是经济增长的一个函数，另外我们知道，经济增长与人口增长是非常相关的。因此，可能在人口增长较慢的国家，负担是最重的，增长不可能提供解决方案，事实上，养老金负担可能会进一步阻碍经济的增长。

10.1 有救赎之路吗？

从第 2 章起我就一直在重复，因为理解这个概念非常重要：人口不仅促进增长，而且减轻养老金负担。被我们称为婴儿潮的一代人已经处于退休周期的后期，我们已经用去了对组合养老储蓄来说非常宝贵的三分之二的时间，而如今，我们面临的问题是开始消耗资产，而不是积累资产。此外，还有另一个不应被忽视的负面的经济影响。目前存在的这些养老金资产是以长期资本为主体的，它们支撑了所有国家的经济增长。由于这种长期资本常常被用于满足不断增长的婴儿潮人口对养老金日益增长的需求，所以长期投资资本较少被用来推动增长。哎呀，那伤得可不轻，而且很可能会雪上加霜。低增长会导致更低的增长并进一步引起更低的增长。

警告：我的脑海中将出现民粹主义的声音。养老金资产是群众的资产。它们一般不是富人的资产。富人不需要养老金因为他们很……富裕。所以公平地说，尽管养老金资产在减少，长期资本的存量也日益枯竭，但仅仅基于稀缺基础上的私人高净值资产的价值却在增长。这是在养老保险基金能够拉大世界财富差距的情况下的说法。现在，从一定程度上讲，必须对富人征税具有显而易见的必要性。当威利·萨顿被问及为什么抢劫银行时，正如他所说："因为钱就在那儿。"我们能在美国、法国以及越来越多的国家听到这一日常的比喻说法。这就是为什么并不是只有那些没为养老存够钱的人才存在这样的问题。我们每个人都存在这样的问题。正如我已经谈到的，你把墙修得再高也不足以保护你免受这一问题侵扰。

然而，我认为，有的国家的情况会比其他国家的好一些，我们的分析显示，不同的国家由于人口、国家政策（尤其是移民政策）、现有资金状况、承担更多债务的能力，以及促进未来经济增长动力的不同，它们解决问题的程度也有所差异。了解这些国家可供使用的固有的国民财富（尤其是自然资源）的数量也是非常重要的。挪威就是一个很棒的例子。拥有北海的石油财富，挪威已经获得了不少财富，以后还将继续收获财富，这个狭小且相对不知名的国家已经在这个地球上建立了最大的主权财富基金（SWF），这笔基金甚至超过了那些常年炫耀它们的SWF钱包并拥有丰富储油量的海湾国家。挪威的与众不同之处就在于，它们实际上将SWF作为国民建立的养老基金。现在你明白了，这个模式可以解决当前的问题。找到石油（或某件有价值的东西），然后把石油收入用于填补养老金缺口。这听起来好像是我在开玩笑，因为并非所有国家都拥有一个北海可以用来开发石油。但我只想说，如今对几乎所有的国家来说，私有化或国家财富的货币化（任何方式都可以）都是十分必要的。

当我们放眼全球看看哪里的问题最严重，我们注意到，清教徒式的盎格鲁国家（英国、美国、加拿大和澳大利亚）一般都进行良好的自我管理，并形成良好的发展秩序。那些国土面积较小且保守的国家，如荷兰、瑞典和瑞士也同样发展良好，甚至更好。而欧洲的其他国家和日本的处境却十分糟糕。在金砖四国中，巴西是最好的，它们或多或少像美国一样为人口的养老问题做好了准备，这很大程度上得益于人口发展趋势，在这种趋势下，巴西的老年抚养比比其他国家要低得多。印度和中国在养老金的充足程度方面，数值看起来是相等的，但由于人口变化趋势不同，我们会看到中国的经济发展将由于计划生育政策而放缓，导致老年抚养比上升到将近40%，而印度则在经济持续增长的同时，其老年抚养比如图表10-1所示将保持在较低水平，刚刚超过20%。俄罗斯会发现自己比美国更糟糕，只有与新兴市场成员相比才更像是一个发达国家。

当然，日本和欧洲还有一些实际问题将在许多方面体现出来。日本是一个重要的世界经济体，它当然清楚由于仇外心理加剧而造成的紧张局势。但要改变一个小岛上的人们对于移民的心态，以及目前的人口形势和解决问题的做法是不太可能的。

　　至于欧洲，如果不是欧盟成员齐心协力，我并不看好欧元的前景。但很显然，目前为止我对其前景的看法是错误的，为了保证欧元的正常运行，主权关系松散且存在差异的成员国必须遵守严格的规定，但在这方面，成员国并没有表现出应有的能力。唯一的出路是由德国的支柱性基金以及法国提供的资金来填补南欧资产负债表上的债务黑洞。但我每天都会对我的学生说，养老金危机本身就否定了这条救赎之路。你觉得法国人或德国人会支持大幅减少自己的养老金，而去挽救诸如希腊、意大利、西班牙或葡萄牙这些国家的养老金计划的做法吗？缺乏联邦体制的经济一体化根本就是一条走不通的路。正如我们在美国内战期间所看到的一样，这种做法在美国几乎行不通。我怀疑在斯特拉斯堡的欧洲议会上说的一系列花言巧语会掩盖经济发展面临巨大压力的现实，这种压力也是我们在未来 40 年中将要面对的。

图表 10-1

老年抚养比

65 岁以上的人口作为劳动力的百分比（15~64 岁），预测

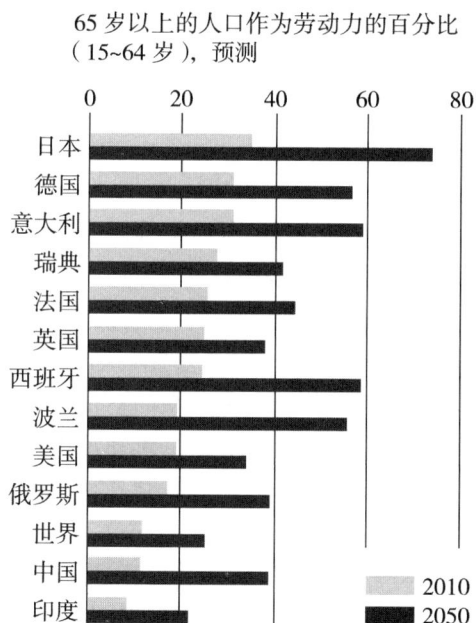

资料来源：www. economist. com/node/13611235.

　　欧洲以后会变成什么样子？我高中时期在欧洲长大。我非常喜欢欧洲，尤其是悠闲的生活，像意大利那样休闲方式的生活（我住在罗马）。在我看来没有任何地方比欧洲更适合度假。我相信欧洲的未来也应该是这样的。欧洲似乎注定是世界的游乐场。越来越多的非欧洲人会在那儿购置房产，无论是卢瓦尔河谷城堡、莱茵河城堡，或是托斯卡纳和翁布里亚伟大的别墅，这些都将是他们的选择。欧洲没有重要的军事要地，地理位置过于居中，自然资源也很匮乏，所以欧洲人只能慢下来，形成一种服务性经济。

　　是否有其他途径来拯救这些国家、州，甚至家庭，而不是一味地强颜欢笑与逆来顺受呢？我相信有，我喜欢用智利的例子作为一个缩影来说明如何解决这些

问题。

10.2　智利的栽培箱

　　25 年前，我开始研究养老金市场的重要性，当时我正担负着处理拉丁美洲 40 亿坏账的责任，它们让我找个解决这个烂摊子的办法。我那时在信孚银行工作，一个世界领先的养老金信托银行，但与我们（世界上的其他各大银行也是如此）在 1986 年发现自己身陷欠发达国家的商业贷款风险和混乱无关。这一事件的全过程在世界金融危机史上是非常值得关注的，迅速恶化的主权债务使我们更多地从根本上思考解决方案和出路，并把我们带到了智利这个小而有趣的国家。

　　智利是个地域狭长的国家，怀抱着安第斯山脉的脊梁。它不到巴西土地面积的 1／10，也许让它闻名于世的是一桩比现代社会中人食人还耸人听闻的飞机坠毁案件。但就是这样一个不起眼的国家，在过去的 40 年里，它的政治和经济都备受世界的关注。当马克思主义者正式当选为总统后（萨尔瓦多·阿连德），由奥古斯托·皮诺切特将军领导的军队推翻了政府，并杀死了阿连德，此后他开始了对智利的长期统治。

　　当我还在康奈尔学习现代革命时，虽然在智利的历史上有许多关于这一时代的社会和人权问题，但我只对这个时代的经济感兴趣。皮诺切特，是一个极端保守者，拥有一批高学历的技术官僚（大多都曾经在芝加哥大学师从米尔顿·弗里德曼，一位伟大的货币学派的经济学家）来恢复破败的智利经济。大致的情况是在阿连德的领导下，国家因高额的消费债及其带来的不良的金融影响而濒临破产。这一切都发生在后石油危机时代，石油美元的自由流动足以诱使世界性银行对拉丁美洲的这些不良消费习惯进行过度补贴。这就是智利，在摇摇欲坠的世界经济中过度负债，此时它真的需要清理一下债务了。

　　像"勇敢王子"一样的赫尔南·布趣领导着毕业于芝加哥的智囊专家们。当我在宪法广场豪华的财政部大楼前遇到财政部长布趣时，我发现他的裤腿上有自行车夹印，因为为了环保，他是骑着自行车去上班的。智利此时的财政状况过于紧张，出于保守财政的考虑，他为智利提出的解决方案是促使大型国有控股公司私有化，并允许有限制地使用外债（以美元结算）来购买这些公司。第一个吃螃蟹的是全国最大的养老基金公司普罗维丹（Provida），和康塞普西翁保险公司（Consorcio），走在前列的两家公司的共同特质是（缴费确定型性质的养老金，我们稍后会讨论）第一次为智利所有的工人提供养老金。它们也是智利经济长期资本最大的供应商——在重建智利经济过程中是个非常重要的要素。

　　让我们停下来思考一下这个模式：

　　■ 智利在一个右翼独裁者手中。

　　■ 智利破产了。

■ 智利刚刚学习美国的先进经验，开始建立现代养老金计划。

■ 智利认为出售国家财产（人民的财产）是解决其外债负担和稳定经济的最佳途径。

我相信每个人都可以感觉到在这个例子里埋下的伏笔。当我们已经超支和过度扩张，我们要怎么做才能稳定局势。集权统治意味着当需要采取必要措施时不会因为存在争论而阻碍政策的实施。经济增长的引擎是长期资本。资本一般排斥长期的投资，但要找到如此耐心的资本的最好地方是在长期储蓄池，它往往是退休池。机构化的退休储蓄一般都管理得比较好（正如我们已经讨论的，回报率一般高出个人投资的 2% 至 10% 左右，从长远来看，这种巨大的优势对养老金计划十分有利），因此在强制进行退休储蓄的规定下形成的养老基金，可能会成为创造可持续和繁荣经济的重要因素。请记住（读者中的自由主义者们），强制性退休储蓄是避免因国家养老金计划而使财政背上重负的最好方式，特别是在人口老龄化国家。

所以你拥有了它，一个解决财政和养老金危机的虚拟桌面栽培箱。出售资产以堵塞漏洞。强制储蓄以不再流血，并为未来做准备。保证储蓄过程的制度化，确保有组织的长期资金供给。不停地加水，然后耐心等待 20 年。

我从早期与智利接触的经验中学到，养老金制度是生活在这个生态系统里的树。没有了它，剩下的只是泥土和水。有了它，可以带来许多好处。但是，这棵树需要定期的照顾。但系统总是不喜欢给这棵树提供充分的养料，认为它已经足够强壮，所以很少照顾它。这棵树需要修剪，因为任其发展的话，它会占据栽培箱的绝大部分空间，从而使这个生态系统失去平衡。我们经常高估了这棵树承载果实的能力，并且希望它能养活双倍的人。

如果看看今天的智利，我们会看到它为解决当时的问题而实行这样睿智而又全面的政策所带来的好处。它不仅收回了国有财产，而且普罗维丹和康塞普西翁这两家公司还是为智利所有。也许更重要的是，这不是通过发布行政命令的方式来实行的，而是完全由开放的市场过程来决定的。事实是，本地资本往往能更好地增加其内在价值，当然这得有点耐心。还值得一提的是，与许多拉丁美洲和其他新兴市场国家相比，智利已经很幸运地拥有了本国的商业途径，本国资本对智利充满信任，不会为了过度避险而将资本放到海外的避风港中。像阿根廷这样的国家就经常发生这样的事，由于资本长期缺乏内在的自信，已经导致国家也长期缺乏自信。智利的经济由大规模的中产阶级人口所撑起，它比拉丁美洲的任何一个国家更加平等。当一个普通美国人造访圣地亚哥郊区时，留给他或她的印象是智利人活得和我们美国人一样好，甚者比我们还好。如果你从特定视角审视智利财政状况，看看它的养老金制度是多么健康，以及未来可能的财政负担是多少时，你会希望全世界的其他国家已经实施了智利 25 年前就采用的政策。

相对于我们生活的更广阔的世界而言，小国的实践总是更容易获得成功。在独裁统治的国家，决策也是很容易的，至少是一时。所以我不认为全世界都效仿智利模式便可解决即将到来的养老危机。当然其中也有很多的教训和因素值得我们参考，但我从这个开放的例子真正想要指出的是两个基本或者明确的看法：

1. 养老金计划以及它们在提供退休收入和支持中举足轻重的作用，是世界经济体财政稳定的最重要变量，因此了解它们的地位——国家也好，经济实体也好——是测评和/或发展这些经济的关键所在。

2. 养老金计划几乎是所有社会经济中长期资本最重要的来源，是经济增长的真正引擎，必须给予其应有的重视。

所以信孚银行决定在 1986 年投标购买普罗维丹和康塞普西翁这两家公司，当时这两家公司由智利财政部进行拍卖。我们将是第一个使用新授权的债转股交易机制（称为第 18 章交易）的银行，这一机制允许我们使用在拍卖中获得的智利主权债务。在该机制下，我们可以用当地货币赎回债务，特别是出于兼并的需要，如果我们赢了就可以这么做。谈到这一点，我得停下来提醒你，做一个像这样的交易，它具有双刃效应，既能降低外资主导债务负担（很显然是智利面临的最大问题，几乎所有的欠发达国家在那个时候都会面对这样的问题），又可以提高当地货币的供应。因此，在一系列事件的怪圈中，因经济通货膨胀而不断恶化的问题正受到通货膨胀工具变动的影响。这似乎只是名义上的，但是我可以向你保证绝对不是。幸运的是，智利务实的芝加哥男孩看到了美元债务减少的更大效益，作为货币主义者，他认为可以寻找其他方式来处理伴随而来的通货膨胀问题。

即使这种债务正在公开市场（那时的市场非常非常小）交易，我们仍可以将债务的名义价值按 1 美元 60 美分来投标。之所以可以这么做，是因为使用了债转股机制，其固有的通胀影响意味着整个过程是可以控制的，债务的价值将很大程度上受技术意义上的供给和需求因素的影响。人们通常认为通货膨胀对经济发展与长期投资环境十分不利，但同时也有助于养老金业务的发展，关于这点我们稍后会加以讨论。噢，那些卑鄙的华尔街银行家，对吗？

在拍卖的那一天，我们派人拿了两个密封标书去（分别放在夹克内口袋里），对主权债务的报价分别是 4 100 万美元和 4 300 万美元。我们给派去的人留了一些自由发挥的余地，让他根据在拍卖厅观察到的情况进行报价。当他坐在那里的时候，BAT 公司（养老金市场上的跨国大公司）正在递交投标函。然后，花旗银行（是智利当时最大的金融机构，更不用说在世界其他许多国家中的地位）的人走进来，带着据他所说是他见过的最大的信封。自然地，这促使他举起 4 300 万美元的投标函，这个投标函是我们正式提出的。

当管理员打开密封的投标函，我们的投标报价 4 300 万美元击败了 BAT 公司 2 600 万美元新货币的报价，而花旗银行巨大的信封中却只有一张小纸条，上面显示花旗银行拒绝出价。这根本就是一种业务废话。信孚银行被宣布为中标者。第二天，当地报纸 Il Mercurio 刊出了一幅漫画，画中的商店橱窗里放着两颗宝石，分别是普罗维丹和康塞普西翁，一个带着礼帽的瘦小的英国人，掏出一个满是虫眼的钱包，出价 2 600 万美元，与此同时，一个大牛仔举起了两袋钱，上面标着 4 300 万美元。我们的主席非常喜欢这幅画，直到我指出 4 300 万美元债务的市场价值相当于 2 600 万美元现金。

在购买了这两个价值 2 600 万美元的宝石后，我们开始寻找专业的管理团队，并着手开展业务，以确保 10 年后它能拥有大约 10 亿美元的价值，并保证我们在智利的投资银行业务能比我们以前所做的业务赚更多的钱，从而确立我们在这个国家长期资本流动中的中心地位。

现在，明眼人都看得出我们所在的信孚银行为智利养老金找到了解决方案，或者说我们将其带入了正确的轨道。这是由皮诺切特将军率先完成的，他的能力与智慧在于会用人，将技术官员们放在了合适的位置上。他的长远眼光帮助他解决了智利养老保险等经济问题。他们是值得信任的，比如佩佩·皮尼罗，智利的 AFP 缴费确定型养老金计划的设计师，以及赫尔南·布趣，智利的财政部长，凭借着自身的睿智与聪慧，他设计出股权转换项目与私有化计划。我们应该尽早从我们的主权债务危机中寻求有价值的出路，但我们没有理由把太多精力放在像智利这样国家的养老金制度上。

我从中得到的收获是，我开始思考如何利用长期资本的力量建立养老基金和保险公司。我清楚地看到了这些金融服务公司是怎样运作的，它们如何与国内资本市场相互作用，甚至看到了宏观经济通胀的趋势；它让我认真思考待遇确定型与缴费确定型这两种养老金计划的特质，以及如何对其进行充分的利用。也许最重要的是，我看到了这一制度实施 25 年来的进展（几乎是一个完整的退休周期）。我已经见证了其对经济的积极影响，以及所有其他合理且稳健的经济政策对该国的影响。看到智利这样一个老龄化的小国，其退休制度如今已成为世界各国的楷模，真是特别令人欣慰。

我明白，在这个例子中，智利具体的养老金方案不会对世界上每一个国家都适用，但我相信有几个关键要素是具有普遍性的：

步骤 1：第一步是填补养老金空账。这是一个迫切需要解决的问题，它一般出现在一个周期的后期，国家需要找到资产来填补缺口。寻找闲置资产，把它们变成财富，再用财富来堵塞漏洞。

步骤 2：我曾提到，需要确保财富没有漏向中产阶级。当货币规模化的时候，腐败就会变得很猖獗。

步骤 3：将收入水平的两极区别开来，确定哪儿需要基金，保证钱首先流向最需要的地方。除养老支出外，还要为医疗保健提供充足的资金。

步骤 4：实行能为下一代提供充足养老金的强制养老金制度。

让我们最后看一下智利模式的基本要素，跟着听听美国国会研究服务机构在 2012 年 3 月发表的关于智利模式的报告中说了什么。这可能是我们所能采取的最客观的视角：

智利公共养老保险制度由三个层次组成：贫困预防层、个人账户层、自愿储蓄层。预防贫困层为那些没有参加公共养老金制度的老人，以及个人账户每月支付的养老金水平（第二层）达不到一定门槛的退休工人，提供基本生活保障。职工缴纳工资或薪金收入的 10%，存入第二层的个人账户中，然后选择一个私人部门养老基金管理局（AFP）来投资他们的养老金。雇主不需要为员工的个人账户缴费，不过自 2008 年以来，政府要求雇主们为工人的遗嘱保险与残疾保险缴纳保费，这些保险都是由私人保险公司提供的。等到退休后，工人可以立即或延期将个人账户中积累的资产提取出来作为退休年金，或者以定期提取的方式也可以。第三层次是让工人进行自愿储蓄作为养老收入的补充，政府为自愿储蓄提供税收优惠。

不是智利所有的经验都与世界经济与合作组织（OECD）成员国的操作经验有可比性，如美国，但智利引入个人账户的经验可能对将要进行类似转型的国家来说有一定的借鉴意义。例如，智利的行政成本较高，这种情况是否会出现在第二个国家，取决于第二个国家的公共或私人部门是否管理账户的投资以及金融辅助部门的竞争程度。智利与其他国家之间的另一个区别，首先可能是公众接受第一层制度（贫困预防层）的程度，它造成了类似于现收现付模式的财政压力。另一个政治的考虑是，20 世纪 80 年代早期的智利，在皮诺切特将军的领导下，进行自上而下的养老保险改革具有相当大的自由空间。转制成本是一个国家考虑照搬智利类型的模型所要面临的另一问题。当 1981 年智利转换成私人账户模式时，前面的现收现付模式就会变得混乱、破产和不公平[1]。同时，在 1980 年代早期，智利的非养老金预算有所盈余，可以弥补转制成本，此外，20 世纪 80 年代经济的高增长率也减轻了经济转型的负担。2008 年贫困预防层（福利层）的改革是 2008 年一揽子改革方案中公认的最重要的组成部分[2]。

2008 年改革之后，社会养老保险制度继续面临着挑战。尽管 2008 年的改革将许多个体劳动者纳入到社会养老保险制度中来，但仍有许多在非正规部门就业的人员徘徊在养老保险体系之外。养老保险基金管理局的改革是否会增加竞争和降低成本还有待观察[3]。

这就是我所知道的：世界正走向一个动荡的 40 年，期间发达国家将比新兴国家更为艰难，这主要是由它们所面临的人口问题造成的。对于这些国家而言，它们需要找到办法来填补养老金空账，并设定好未来的发展之路。智利是不需要我们担心的国家之一。它们已经有所改进，而且基本已经将空账填补上了。更重要的是，

---

[1]　Mauricio Soto, "Chilean Pension Reform: The Good, The Bad, and the In Between," Center for Retirement Research at Boston College, no. 31, June 2005, at http: //crr. bc. edu/briefs/clilean-pension-reform-the-good-the-bad-and-the-inbetween.

[2]　The World Bank. "Reforming the Pension Reforms: The Recent Initiatives and Actions on Pensions in Argentina and Chile," SP Discussion Paper No. 0831, May 2008, p. 57.

[3]　Alision M. Shelton, Analyst in Income Security, Congressional Research Service 7-5700, "Chile's Pension System: Background in Brief," www. crs. gov, R42449.

它们让我们明白，未来还要不断地对这一制度进行调整以适应人口变化的需要。基于早期参与智利模式建立的经历，我认为，如果其他国家在 20 世纪 80 年代就致力于解决养老金问题，那么我们或许就不会面临我们现在的危机。

第 11 章

终极解决方案

我不知道我应该向谁来阐述这一部分，虽然我已经罗列出了问题的要点，但是我不确定谁可以来解决。我能认清这个问题，也明白这一问题需要解决的迫切程度，但公共政策有它自己的世界（不是说改变就能改变的）。我更感兴趣的是让人们（首先是我的学生）能获得这方面的意识，并开始认识到这个问题的重要性。在未来的 40 年，我相信这个问题将会渗透到现代生活的每一个领域，并将会对人们的事业、财富和生活带来深远的影响。如果处理得不好，就会产生很大的冲突，而当资源分配划分出有产者和无产者时，这些冲突似乎就一直存在。那些权力受损者正是目前经济和军事上的当权者。而那些可能的受益者则大多是世界上充满正能量的积极进取的人们。虽然人生循环往复，但这不并能给眼看利益就要受损的人带来任何安慰。

最初，我想把这本书命名为《你不能把围墙修得足够高》，因为那些铺天盖地的情绪让我在这个问题上反复思考。我被我自己的信念镇住了，因为我相信不管你以为自己可以建立多高的围墙，隐瞒这个问题是不可能的。而且，这些问题会影响到我们所有人。因此，问题仍然存在，那么我们该如何解决呢？我相信肯定有很多人认为我的解决方案是天真的或不现实的，但我们最好能先把理论上该怎么做弄清楚，然后在实践过程中再慢慢修正我们的做法。

11.1 国家、州、市，以及公司

这里是我列出的 10 大措施，我觉得这些措施可以在国家、州、县、市、私人养老金计划，甚至个人层面上作为解决问题的行动指南。

1. 现实的分析并不是基于乐观的想法，而是基于对人口趋势、经济增长，以及人的寿命的客观估计。有必要确定并测量出需要填补的养老资金缺口。"需要"在某种程度上是主观的，并且有可能在困难时期被低估，但如果我们是理性的，我们可以使用接近当前退休前收入水平的 60% 作为参考。

2. 运用可贡献出的资产以及你们国家的经济可以承受的现实偿还水平来有效地解决养老问题（必须考虑当前的债务情况）。现在还不完全清楚由韬睿惠悦或美世这样的养老金咨询顾问公司做出的评估是否准确无误（事实上，它们在某些方面的评估结果存在很大差别，两者都不太精确）。每个人都得储存资产，这些资产用于或可以用于为婴儿潮一代建立退休基金。当然，未来几代人的资产不能计算在内。这样，我们就能弄明白养老金负债与资产之间的净缺口到底有多大。

3. 制作一个关于其他财产的清单，即这个国家拥有的非货币资产价值。我们需要有创新思维，跳出固有思维模式。美国联邦储备理事会（美联储，FED）和其他机构已经在美国尝试了这个方法，而且每个养老金债务远远超过资产的企业都需要尝试一下。石油和铜不是唯一有价值的东西，也不需要考虑未来 40 年什么东西是有价值的。降低对国家遗产的关注度，是当前亟须解决的问题。让你的国家屏住呼吸 40 年是于事无补的。

4. 找到一种赚钱方法来填补资金漏洞，并能一次性地清偿债务。如果美国国内生产总值（GDP）为 70 万亿美元，专用的养老金资产为 16.5 万亿美元（2012 年占 GDP 的 107%），我们用 6.2×GDP 进行粗略的估计，联邦储备银行的国家净资产可能（我不是很确定是否包括智力资本）有 83 万亿美元（99 万亿美元 – 16 万亿美元）的未分配资产来填补空白。与 16 万亿美元的国债和 7.5 万亿美元的养老金缺口相比，这些未分配资产是它们的 3.5 倍，因此事情还没到无法解决的地步。尽管如此，你还是得在提供优厚的退休待遇与保证充足的养老金计划资金之间进行平衡（尽可能地减少腐败）。他们是国家的建设者，应该享受健康长寿和体面的退休生活。他们其实就是你的父母。

5. 同时，改进你的养老保险制度，这也是一个非常紧迫的问题，别让下一代再面对同样的问题，或是在面对问题时措手不及。毫无疑问，我们选择的方案是缴费确定型的养老保险模式，但我们必须从几个方面着手找到解决方案。

■ 必须有充足的计划参与人的供款。强制性供款并不违反公民自由；它是一个有思想、有前瞻性社会的应有之物。

■ 应该有一个强制性的雇主供款。没错，这是一种税收，但它将以全额给付的形式返还给员工，这显然比直接向富人收税的方式要温和得多。

■ 应该谨慎地并定期做好供款充分性的测算，并确保供款的水平能让每个人在退休后都能衣食无忧。

■ 我们需要做有关自我导向性质的计划。我想，80% 左右的资金需要进入那些管理更专业的、强制性的养老基金中。剩下 20% 的资金留给人们自行管理，然后通过供款充足性的测算明晰这 20% 的资金与另外 80% 的资金是如何相关的。或许，自行管理资金的比例可以进行相应的浮动，这样就可以避免错惩那些能够很好地管理自己财产的人。

■ 在退休周期的各个阶段建立退休待遇的标准。标准的设立可以有一定的灵活性，但是当退休者对福利的需求不只是现金时，或者当退休福利从精算意义上变得最不经济时，那么应当确保建立起一种机制，不再把退休金一次性支付给退休人员。

6. 随着人的寿命延长，应逐步提高退休年龄。这么做是为了退休人员的利益着想，也是为了制度本身。退休不是万能的，也不是一种结束。有些职业是非常劳累的，从事这些职业的人非常希望能早点退休。但当前的许多职业并没有这么折磨人，所以从事这些职业的员工不应该被裁员或只是做一些类似兼职的工作。退休人员在退休后也坚持积极工作，所以可以保持不错的收入水平，从而保证了未来的健康需求。我不知道工作时长与退休时长的最佳比例应该是怎样的，不过我们可以来探讨一些简单的数学。

如果把圣经里面人的寿命"3个20年再加10年"（70岁）与50年的工作寿命（65－15）联系起来，那么生产力系数为71.4%。如果现在我们的寿命已经上升到80岁，但是我们直到25岁才开始工作，65岁就退休，那么就只有40年的工作寿命，这时生产力系数已降至50%。如果在合理的情况下，我们延长工作年龄到70岁，这时系数提高至56.3%，这种情况下生产力系数仍然很低，但却是正当合理的。因此，我们必须考虑延长退休年龄，这样，如果一个人能依靠较少的养老金生活（可能是由于降低预期或者有其他储蓄），那么他或她可以早一点退休，但当寿命不断延长时，金融公式会使他们考虑延长工作时间。

7. 尽管在这本书中，关于人口减少以及随之而来的人口增速下降的负面影响有很多的评论，但这并不表明扭转这一趋势是明智之举。我们不要被下面这个结论所迷惑：在2050年时，有更多工作人口（绝对和相对于退休人口）的印度将会比中国更有经济能力支撑养老保险，这完全是愚蠢的想法。国家人口不应该为解决诸如养老金危机等紧急问题而被人为地控制。我还想指出的是，虽然中国的计划生育政策可能会增加其养老基金的风险，但是这一政策在促进社会繁荣发展、经济增长方面的影响可能是利大于弊。此外，如果我们将视野延伸到2100年，我们就会发现中国和印度在人口增长差异如何影响国家经济活力方面存在显著的差别。变数实在是太大，难以预料结果，从某种程度上讲，供养更少的人口比供养更多的退休者更有利。

8. 下到州或省级层面，在负债和资产（货币和非货币）的评估方面有许多相同的事情需要做。国家可以做的最有利的事情是通过制定公共政策（那些留在自己手中与被联邦化）来决定它们想成为什么样的国家。依靠自身的自然资源和工业基础，它们可能仍然是一个重要的生产中心，给予工作的人们以保障，并建设好国家发展需要的基础设施。

另一方面，如果一个国家更可能是在生活方式方面比较繁荣的话，它肯定会吸引更多的退休老年人口，那么这个国家对公共政策的需求很可能是完全不同的。人们对建设基础设施、完善税收政策以及促进退休社区的分类方面的需求将会非常大。好消息是，如今工作在哪里完成都可以，这越来越成为一种趋势，所以现在比以往任何时候都更容易形成相互隔离的生活方式和城市生产力，从而不必用硬性和快速的方式分离在职员工和退休人员。

9. 个体私营公司面临着一个稍微不同的挑战，因为它不同于那些生来就将长久存在的公共机构，目前还不清楚公司是否可以或应该像公共机构那样长久存在。美国中西部地区有一些老企业的退休人员规模很大，并且实施的是待遇确定型的养老金计划，计划的巨大开支已经远远超过其业务的产出，因此对这些企业来说，唯一的解决办法是冻结并最终终止这些计划，并将其替换为更灵活的缴费确定型计划。旧的待遇确定型计划对资金管理和保险业颇具吸引力，因此，必须充分利用公司的优势，同时经理们必须想方设法逐步提高筹资水平（更好的、更积极的回报，更多的供款，尽可能地实行债务驱动型投资），并逐步缩小差距，最终正式清偿完全部债务。这个过程将耗费高昂的成本，但我们已经说明了企业如何才能利用市场周期朝这个方向发展。

10. 至于万能的缴费确定型计划，我们已经列出了为改善这些计划而需要解决的问题。但是我们还没有讨论缴费确定型计划是否是用于个人退休的最有效方法。我相信，缴费确定型计划之所以会出现，是因为企业对未来支付义务的恐惧，待遇确定型计划下的支付义务曾经让企业忧心忡忡。缴费确定型养老金计划要求参与人自己为自己的将来负责，所以当我们还年轻的时候，这似乎也算是一件好事。这种机制没有为人们提供财富，但却让人感觉自己可以管理财富。我们已经说过：人们真正想要的是福利。

满足人们需求的方式没有既定的答案，我认为现在有一个难得的商业机会出现在我们眼前。年轻人需要选择权，随着年龄的增长，他们想要并且也需要福利，其中一些福利也许与其他福利是互相排斥的，在这些福利的共同作用下可能会改变人们的生活轨迹。如果福利可以尽早选择的话，这显然有益于对福利的复合进行优化（按精算方式来构建复合福利），这也意味，以复合期权的形式来提供福利可以使福利的成本更低，因为福利是捆绑复合性质的，福利之间具有负相关性。也许这是建立在个人对自己负责的基础上唯一可行的办法，但是为什么不使用经典的世界上用于保险业的大数定理，并在更广的程度上为更多的人设计团体性的产品呢？这并非奇谈，只是它还没有更多地应用于 DC（缴费确定型养老金计划）领域。

11.2　作为个体

在个人层面上，也有非常多的建议和解决方案。这里有 6 个：

1. 让我们从最简单的托马斯·斯坦利写的《隔壁的百万富翁》这本书开始：控制住你的费用。低需求和低期望能让退休生活快乐一些，对吗？好吧，我不确定这对于我们婴儿潮一代的人来说是否管用，因为婴儿潮的一代过惯了大手大脚的生活，好在我们已经戒掉了自我满足。

2. 第二个教训是，我们应该成为勤劳的蚂蚁，并学着储蓄、储蓄再储蓄。或者，更准确地说，早点开始储蓄并把财产管理好。即使对于"我现在就要"的一代来说，这也是可以办得到的，但事实上，对 X 一代及后来年代的人们而言，这个建议是相当不错的，但对已经到了这个年龄的婴儿潮一代却没什么意义。

3. 给你一个好建议，别再幻想自己是个理财高手。唯一糟糕的事是，幻想自己能明智地进行资产的投资分配或选择对冲基金。因此，靠谱的做法是，要么，以合理的价格请专业人员为你进行长期的资金管理，要么就干脆把资金投入指数基金，让它们待在那儿。

4. 想想生命周期。你和你的配偶在生命曲线的哪个位置上呢？它会影响你的投资计划吗？也许会有点影响，但请记住，生活在继续，资产积累在退休后也可以继续。如果能与优秀的货币管理人好好谈谈，他们可以满足你的需求，否则就去买生命周期基金，并根据自身情况选择合理的投资目标；我们不可能像布拉德利·库珀和梅根·福克斯一样可以同时扮演处于人生不同阶段的角色。请正确地认识自己，并实事求是地对其进行评估。

5. 想想你居住的地方。你的居住地以及居住地的制度、汇率、税收管辖权以及公共政策这些外部环境越来越多地影响到你的财富状况，这种影响比本来可能会造成的影响更大。注意一下地方养老金的情况。国家和市政系统的资金是不是严重不足？关键的基础设施团体——消防系统和警察系统的情况如何？这不仅会影响生活品质，还会影响你要付多少税费成本。以前人们因为天气情况和遗产税搬到佛罗里达和亚利桑那。也有人们考虑到生活成本而搬到哥斯达黎加和巴拿马。我们要考虑的因素已经逐渐不止上述这一切，在确定什么样的环境最适合我们的需要和生活态度时，公式变得越来越复杂。也许你将移居国外，但也许你只想拥有一个合理的生活状态，以便为将来做准备。未来大多数的人们将十分勤劳，当然也有少数的懒惰者。

6. 最后，我相信商业变化的步伐不再有利于大公司，创业精神是未来之路。我相信，年轻人能做到以下几件最重要的事：

■ 让自己认识到全球养老金危机的影响，并有足够的远见，使自己不至于在危机来临时措手不及。

■ 理解养老问题对你的公司、市、州、国家的具体影响。你自己、你选择的单位以及你选择的居住地会给你带来什么样的生活，对于这一点你得心中有数。在养老金面临危机的背景下，好好考虑一下你未来的选择，因为不管你为自己建造了多高的防护墙，最好要明白养老金问题的重要性。

■ 在世界发生翻天覆地变化的背景下，需要思考可能出现在你、公司、市、州以及国家面前的机遇。俗话说"浑水好摸鱼"，你不妨照着做。想一想，在养老金危机漩涡的新秩序中谁将是赢家。当然，有赢家就会有输家，人们在为解决目前面临的养老金危机而提出的解决方案中，将会产生新的财富。房地产、自然资源、大宗商品，以及外汇混乱本身就足以创造未来数年可行的投资主题和套利。如果你是一个自然交易者，你会变得更聪明，越来越懂得养老金动力学，并发现交易的新角度。

接下来，我们回顾一下本书开始时描述的那些家庭，并看看其现在怎么样了。如今，我们已经了解一切，可以充分地为将来的养老做准备了。

第 12 章

高枕无忧

让我们回顾一下全球养老的情况，一场噩梦即将来临。婴儿潮一代以其决定性的优势逐步进入到退休阶段（这些人能担负得了退休生活）。但是就全球情况而言，特别是发达国家，它们是否有足够资金来应对不断膨胀的退休人口，形势看起来就不容乐观了。一些国家的情形比另一些国家要糟，这是因为两类国家之间在储蓄额以及人口发展趋势，也就是 40 年后退休人员的数量与在职人员数量的比例方面存在差异。这些国家非常不幸地在人口方面具有两个劣势：

1. 退休人口与工作人口的绝对数量。

2. 随着经济的增长，养老金预算也会逐渐地增加，但是养老金预算可能随着人口的减少而明显地降低。人口减少与养老金规模降低之间具有很强的关联性。

但是稍等一下，至少我们现在理解了养老问题和潜在的数学问题。自第二次世界大战结束以来，世界已经充分了解待遇确定型的养老金计划做出的承诺。《雇员退休收入保障法案》（ERISA）与美国其他的以及世界各地建立的类似的立法，让我们的权益得到了保护（有助于减少欺诈和降低由于非审慎而造成的重要信息泄漏）。我们用花了大量的时间推广"符合逻辑"的缴费确定型计划来代替待遇确定型计划。正如大家所看到的，43% 的退休资产属于缴费确定型计划，它其实掩盖了一个事实，即待遇确定型计划的资金超过了分配总量，然而缴纳的美元的边际值更大，可能超过 60%。如果我们能研究缴费确定型计划的再投资率，那么那些不仅仅让人们积累美元，而且提供更多福利选择的计划或混合型计划，将有可能使后代避免遭遇此类的养老金危机。

我们都知道，我们能否具有一个光明的未来，在很大程度上取决于我们是否可以解决近期所面临的问题。这些问题涉及面广，将会带来全球养老制度的转型。

社会心理学家指出，在人口稀少但资产和武器富裕的国家，以及人口和自然资源充裕但是资产和武器薄弱的国家，都存在大量生存规模的潜在冲突。代际之间也存在相同的情况。你记得停车的那个老故事吗？开着小巧车型的年轻女子把车悄悄地开入停车位，而动作较慢的且更有耐心的老人则滞留在街上！她说："看看开着一辆小汽车的年轻人能做什么？"于是老人撞向小型车，并挖苦道："看看一个有钱的老人能做什么？"

与想象如何解决代际冲突相比，想象国家如何通过这一困境找到解决方法是件更容易的事。它们都是最基本的，都是为了解决世界上存在的"特权鸿沟"问题。

最近，《美国退休人员协会》杂志发表了一篇名为"神奇的不老泉"的精彩社论。当我们想到特权鸿沟和养老金危机时，常常感到特别的辛酸，这也是当下很受关注的话题。在这个故事中，作者讲述了他的祖父在 70 岁的时候从学术性的职位上退下来后，立即找到了一个大学管理员的工作，在接下来的 15 年里，他的祖父"用拖把取代了以往的帽子和长袍"[1]。500 年前，庞塞·德利昂在佛罗里达海岸没有找到不老泉，而 500 年后，作者认为他的祖父找到了不老泉。"在美国，每一天有将近 9 400 人到达 65 岁。到 2014 年，婴儿潮的一代将有 7 750 万人步入 50 岁[2]，现在我们离 2014 年又走近了一天。"我希望这只是婴儿潮一代的故事，但是实际上这是最伟大的一代人的故事。他们成长于大萧条时期，坚强地度过战争时期。他们平静地拿着退休后的每一分退休金，但他们觉得退休后能继续工作是很重要的。我希望其他像我这样出生于婴儿潮的人们也正在阅读这些鼓舞人心的退休协会杂志上的故事，选择做一些有意义的事，而不是在高尔夫球与嘉年华邮轮上度过余生。我的威尔士朋友，迈克尔，总是对我说："小子，你要把握住现在。"

从全球范围来看，这些问题是巨大且令人烦恼的。许多发达国家不再拥有昔日的辉煌，没有哪个国家能找到简便的办法来解决养老问题。所有的帝国都衰落了，但想在一代人的时期内看到国家的衰落是异常困难的。科技与多方面的即时沟通带来了改变，改变的步伐在不断地加快。同样地，是科技让新的世界领导者保持优势地位。我相信，越来越多的国家会开放科技，并无惧于信息技术与知识经济。我们也看到，200 年来，美国一直支持开放的边界政策，并以大熔炉的态度接受移民。相比排外主义与地方保护主义的危害，积极的移民政策具有明显的优势。

世界不会完全颠倒。同样，全球养老金危机或许可以提醒我们，对我们所有人来说，包容一切以及为大家提供机会会更有助于解决问题，因为我们越来越依靠不断增长的人口，依靠整个金字塔的基础来支持金字塔的其他部分。

聪明的基金经理可以做很多事情来拯救他们的养老金，并保证养老金计划不为负债所苦，工业化的美国已经被这些负债拖入深渊。现在有着比以往更多的金融工具，基金管理人可以聚焦于有利可图的风险，创建非对称的回报计划，也可以在获得基本无成本的贝塔的同时追逐无约束的阿尔法。借助于现代投资组合理论、后现代的投资组合理论、因子分析、全球宏观投资以及定量高容量交易，养老基金管理人可以找到一定透明程度的阿尔法，并与低成本的贝塔相结合。在基金管理者中，甚至还有人提出要创造一种新的合成基金，来捕捉人性的不可靠套利……或者通过合成的共同基金，将至少 0.5% 的获利返还到缴费确定型计划参与人的账户中。这样，养老基金的管理人在面对养老资金不足时就能看到希望，从而努力提高投资回

---

[1] 　Jim Toedtman, "The Magic of the Fountain of Youth," AARP The Magazine, January/Februaru 2013.
[2] 　Ibid.

报，使其超过飞速增长的养老金债务。否则，基金管理人会使用各种各样的方式迅速冻结之前用于养老金风险转移的期权。管理人会连续监测购买的期权，以确保他们可以在最佳的成本点上终止难以控制的计划。只要能明智地选择财务状况稳定的投资机构，个人也可以拥有这类期权，但相应的 ERISA 组合资产会非常少，这是为了限制他们一次性地购买年金保险。

如何评估国家与州在未来几年中为居民提供的养老政策？我想这本书为此奠定了基础。当然，对财政的稳健性与整体的社会政策也需要多加考虑。但我相信我们已经充分说明了养老金的资金状况和政策对于财政的稳健性和生活质量（作为在职人员纳税还是作为退休人员纳税）有着关键性的影响。随着时间的流逝，进行这些评估也许并不轻松，因为历史告诉我们，像养老金资金这样的长期问题总是因为偶然的因素或制度设计上的缺陷而被搞得混乱不堪。由于问题将很快浮出水面，努力解决这些国家未来可能会遇到的问题，也许是政治上的当务之急。尽管如此，一如既往地保持警惕有利于及时了解信息，进而避免问题，并抓住机遇。

12.1　现在我们的家庭是什么样子的？

现在，让我们来看看这对于本书开篇所提到的家庭意味着什么，如此，在美好的 96 岁高龄的时候，我们就能更容易地闭上眼睛安息了。

琳达

上帝保佑每一个人可以活到 98 岁。但或许最糟糕的事情是，她需要担心视频扑克机上的支出。

巴巴拉

琳达的生活在继续，巴巴拉正在认真考虑搬去南犹他州居住的事情。内华达州的养老保障和医疗保健制度的资金情况很糟糕，犹他州相对好些。内华达州赌博盛行，在压力之下出台的税收协议使退休人群成为征税的重点对象，其理论依据是，退休人群流动性弱，需要更密集的服务。

戴夫和沙伦

已经安息。

迈克尔

我认为年轻的市政工人是"风险"最高的人群之一。当我们透过婴儿潮的退休周期来看，那些没有资格享受公共养老金的人的愤怒感在不断增强（不论是否正当）。这可能会，也可能不会影响婴儿潮一代人在财政上的话语权，但它却非常可能影响年轻的在职人员。因为养老金计划的资金严重不足，未来的职员/纳税人的抚养负担会很重，所以这些年轻的在职人员只能眼睁睁地看着企业本能地采取应对措施，冻结或削减他们的养老金计划。迈克尔需要立刻着手去做几件事情。他需要从长远目标出发制定一个均衡的投资计划，从而可以不必常常做调整或做波段。

他还需要认真考虑花些时间和成本来更新自己的投资知识与技能，从而保证自己能适应新的高科技经济。

贝思

贝思的养老金是由国家提供的，她需要清楚地了解她可能从养老金担保公司得到多少养老金。如果她是一个专业的收账经理，她可能会花时间来评估养老金担保公司的义务以及关于她的养老金的支付时机。在完美的养老金机制中，在养老金计划出现资金不足的问题之前，人们可以一次性迅速而非延迟地得到养老金，然而现实是，养老金担保公司毫无疑问地将会面对计划资金不足的问题。

金

金是我一生的挚爱，按照待遇确定型计划，她会过得很好。我们搬到一个单层楼的房子里，那里每天都有阳光，最后所有的人都会去天堂。

皮特和杰弗里

他们没有意识到这一点，但皮特和杰弗里比大多数人要好。他们在还年轻的时候就已经意识到退休不是目的，而应该是一种长期且有工作活力的生活。由于他们太迟才开始储蓄，所以他们没想过要退休。然而，考虑到寿命的长度，他们还是应该提高储蓄率，奇怪的是，他们在工作中依旧富有活力，所以现实表明，他们的寿命可能会更长一些。显然，他们不应该依赖养老保障或其他公共养老金，而应该自给自足。他们可能会惊讶地发现，即使很晚才开始认真储蓄，也可以在相对较短的退休期间内累积到足够多的钱来满足退休收入的需求。

南希和安东尼

我觉得南希和安东尼过得并不好，不是在财务方面，而是在生活方面。他们做事慎重、聪明，已经为退休做好了充分的准备。他们似乎已经仔细考虑好了在哪儿退休。北卡罗来纳州在养老保障和退休人员医疗保健资金方面是准备得最充足的地区之一。他们既有工作的意识，也有工作的技能（在这种情况下进行财产规划），因此他们会拥有一个长寿且有工作活力的晚年。但我不禁想起一个关于中国餐馆的老笑话：有一家不怎么样的中国餐馆，做出的饭菜口味很差，但分量却足得很。谁愿意过着漫长而痛苦的生活？我猜，如果南希和安东尼分开，各自的经济肯定不会像以前一样那么充裕，所以最后这也会成为一个财务问题。但是如果这样的话，南希和安东尼最好能解决他们之间的关系问题，这样度过一个漫长而舒适的晚年才是理想的生活。至于孩子，没有必要担心杰西，让瓦琳娜理清她自己的问题。南希和安东尼可以通过合理的财产规划来填补瓦琳娜的生活用度缺口，但前提是他们得让自己的生活需求得到满足。

杰西和索菲亚

我看好他们的前景，主要是出于几个显而易见的原因。杰西是一个坚定且受过良好教育的人，只要人们要张口吃饭，他所在的行业就会无限繁荣。无论是在退休还是孩子的教育方面，他似乎已经把生活的方方面面都打点好了。我猜由于索菲亚的家族在巴西，这层关系会促使他们移民巴西，并在那里发展各自的事业。希望索菲亚的社会意识感会有助于巴西的自然经济和资源优势得到社会政策的支持，从所有人的利益出发，创造更大的收入平等。索菲亚的父亲可能不会选择这条道路，但索菲亚可能会选择这条路去改善现状。不过从长远考虑，她的父亲可能会为索菲亚努力的结果而感到自豪，因为那有可能有利于家族的发展前景与财富的积累。

　　我不担心他们的儿子，托马斯，因为有像杰西和索菲亚这样负责任的父母，他会受到良好的教育，并或多或少为生活做好准备。在我的噩梦中，发出的警告是关于他的养老金，而那些养老金在 21 世纪后期才用得上。我真正的兴趣点在于，就像弟弟会小心避免犯和他哥哥同样的错误一样，我们的年轻一代会成长得更像我们的父辈一样（最伟大的一代），他们那一代的人经历了战争和困难的磨砺，因此会有意识地去避免这些错误。他们的这些特质，加上平滑的人口膨胀，会使得托马斯这一代更轻松地为退休做准备，并享受更为正常的退休生活。谁知道长寿会对这几代人产生什么样的影响。有些人认为人们会越来越长寿，而其他人则开始暗暗觉得形势会逆转。这里的关键点是养老金计划，和生活中的大多数事情一样，起着提醒和规划的作用。托马斯和他们那一代人将会做好准备。

瓦琳娜和扎克

　　不幸的是，职场中许许多多的年轻人的现状可能就是这样，他们在学校时努力学习，毕业后认真工作。好在美国已经看到了缴费确定型计划强制雇主与雇员双方缴费的合理所在。瓦琳娜和扎克以及他们雇主将被迫在短期内稍作忍耐，以便解决未来的问题。我们不能丢下我们年轻的一代不管——在不久的将来，他们将要承担我们过重的养老义务负担。我可以呼吁他们过更节俭的生活，但是他们毕竟有他们自己的想法，因此我们更可能需要一个强制的养老保障制度。

结束寄语

　　我内心一直都是个乐观的人。我也有个 96 岁的老母亲，如今住在拉斯维加斯。我有孩子，也有一些准备退休的兄弟姐妹，他们为退休所做的准备有好有坏。但是随着我更深入地研究全球的养老形势，我更清醒地认识到我们婴儿潮这代人所要面对的一系列养老问题。60 年前，不是没有人没有思考过这类问题，但是确实错误地估计了一些事情。他们最大的失误可能在于对长寿的错误估计，以及对资产回报率与负债贴现率之间利差的错误估计。如果我们继续使用待遇确定型计划作为我们基本的养老保障机制，而不是转换为缴费确定型计划，这些错误便可能被掩盖起来，除非雇主的缴费（或者由雇员强制缴费来代替）速度能跟上变化的步伐。对于那些简单地忽略了数据的公共基金而言（在政治力迫切地介入后，有些事注定要发生），现收现付制是没有希望的，因为精算师应该已经把人口结构饼图拿给官员们看了，在这种人口结构之下，数学起不了任何作用，向来如此。

　　正如我所说，当我讲授我的养老方面的课程时，我会首先告诉学生，在他们的生活里，没有什么比养老危机带给他们的影响更大了，包括他们的事业选择、他们的生活方式和他们的财产。该是他们了解养老问题与危机的时候了，他们应该明白这些问题影响的不仅仅是他们自己的世界，还有与他们息息相关的人与事。这是我认为最重要的事了。如果我能增强他们的危机意识，或者教会我的学生这样一种能力，即怎样更清楚地认识这个世界以及如何避免所谈到的一系列问题并且抓住机遇，我将会非常开心。

　　我一直都很挣扎，一个这么乐观的人怎么会写一本这么消极的书。但是，等等，这不是消极。我们的问题迫在眉睫，而且非常严重。如果我们的年轻一代能够吸取教训，那么我们的问题终将会过去，未来会很光明。

参考文献

Altoro, Jill. "Moody's Predicts End of Pension Plans at Lockheed, Boeing, Northrop, Exelis. " *Washington Business Journal Online*, August 8, 2012. www. bizjournals. com/ washington/blog/fedbiz_daily/2012/08/moodys-predicts-termination-of. html? page=all.

"Appendix F: pp. 139–141," *FAS Financial Accounting Series—Statement of Financial Accounting Standards No. 158, Employers' Accounting for Defined Benefit Pension and Other Postretirement Plans: An Amendment of FASB Statements Nos. 87, 88, 106, and 132 (R)*. Financial Accounting Standards Board, September 2006. www. fasb. org/cs/BlobServer? blobkey = id&blobwhere = 1175820923452&blobheader = application%2Fpdf&blobcol=urldata&blobtable=MungoBlobs.

Baars, Jan, Kelly, Leah, Kocourek, Petr, and van der Lende, Epco. "Liability Driven Investing Hedging Inflation and Interest Rate Risk. " *Global Asset Management: Multi-Asset Solution Research Papers.* November 5, 2012. www. cfsgam. com. au/ uploadedFiles/CFSGAM/PdfResearch/121116_MAS_Research_Paper_5_Liability_ Drive_Investing. pdf.

Barry, Jonathan, and Nick Davies. "Redefining Pension Risk Management in a Volatile Economy. " Mercer CFO Research Services, December 15, 2011. www. mercer. com/pensionrisk.

Bosse, Paul, and Vanguard Investment Strategy Group. "The Paradigm Shift in Liablilty-Driven Investing. " Vanguard, 2009. https://institutional. vanguard. com/ iam/pdf/Paul_transcript. pdf.

Burr, Barry B. "Mixed Opinions on GM's Plan to Transfer $29 Billion to Prudential. " *Pionline: Pensions & Investments.* Crain Communications, August 22, 2012. www. pionline. com/article/20120822/REG/120819895.

Case, Brad. "The Illiquidity Premium Myth. " *Wealth Management*, Penton Media Incorporared, April 1, 2010. http://wealthmanagement. com/review-deletion/ illiquidity-premium-myth.

Chapman, Mary M. "Retirees Wrestle with Pension Buyout. " *New York Times*, July 18, 2012.

——. "Retirees Wrestle with Pension Buyout from General Motors." *New York Times*, July 18, 2012. www. nytimes. com/2012/07/19/business/retirees-wrestle-with-pension-buyour-from-general-motors. html? pagewanted = all&_r = 0.

Citigroup. "Institutional Investment in Hedge Funds: Evolving Investor Portfolio Construction Drives Product Convergence." Citi Prime Finance, June 2012. http: // citibank. com/transactionservices3/homepage/demo/tutorials41/IIHF _ June2012/ files/assets/downloads/publication. pdf.

Davidson, Adam. "The Great Divergence." *New York Times Magazine*, January 15, 2013. www. nytimes. com/2013/01/20/magazine/income-inequality. html? ref = magazine.

Deloitte. "Financial Reporting Considerations for Pension and Other Postretirement Benefits: Financial Reporting Aerr 09 – 5." Deloitte: United States Audit and Enterprise Risk Services, November 6, 2009, www. deloitte. com/assets/Dcom-UnitedStates/Local% 20Assets/Documents/AERS/us _ assur _ Financial _ Reporting _ Alert_09 –5. pdf.

Donovan, Shaun. "Mission." U. S. Department of Housing and Urban Development, n. d. Accessed December 12, 2012. http: //portal. hud. gov/hudportal/HUD? src = /about/mission.

Erlanger, Steven. "Young, Educated and jobless in France." *New York Times*, *December* 2, 2012. www. nytimes. com/2012/12/03/world/europe/young-and-educated-in-france-find-employment-elusive. html? pagewanted = all&_r = 0.

Food and Agriculture Organization of the United Nations. "Global Population & Food Supply (1961–2051)." UN Statistics Division, n. d. N. pag. *FAO STAT Statistics Database UN Sources*. Accessed January 9, 2013. http: //faostat. fao. org/site/609/ DesktopDefault. aspx? PageID = 609#ancor.

Garcia, Monique. "Illinois' Credit Rating Downgraded after Pension Reform Failure, Standard & Poor's Took Action after Special Session Failed to Produce Deal on Issue." *Chicago Tribune*, August 30, 2012.

Hedge Fund Capital Group. "Tenth Annual Alternative Investment Survey Investor Insights on the Changing Hedge Fund Landscape." Deursche Bank: Global Prime Finance, February 2012.

"Hedge Fund Growth in AUM, Growth in Number of Funds." Hedge Fund Research Institute, 2012. www. hedgefundresearch. com/index. php? fuse = producrs&1360444365.

Henderson, Peter, and Tim Reid. "UPDATE 5-Near-Bankrupt San Bernardino Votes to Default on Debt." *Reuters U. S. Edition*, July 25, 2012. www. reuters. com/article/ 2012/07/25/sanbernardino-bankruptcy-idUSL2E8IOBZZ20120725.

HFRI. "HFR Global Hedge Fund Industry Report Second Quarter 2012. " Hedge Fund Research Institute, n. d. Accessed 2012. www. hedgefundresearch. com/index. php? fuse=products&1360444365.

"How OBGC Operates. " The Pension Benefit Guaranty Corporation—A U. S. Government Agency, n. d. Accessed January 2013. www. pbgc. gov/about/how-pbgc-operates. html.

"Invest—Public. " Ned Davis Research, n. d. Accessed January 2013. www. ndr. com/ invest/public/publichome. action.

Johnson, Steve, and David Ricketts. "US Pension Funds Sue BlackRodk. " *Financial Times*, February 3, 2013.

LaBreque, Leon C. "GM Retiree Lump Sum Buyout Owner's Manual. " *LJPR*, *LLC*, 2012. http://ljpr. com/files/GMLumpSumOfferWhitePaperLeonLaBrecque. pdf.

Lack, Simon. *Thc Hedge Fund Mirage: The Illusion of Big Money and Why It's Too Good to Be True*. Hoboken, NJ: John Wiley & Sons, 2012.

Leonhardt, David. "Old vs. Young. " *New York Times Sunday Review*, June 22. 2012. www. nytimes. com/2012/06/24/opinion/sunday/the-generation-gap-is-back. html? _ r=0.

Levine, David N. , Lars C. Golumbic, and Groom Law Group. "Freezing Defined Benefit Plans: This Practice Note Provides a Basic Overview of the Implications of Freezing a Defined Benefit Plan and Explains Some of the Issues That Can Arise After the Plan Is Frozen. " Groom Law Group, Practical Law Limited and Practical Law Company, 2010. www. groom. com/media/publication/733 _ Freezing% 20Defined% 20Benefit% 20Plans. pdf.

Lezzera, Craig, and Fei Mei Chan. "S&P Indices: Market Attributes Securities Lending, Third Quarter 2011. " *S&P Indices*, 2011. http://us. spindices. com/ documents/commentary/MarketAttributes_SecuritiesLending_Q3_2011Final. pdf.

Macey, Scott J. "An Emerging Assessment of the Pension Protection Act (June 2009). " AON Consulting, June 2009. Accessed 2013. www. aon. com/ attachments/pension_protection_act. pdf.

Marche, Stephen. "War Against Youth. " *Esquire*, March 26, 2012. www. esquire. com/features/young-people-in-the-recession-0412.

Mauldin, John. "Somewhere Over the Rainbow. " *Mauldin Economics: It's Time to Get Real about Your Investments*, December 31, 2012. www. mauldineconomics. com/ frontlinethoughts/somewhere-over-the -rainbow.

McKinsey & Company. "The Coming Shakeout in Defined Benefit Market: McKinsey & Co. " McKinsey Pension Research, 2007.

Mercer. "Melbourne Mercer Global Pension Index. " Melbourne Mercer Global Pension

Index, Australian Centre for Financial Studies, October 2011. www. globalpensionindex. com/pdf/melbourne-mercer-global-pension-index-report-2011. pdf.

Miller, Holly. "Operational Risk #10: Reading the Fine Print—Know Thy Legal Entities." Stonehouse Consulting, October 18, 2010. http://articles. stonehouseconsulting. com/ 2010/10/18/operational-risk-10-reading-the-fine-print—know-thy-legal-entities/.

"The Next Crisis: The Sponging Boomers." *The Economist*, September-October, 2012.

Nili, Matthew. "Capital Efficiency Matters: Multi-Asset Client Solutions Group." Black-Rock, 2013. https://www2. blackrock. com/webcore/litService/search/gerDocument. seam? contentId=1111134370&Source=SEARCH&Venue=PUB_INS.

"Old-Age Dependency Ratios." *The Economist*, May 7, 2009. Accessed January 2013. www. economist. com/node/13611235.

Olsen, Kevin. "Verizon Transfers $7.5 Billion to Prudential in Partial Pension Buyout." *Pionline: Pensions & Investments*. Crain Communications Incorporated, October 17, 2012. www. pionline. com/article/20121017/REG/121019896.

"PBGC's Deficit Is over $34 Billion and Growing." *Zero Hedge*, ABC Media, November 16, 2012. Figure 6: PBGC Surplus/Deficit History 2003—2012 ($ Million); Figure 7: PBGC Funded Ratio History 2003—2012. www. zerohedge. com/news/2012-12-26/will-rising-union-activism-expose-zombified-us-pensions.

Pension Benefit Guarantee Corporation. "Pension Benefit Guarantee Corporation: Strategic Plan FY 2012—2016." Pension Benefit Guarantee Corporation: A U. S. Government Agency. PBGC, n. d. Accessed January 2013. www. pbgc. gov/ Documents/2012—2016strategicplan. pdf.

———. "Who We Are: Mission Statement." Pension Benefit Guarantee Corporation: A U. S. Government Agency. PBGC, n. d. Accessed January 2013. www. pbgc. gov/ about/who-we-are. html.

———. "Plan Terminations—Standard Terminations and Distress Terminations." Pension Benefit Guaranty Corporation: A U. S. Government Agency. PGBC, n. d. Accessed February 2013. www. pbgc. gov/prac terminations. html.

"Pension Protection Act of 2006, Public Law 109 - 208—August 16, 2006." *PLAW*. Congressional Record: Weekly Compilation of Presidential Documents: Legislative History—H. R. 4, August 17, 2006. Accessed 2013. www. gpo. gov/ fdsys/pkg/PLAW-109publ280/pdf/PLAW-109publ280. pdf.

"PPA Established New Rules for Multiemployer Plans." *Towers Watson Insider*, October 2006. Accessed 2013. www. watsonwyatt. com/us/pubs/insider/showarticle. asp? ArticleID=16628.

A Prime Finance Business Advisory Services Publication. "Institutional Investment in Hedge Funds: Evolving Investor Portfolio Construction Drives Product Convergence." *Citi Prime Finance.* Citigroup, June 2012. Web. 2013. < http://citibank.com/transactionservices3/homepage/demo/tutorials41/IIHF_June2012/files/assets/downloads/publication.pdf>.

"Projected Old-Age Dependency Ratio." *Eurostat Europa*, Europop bcv, November 5, 2012. http://epp.eurostat.ec.europa.eu/tgm/table.do? tab = table&init = 1&plug in = 1&language = en&pcode = tsdde511.

Purcell, Patrick, Specialist in Social Legislation and Domestic Social Policy Division. "CRS Report for Congress—CRS – 3 RL33703." *World at Work*, Congressional Research Service: The Library of Congress, October 2006. www.worldatwork.org/waw/adimLink? id = 15322.

Rofman, Rafael, Eduardo Fajnzylber, and German Herrera. "Reforming the Pension Reforms: The Recent Initiatives and Actions on Pensions in Argentina and Chile." World Bank: Social Protection and Labor, May 2008. http://siteresources. worldbank.org/SOCIALPROTECTION/Resources/SP-Discussion-papers/Pensions-DP/0831.pdf.

Rowley, Emma. *Telegraph.* Telegraph Media Group, July 6, 2012. http://telegraph. co.uk/finance/French-President.

Shelton, Alison M. "Chile's Pension System: Background in Brief." Congressional Research Service, March 28, 2012. https://www.hsdl.org/? view&did = 707798.

"Social Security." *Wordpress.com*, n.d. Accessed January 9, 2012. http://reavel.files.wordpress.com/2008/08/social_security_card2.gif.

Soto, Mauricio. "Chilean Pension Reform: The Good, the Bad, and the In Between." Center for Retirement Research at Boston College. Trustees of Boston College, June 2005. Accessed 2013. http://crr.bc.edu/briefs/chilean-pension-reform-the-good-the-bad-and-the-in-between/.

Stein, Charles. "Hedge Funds Lag behind a Generic Stock/Bond Mix—Smart Money Chart." *Businessweek*, July 19, 2012. www.businessweek.com/articles/2012 – 07 – 19/hedge-funds-lag-behind-a-generic-stock-bond-mix.

"Summary of Statement No. 158, Employers'Accounting for Defined Benefit Pension and Other Postretirement Plans—an Amendment of FASB Statements No. 87, 88, 106, and 132 (R) ." *Financial Accounting Standards Board*, n.d. Accessed 2012. www.fasb.ord/summary/stsum 158.shtml.

Tankersley, Jim. "Generational Warfare: The Case against Parasitic Baby Boomers." *National Journal Group*, n.d.

Toedtman, Jim. "Magic of the Fountain of Youth: The Aging of America Has Implications for the Nation." *AARP* The Magazine, January/February 2013. www. aarp. org/health/brain-health/info-12-2012/aging-america. html.

U. S. Department of Transportation. "Moving Ahead for Progress in the 21 st Century Act (MAP – 21) ." United States: Department of Transportation, Washington, DC: DOT, October 26, 2012. www. dot. gov/map 21.

Valley Vista Enterprises, "Mutual Fund Categorization." *Your Complete Guide to Investing in Mutual Funds*. Mutual Fund Buller Tour Page 10: Expanded Stock Mutual Fund Style Box; Expanded Bond Mutual Fund Style Box; International. Valley Vista Enterprises, n. d. Accessed January 9, 2012. www. investing-in-mutual-funds. com/ bullettour22. html.

"Verizon Buys Group Annuity and Sheds $75 Billion in Pension Liabilities." *Business Insurance*, October 21, 2012. www. businessinsurance. com/article/20121021/ NEWS03/310219970.

Ward, Karen. "The World in 2050: From the Top 30 to Top 100. " HSBC Global Research, January 2012. www. hsbc. com. mx/1/PA _ esf-ca-app-content/content/ home/empresas/archivos/world_2050. pdf.

Yin, Liang, and Jessica Gao. "Global Pension Assets Study: Page 34. " *Towers Watson*, January 2012. www. towerswatson. com/assest/pdf/6267/Gobal-Pensions-Asset-Study-2012. pdf.

——. "Global Pension Assets Study 2012. " *Towers Watson*, January 2012. www. towerswatson. com/assets/pdf/6267/Global-Pensions-Asset-Study-2012. pdf.